职业教育新能源汽车专业理实一体化课程教材

Diandong Qiche Weihu yu Jiance
电 动 汽 车 维 护 与 检 测

广西交通技师学院　　组织编审
樊海林　　主　编
李宣菥　　副主编
周茂杰　　主　审

人民交通出版社股份有限公司
China Communications Press Co.,Ltd.

内 容 提 要

本书是职业教育新能源汽车专业理实一体化课程教材,由广西交通技师学院组织专业教师编写,主要内容按项目教学展开,分初、中、高级三个学习领域,重点介绍了电动汽车理论知识、电动汽车维护、电动汽车检测与维修,内容涉及电动汽车驱动系统、动力电池管理系统、整车控制系统、充电系统和辅助系统。

本书供职业院校新能源汽车专业教学使用,也可供新能源汽车维修行业相关技术人员学习参考。

图书在版编目(CIP)数据

电动汽车维护与检测/樊海林主编. —北京:人民交通出版社股份有限公司,2018.1
 ISBN 978-7-114-14135-5

Ⅰ. ①电… Ⅱ. ①樊… Ⅲ. ①电动汽车—车辆修理—中等专业学校—教材②电动汽车—故障检测—中等专业学校—教材 Ⅳ. ①U469.72

中国版本图书馆 CIP 数据核字(2017)第 213746 号

书　　名:	电动汽车维护与检测
著 作 者:	樊海林
责任编辑:	闫东坡　曹　静
出版发行:	人民交通出版社股份有限公司
地　　址:	(100011)北京市朝阳区安定门外外馆斜街 3 号
网　　址:	http://www.ccpress.com.cn
销售电话:	(010)59757973
总 经 销:	人民交通出版社股份有限公司发行部
经　　销:	各地新华书店
印　　刷:	北京市密东印刷有限公司
开　　本:	787×1092　1/16
印　　张:	17.75
插　　页:	2
字　　数:	354 千
版　　次:	2018 年 1 月　第 1 版
印　　次:	2018 年 1 月　第 1 次印刷
书　　号:	ISBN 978-7-114-14135-5
定　　价:	39.00 元

(有印刷、装订质量问题的图书由本公司负责调换)

职业教育新能源汽车专业理实一体化课程教材编审委员会

主 任 委 员：钟修仁
副主任委员：关菲明
委　　　员：樊海林　周茂杰　梁振华　韦军新
　　　　　　　黄远雄　李　春　李宣菹　刘汉森

前 言

随着我国经济发展和城镇化进程加速推进,未来汽车需求量仍将持续增长,由此带来的能源紧张和环境污染问题将更加突出。新能源汽车是采用新型动力系统,完全或主要依靠新型能源驱动的汽车。发展新能源汽车,可以降低汽车燃油消耗量,减少尾气排放,有效缓解能源和环境压力,促进汽车产业技术进步,推动汽车产业可持续发展。在国家政策扶持下,新能源汽车技术迅速发展,新能源汽车市场占有率逐年增加,带动新能源汽车行业人才需求也将持续增长。目前,市场对新能源汽车技术人才的迫切需求与职业院校人才培养的相对滞后,导致新能源汽车技能型人才供不应求。为此,广西交通技师学院组织专业教师编写了这套职业教育新能源汽车专业理实一体化课程教材。

本套教材根据新能源汽车维护与检测人员职业能力要求,按照"工学结合四对接"的人才培养机制,以及"产训结合,能力递进"的人才培养模式,结合职业院校新能源汽车专业一体化教学实际进行编写。教材内容编排新颖,知识点清晰,图文并茂,直观性强,通俗易懂。教材主要供职业院校新能源汽车专业教学使用,也可供新能源汽车维修行业相关技术人员学习参考。

《电动汽车维护与检测》分初、中、高级三个学习领域,分别介绍电动汽车理论知识、电动汽车维护、电动汽车检测与维修,内容涉及电动汽车驱动系统、动力电池管理系统、整车控制系统、充电系统和辅助系统。三个学习领域各具特色,以三种不同的体例格式,按项目教学展开学习内容,满足不同年级学生的教学需要。

本书由广西交通技师学院樊海林担任主编,广西交通技师学院李宣葙担任副主编,广西交通技师学院周茂杰担任主审,广西交通技师学院专业教师参与了编写。编写分工为:陆丽霞编写电动汽车概述中的项目一、项目二、项目五,韦双编写项目三、项目四,黄海编写项目六、项目七、项目八、项目九;刘小强编写电动汽车维护中的项目一、项目二、项目七、项目八,何弘亮编写项目三、项目四、项目五、项目六;李宣葙、韦海峰编写电动汽车检测与维修中的项目一,李宣葙编写项目二、项目三,黄远雄、李春编写项目四,刘汉森编写项目五。

限于编者经历和水平,书中难免存在着诸多不足之处,恳请从事职业教育理论教育研究和新能源汽车相关专业教学的各位同仁不吝赐教、代为斧正。

编审委员会
2017 年 6 月

目 录

初级学习领域——电动汽车概述 ... 1
  项目一 电动汽车防护作业认识 ... 3
  项目二 触电急救 ... 18
  项目三 新能源汽车的认识 ... 25
  项目四 驱动系统的认识 ... 35
  项目五 动力电池系统的认识 ... 47
  项目六 整车控制系统的认识 ... 58
  项目七 充电系统的认识 ... 68
  项目八 制动系统的认识 ... 80
  项目九 空调系统的认识 ... 88

中级学习领域——电动汽车维护 ... 99
  项目一 纯电动汽车维护概述 ... 101
  项目二 顶起位置一 ... 106
  项目三 顶起位置二 ... 114
  项目四 顶起位置三 ... 120
  项目五 顶起位置四 ... 126
  项目六 顶起位置五 ... 127
  项目七 顶起位置六 ... 128
  项目八 道路测试 ... 133
  附件 纯电动汽车维护项目作业表 ... 135

高级学习领域——电动汽车检测与维修 ... 141
  项目一 电池管理系统（BMS）的检测 ... 143
    学习任务一 电池组的检测 ... 143
    学习任务二 高压部件的绝缘性检查 ... 155
    学习任务三 高压互锁装置的检测 ... 166
  项目二 驱动电机及其控制系统的检测 ... 177
    学习任务一 电机控制器低压电路的检测 ... 177
    学习任务二 驱动电机的检测 ... 188
  项目三 充电系统的检测 ... 200
    学习任务 慢充系统的检测 ... 200

项目四　整车控制系统的检测 ·· 215
　学习任务一　整车控制系统控制线路故障检修 ···························· 215
　学习任务二　车载总线系统的检测 ·· 227
　学习任务三　整车控制系统传感器的检测 ·································· 242
项目五　电动车空调系统的检测 ·· 254
　学习任务一　空调电动压缩机及控制系统故障诊断 ······················· 254
　学习任务二　空调暖风系统故障诊断 ······································· 265
参考文献 ··· 276

初级学习领域——
电动汽车概述

项目一　电动汽车防护作业认识

项目二　触电急救

项目三　新能源汽车的认识

项目四　驱动系统的认识

项目五　动力电池系统的认识

项目六　整车控制系统的认识

项目七　充电系统的认识

项目八　制动系统的认识

项目九　空调系统的认识

项目一　电动汽车防护作业认识

本项目主要描述了电学的基础知识、电动汽车高压部件安全作业的注意事项及安全防护措施、电动汽车维修维护中常用绝缘工具的名称及用途、电动汽车维修维护中常用仪表的使用方法等内容。

本项目主要目的是为了使学生更好地了解简单电学基础知识、熟知电动汽车安全操作规范、电动汽车维修专用绝缘工具及仪表的使用。

学习目标

(1) 能够区分交流电和直流电, 熟知安全电压等级;
(2) 熟知安全电压等级和对高压部件安全作业的注意事项;
(3) 认识部分绝缘工具及用途;
(4) 能够使用数字万用表测量常用元器件;
(5) 能够利用兆欧表进行短路实验和开路实验。

学习过程

一、决策与准备

(一) 决策

按老师要求进行分组, 并完成以下任务:
(1) 按小组进行座位排列, 听从小组组长安排, 认真听课;
(2) 配合小组组长完成老师布置的任务, 并按要求将任务内容填入项目单。

(二) 课堂准备

课堂准备见表1-1-1。

课　堂　准　备　　　　　　　表1-1-1

序　号	准备项目	准备内容
1	安全防护装备准备	
2	设备准备	
3	工具准备	
4	资料准备	
5	场地准备	

二、资讯

电是一种自然现象,指电子运动所带来的现象,其主要分为交流电和直流电。

1. 直流电

直流电(图 1-1-1)电流流向始终不变。电流是由正极,经导线、负载,回到负极,通路中,电流的方向始终不变,所以我们将输出这固定电流方向的电源,称为直流电源(简称为 DC),如:干电池、铅蓄电池。

2. 交流电

交流电(图 1-1-2)电流的方向、大小会随时间改变。发电厂的发电机是利用动力使发电机中的线圈运转,每转 180°发电机输出电流的方向就会变换一次,因此电流的大小也会随时间做规律性的变化,此种电源就称为交流电源(简称为 AC),如:家用 220V 电源。

交流电、直流电仅仅是指电流的方向,与大小无关。直流电也可能是电流方向不变,但是大小一直在变的电流。交流电可以通过整流变成直流电(例如,最简单方法是使用一个二极管就可以使交流电变成大小变化的直流电)。直流电也可以通过振荡电路变成交流电。

图 1-1-1 直流电

图 1-1-2 交流电

3. 电压

1) 安全电压

不带任何防护设备,对人体各部分组织均不造成伤害的电压值,称为安全电压(表 1-1-2)。世界上对于安全电压的规定有:50V、40V、36V、25V、24V 等,其中以 50V、25V 居多。国际电工委员会(IEC)规定安全电压限定值为 50V。我国规定 12V、24V、36V 三个电压等级为安全电压级别。

安 全 电 压 等 级   表 1-1-2

安全电压(交流有效值,V)		选 用 场 所
额定值	空载上限值	
42	50	在有触电危险的场所使用的手持式电动工具
36	43	在矿井、多导电粉尘等场所使用的灯等
24	29	可供某些具有人体可能偶然触及的带电体设备选用
12	15	
6	8	

2）电动汽车电压

电动汽车的电压可高达 600V 以上。因此，在电动汽车推广的同时，如何保证驾驶员、乘车人员以及汽车维修人员的安全，是一个值得关注的话题。在电动汽车安全要求标准（GB/T18384.3—2015）中，将电动汽车的工作电压分为 A、B 两级，如表 1-1-3 所示。对于 A 级电压，不需要进行触电防护；而对于任何一个 B 级电压电路中的带电部件，都应为工作人员提供防护。

电动汽车安全电压等级   表 1-1-3

电 压 等 级	最大工作电压(V)	
	直流	交流
A	$0 < U \leq 60$	$0 < U \leq 30$
B	$60 < U \leq 1500$	$30 < U \leq 1000$

3）电动汽车高压部件操作注意事项

（1）在维修作业时应使用绝缘胶带对高压部件母端进行缠绕，防止高压触电或短路。

（2）操作人员上岗不得佩戴金属饰物（如手表、戒指等），工作服衣袋内不得有金属物件（如钥匙、金属壳笔、手机、硬币等）。

（3）调试人员必须佩戴必要的防护工具（如绝缘手套、绝缘鞋、绝缘帽等）。

（4）严禁非专业人员对高压部件进行移除及安装。

（5）未经过高压安全培训的维修人员，不允许对高压部件进行维护。

（6）车辆在充电过程中不允许对高压部件进行移除、维护等工作。

4）IP 防护等级

IP 表示 Ingress Protection（进入防护）。IP 防护等级对电气设备的安全防护十分重要。IP 防护等级系统提供了一个以电气设备以及包装的防尘、防水和防碰撞程度来对产品进行分类的方法。

防护等级多以 IP 后跟随两个数字来表述，数字用来明确防护的等级（例如：SX-218 强光手电防护等级 IP66、SX-0126 强光手电防护等级 IP67）。

第一个数字表明设备抗微尘的范围，是人们在密封环境中免受危害的程度。I 代表防止固体异物进入的等级，最高级别是 6（表 1-1-4）。

IP 防尘－防护程度说明　　　　　　　　　　　　　　　　　　　　表 1-1-4

数字	防护范围	说明
0	无防护	对外界的人或物无特殊的防护
1	防止直径大于 50mm 的固体外物侵入	防止人体(如手掌)因意外而接触到电器内部的零件,防止较大尺寸(直径大于 50mm)的外物侵入
2	防止直径大于 12.5mm 的固体外物侵入	防止人的手指接触到电器内部的零件,防止中等尺寸(直径大于 12.5mm)的外物侵入
3	防止直径大于 2.5mm 的固体外物侵入	防止直径或厚度大于 2.5mm 的工具、电线及类似的小型外物侵入而接触到电器内部的零件
4	防止直径大于 1.0mm 的固体外物侵入	防止直径或厚度大于 1.0mm 的工具、电线及类似的小型外物侵入而接触到电器内部的零件
5	防止外物及灰尘	完全防止外物侵入,虽不能完全防止灰尘侵入,但灰尘的侵入量不会影响电器的正常运作
6	防止外物及灰尘	完全防止外物及灰尘侵入

第二个数字表明设备防水的程度。P 代表防止进水的等级,最高级别是 8(表 1-1-5)。

IP 防水－防护程度说明　　　　　　　　　　　　　　　　　　　　表 1-1-5

数字	防护范围	说明
0	无防护	对水或湿气无特殊的防护
1	防止水滴浸入	垂直落下的水滴(如凝结水)不会对电器造成损坏
2	倾斜 15°时,仍可防止水滴浸入	当电器由垂直倾斜至 15°时,滴水不会对电器造成损坏
3	防止喷洒的水浸入	防雨或防止与垂直的夹角小于 60°的方向所喷洒的水侵入电器而造成损坏
4	防止飞溅的水浸入	防止各个方向飞溅而来的水侵入电器而造成损坏
5	防止喷射的水浸入	防止来自各个方向由喷嘴射出的水侵入电器而造成损坏
6	防止大浪浸入	防止装设于甲板上的电器因大浪的侵袭而造成的损坏
7	防止浸水时水的浸入	电器浸在水中一定时间或水压在一定的标准以下,可确保不因浸水而造成损坏
8	防止沉没时水的浸入	电器无限期沉没在指定的水压下,可确保不因浸水而造成损坏

4. 常用工具

1）常用绝缘工具（表1-1-6）

常 用 绝 缘 工 具　　　　　表1-1-6

工 具 名 称		用 途 描 述
警示牌		在地面或车辆附近明显位置放置
绝缘手套（绝等级为1000V/300A以上）		拆除及安装高压部件使用
皮手套	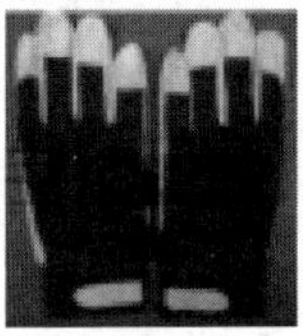	拆除及安装高压部件使用
绝缘鞋		拆除及安装高压部件使用
防护眼镜		拆除及安装高压部件使用
绝缘帽		拆除及安装高压部件使用
绝缘服		拆除及安装高压部件使用
绝缘工具		拆除及安装高压部件使用

2）万用表

万用表（图1-1-3）又称多用表，分为指针式和数字式。汽车维修时一般常用数字式万用表来测量直流电流、直流电压和交流电流、交流电压、电阻等。有的万用表还可以用来测量电容、电感以及晶体二极管、三极管的某些参数。

对于一般测量，在测量电阻、电压（直流、交流）、电流（直流、交流）、电容时，只需将量程转换开关打到相应位置，表笔插在相应插孔中即可。如果误用数字万用表的电流挡测量电压，很容易将万用表烧坏。

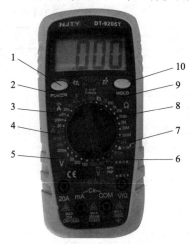

图1-1-3　万用表面板介绍

1- 电源键；2- 电容挡（2nF，200nF，2μF，200μF）；3- 直流电流挡（2μA，20mA，200mA，20A）；4- 交流电流挡（20mA，200mA，20A）；5- 交流电压挡（200mV，2V，20V，200V，750V）；6- 直流电压挡（200mV，2V，20V，200V，1000V）；7-hFE 三极管挡（三极管β测量，有NPN和PNP两种型号管子的插孔）；8- 电阻挡（200Ω，2K，20K，200K，2M，20M，200M）；9- 蜂鸣挡（二极管，用于短路测量）；10- 数据保持键

（1）二极管极性判断（表1-1-7）。

①万用表拨至蜂鸣挡（二极管挡）；

②红、黑表笔随机接二极管两个引脚；

③若屏幕显示为"1"，红表笔所接端子为负极；

④若屏幕显示为100～800的数值，红表笔所接端子为正极。

（2）测量二极管的正向导通电压值。

①万用表拨至200Ω挡位，进行校表；

②万用表拨至蜂鸣挡（二极管挡）；

③红、黑表笔分别接二极管正、负极，测量正向导通电压；

④红、黑表笔分别接二极管负、正极，测量反向截止电压。

二极管正反向电阻　　　　　　　　　　　　表1-1-7

正向导通电压（mV）	反向截止电压（mV）	二极管好坏
100～800	∞	好
0	0	短路损坏
∞	∞	断路损坏
正反向电阻比较接近		二极管质量不佳

（3）测量二极管正向电阻和反向电阻（表1-1-8）。

①万用表拨至200Ω挡位，进行校表；

②万用表拨至2000Ω挡位，再次进行校表；

③红、黑表笔分别接二极管正、负极，测量正向电阻值；

④红、黑表笔分别接二极管负、正极，测量反向电阻值。

（4）测量未知阻值的电阻。

①检查万用表外观及表笔接口；

②万用表拨至200Ω挡位，进行校表；

③表笔接电阻引脚,从小挡到大挡选择万用表量程进行检测,当万用表显示"1"(既无穷大)时,将挡位开关向大的挡位逐挡选择,直至有数值显示为止。

二极管正反向电阻　　　　　　　表 1-1-8

正向电阻(Ω)	反向电阻(Ω)	二极管好坏
较小(几十欧至几千欧)	∞	好
0	0	短路损坏
∞	∞	断路损坏
正反向电阻比较接近		二极管质量不佳

(5)蜂鸣挡线路短路检测。

将转盘打在短路蜂鸣挡,表笔位置同上。用两表笔的另一端分别接被测两点,若此两点确实短路,则万用表中的蜂鸣器发出声响。

(6)电阻挡线路短路检测。

①检查万用表外观及表笔接口。

②万用表拨至 200Ω 挡位,进行校表。

③万用表拨至 200Ω 挡位,若有显示数据说明线路短路,若显示值为"1"时,说明线路断路。

(7)用电阻挡检测法判断电容器的好坏。

①检查仪表。黑表笔插入 COM 孔,红表笔插入 VΩmA 孔。

②选择量程。将转换开关置于电阻挡合适量程。

③将两表笔分别接触电容器两电极进行测量(为便于观察,可对调表笔或电容器电极测量 2~3 次)。

④根据显示屏数据变化情况判别电容器好坏。

若显示值从小逐渐增至显示溢出符号"1",说明被测电容器是好的;若仪表始终显示"0"或接近"0",说明被测电容器内部短路;若仪表始终显示溢出符号"1",则说明被测电容器内部断路。

(8)使用注意事项。

①在使用万用表之前,先检查红、黑表笔连接的位置是否正确。红色表笔接到红色接线柱或标有"+"号的插孔内,黑色表笔接到黑色接线柱或标有"-"号的插孔内。不能接反,否则在测量直流电量时会损坏表头部件。

②在使用万用表过程中,为保证测量的准确和人身安全,不能用手去接触表笔的金属部分。

③在测量某一电量时,不能在测量时换挡,尤其是在测量高电压或大电流时。否则,会使万用表被毁坏。如需换挡,应先断开表笔,换挡后再去测量。

3)ZC25-4 型手摇式兆欧表

(1)兆欧表的特点及用途。

兆欧表又称摇表,是测量高电阻(MΩ 数量级)的仪表,其刻度以兆欧(MΩ)为单位。

兆欧表专供用来检测电气设备、供电线路的绝缘材料由于发热、受潮、污染、老化等原因所造成的损坏,以便于检查修复后的设备绝缘性能是否达到规定的要求。

兆欧表主要由作为电源的手摇发电机给被测物加上直流电压,测量其通过的漏电流,利用欧姆定律和双动线圈流比计将换算的绝缘电阻值指示到刻度盘上。如图1-1-4所示为手摇式兆欧表。

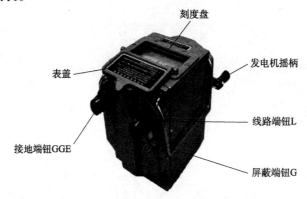

图1-1-4　手摇式兆欧表

(2)兆欧表的接线。

①兆欧表有三个接线端钮,分别标有L(线路)、E(接地)和G(屏蔽)。

②当测量电力设备对地的绝缘电阻时(图1-1-5),应将L接到被测设备上,E可靠接地。

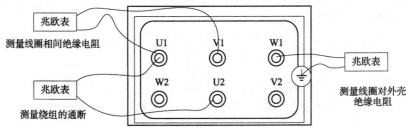

图1-1-5　检测电机绝缘电阻接线图

(3)兆欧表的检查。

①开路试验(图1-1-6)。

在兆欧表未接通被测电阻之前,摇动手柄使发电机达到120r/min的额定转速,观察指针是否指在标度尺"∞"的位置。

②短路试验(图1-1-7)。

将端钮L和E短接,缓慢摇动手柄,观察指针是否指在标度尺的"0"位置。

(4)测量、读数。

①摇动手柄时应由慢渐快至额定转速120r/min(允许有±20%的波动)。

②若指针指在"0",应停止摇动,以免兆欧表过流发热烧坏。

③兆欧表应放至平稳不能晃动,以免影响读数准确性,在1min后读取稳定的读数电动机绝缘电阻要求在0.5MΩ以上。

图1-1-6 开路试验

图1-1-7 短路试验

(5)兆欧表的使用注意事项。

①禁止用兆欧表测量带电的电气设备,如果测量电容器或较长的电线电缆和变压器前,应接地放电3~5min再测量。

②兆欧表使用时应平放,并离开强磁场。

③兆欧表使用后,应将L和E接线端短接放电。

④兆欧表不能用于测量半导体电子元件。

⑤测量电容器的绝缘电阻时,电容器的耐压必须大于兆欧表发出的电压。测量完后,应先拆下兆欧表的接线,再停止摇动兆欧表,以免充电后的电容器对兆欧表放电。

4)VC60B+数字兆欧表(图1-1-8)

VC60B+数字兆欧表,采用低损耗高变比电感储能式直流电压变换器将9V电压变换成250V/500V/1000V直流电压,采用数字电桥进行电阻测量,用于绝缘电阻的测试,具有使用轻便、量程宽广、背光显示、测试锁定、自动关机等功能,还可以进行市电测量,整机美观高档,性能稳定,使用背带可双手作业,适用于电机、电缆、机电设备、电信器材和电力设施等绝缘电阻的检测需要。

图1-1-8 数字式兆欧表

1-四个电压选择开关(250V/500V/750V/1000V);2-电源开关(自锁式电源开关,POWER);3-电阻量程选择开关(RANGE);4-黄色圆按钮为测试按钮;5-四个接线孔;6-TO TEST高压提示(LED)显示

图1-1-8所示四个接线孔;L孔接被测线路端插孔;G孔为保护端插孔,当要求被测对象加保护环消除泄漏效应时,保护环电极导线接至"G"端插孔;ACV孔为交流电压测试输入端;E孔为接被测对象的地端插孔。

(1)数字兆欧表的使用。

①将电源开关"POWER"键按下。

②根据测量需要选择测试电压(250V/500V/750V/1000V)。

③根据测量需要选择量程开关(RANGE)(除750V)。

④将被测对象的电极接本仪表相应插孔。

⑤测试电缆时,插孔 G 接保护环。

⑥按下测试开关,测试开始,向右侧旋转,可锁定按键开关;当显示值稳定后,即可读数。

⑦将输入线"E"接至被测对象地端,"L"接至被测线路端;要求"L"引线尽量悬空。

⑧如果仅最高位显示"1",即表示超量程,需要以高量程挡取数;当量程按键处于"▆"时,则表示绝缘电阻超过 2000MΩ。

(2)数字式兆欧表的检查。

①开路试验(图1-1-9):红表笔接 L,黑表笔接 E,在兆欧表未接通被测电阻之前,两表笔分开放置两边,按下电源键及测试开关,观察显示值是否为"1"。

图 1-1-9　开路试验

②短路试验(图1-1-10):红表笔接 L,黑表笔接 E,将红黑表笔短接,按下电源键及测试开关,观察显示值是否为"0"。

图 1-1-10　短路试验

5)钳型电流表

钳型电流表(BM803A+型)可以用来测量电缆电线的交流电流、直流电流、电压、电阻与电路的通断性等,从而检测线路是否存在短路等情况。

钳形电流表(图1-1-11)由电流互感器和电流表组合而成。电流互感器的铁心在捏紧口时可以张开,以便导线可以穿过,穿过铁心的被测电路导线成为电流互感器的一次线圈,当被测载流导线置于钳口时,使指针偏转,通过电流在二次线圈中感应出电流,从而测出数值。

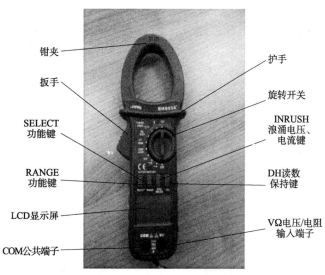

图1-1-11 钳型电流表面板

对于钳型电流表的使用,如下所述。

(1)直流电流测量。

将转换开关拨至"DCA"量程。如果显示数字非零,可按"ZERO"键使显示归零。按下扳机,张开钳口,钳住一根导线(注意,每次测量都应尽量将导线置于闭合钳口的中心),直接读数。

(2)交流电流测量。

将转换开关拨至"DCA"量程。按下扳机,张开钳口,钳住一根导线(注意,每次测量都应尽量将导线置于闭合钳口的中心),直接读数。

测量电流时只能夹住一根导线,若夹住多根导线将无法测量或测量结果无意义。如图1-1-12所示为错误的测量电流的方法。

(3)电阻及通断、二极管正向压降测量。

测量电阻及通断时,必须保证在被测电路或元件上没有电压。测量电容时,必须保证被测电容器已放完电。

①将旋转开关旋至 挡位,此时仪表预设为电阻量程。

②将红表笔插入" "插孔,将黑表笔插入"COM"插孔。

③将表笔并接到测试电路或元件两端,读取电阻值。

④按"SELECT"键可切换至 ![Ω] 量程,当被测电阻值小于约(90±20)Ω时,蜂鸣器会发出响声,这就是通断检查。

⑤当表笔开路时或输入过载时,显示屏会显示"OL"。

⑥测二极管时,按"SELECT"键切换至 ![VΩ] 量程。

⑦将表笔并接在被测二极管两端,读取正向压降电压值。

⑧当二极管反接或输入端开路时,显示屏会显示"OL"。

图 1-1-12　错误的测电流方法

当被测电阻>1MΩ时,仪表需数秒后方能稳定读数。这是测量高电阻时的正常现象。

(4)频率/占空比测量。

①将旋转开关旋到 Hz 功能,如需测量占空比,可按"SELECT"键切换。

②将红表笔插入"VΩ"插孔,将黑表笔插入"COM"插孔。

③将表笔并接于被测电路,读取频率值。

④需测量高于 30V 电压的频率时,应使用电压测量模式,在测交流电压功能,切换到电压测频模式按"SELECT"键进行测量。

(5)电容测量。

将旋转开关旋至 CAP 挡位,将红表笔插入"VΩ"插孔,将黑表笔插入"COM"插孔。电容档不可手动设置量程范围。当电容值较大时,测量时间会长一些。

(6)温度测量。

将旋转开关置于温度挡,并将温度传感器的冷端(插头端)插入"VΩ"和"COM"之间(黑插头插入 COM 插孔,红插头插入 VΩ 插孔),传感器的工作端(测温端)置于待测物上面或内部,可直接从显示屏上读取温度值,单位为℃。如需要测量华氏度,按"SELECT"键进行切换。

(7)非接触式测量。

将旋转开关置于 ![⚡] 挡,此时仪表显示"NCV"和"~"符号,将红表笔插入 VΩ 插孔,不使用黑表笔,红表笔靠近市电相线或用电开关以及插座(感应不到电压时表笔可接触金属端子)。检测到电压大于 110V(AV RMS)时,仪表显示"]"。感应电压越高,显示"]"的个数越多,伴随蜂鸣器报警声的响声越密集。

应注意的是,即使没有电压指示,其仍可能存在。不要依靠非接触电压探测器来判断导线是否存在电压。探测操作可能会受到插座设计、绝缘厚度及类型等因素的影响。

三、实施

（1）对高压设备操作注意事项包括哪些?

_____

_____

（2）列举电动汽车高压部件操作注意事项。

_____

_____

（3）填写表1-1-9中常用的绝缘工具名称及作用。

常用绝缘工具　　　　　　　　　　　　表1-1-9

工 具 名 称	用 途 描 述

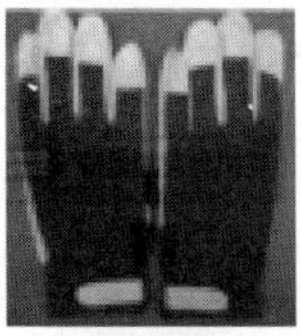

续上表

工　具　名　称	用　途　描　述

（4）什么是 IP 防护等级？根据资讯内容，以小组为单位，查询资料找出三个不同等级的含义。

（5）根据万用表的使用，完成表 1-1-10。

表 1-1-10

测量项目	挡　位	量　程	实际测量值	是否正常
导线的通断				
汽车保险电阻				
电瓶电压				
生活用电电压				

（6）填写表 1-1-11，利用手摇式、数字式兆欧表分别完成短路实验和开路实验的步骤。

表 1-1-11

仪　表　名　称	开路、短路实验操作接线端	开路实验操作接线方法及读数	短路实验操作接线方法及读数
手摇式兆欧表			
数字式兆欧表			

（7）写出利用钳形电流表测电流时的注意事项。

四、检查评估

（1）请各小组分别派一位同学利用万用表对测量保险电阻以及蓄电池电压进行演示。

（2）请各小组派一位同学分别利用手摇式和数字式兆欧表进行短路实验和开路实验操作。

（3）各小组成员交叉检查实施部分习题完成情况。

（4）请按照个人的实际情况如实填写表1-1-12，所获得的成绩为本次课堂学习成绩。

学生学习评价表　　　　　　　　　　　　　　　　　　　　　表1-1-12

评价项目	评价内容	评价标准			评价方式		
		优（10分）	良（8分）	及格（6分）	自评	小组互评	师评
学习态度	1.学习目标明确； 2.对学习兴趣浓厚，在学习过程中参与度高； 3.保质保量按时完成作业； 4.上课积极回答老师的问题	积极，热情，主动	积极，热情，但欠主动	态度一般			
学习方式	1.学生个体的自主学习能力强，会倾听、思考和质疑； 2.学生之间能采取合作学习的方式，并在合作中分工明确地进行有序和有效的探究	自主学习能力强，会倾听、思考和质疑	自主学习能力较强，会倾听、思考	自主学习能力一般，会倾听			
参与程度	1.认真参加学习活动，积极思考，善于发现问题，勇于解决问题； 2.愿意和同学多沟通，努力提高语言表达与交流能力； 3.认真记录实践活动的内容活动	积极思考，善于发现问题，勇于解决问题，表达能力强	积极思考，善于发现问题，勇于解决问题	能发现问题，但解决问题能力一般			
合作意识	1.积极参加小组合作学习，勇于接受任务、敢于承担责任； 2.小组分工明确，取长补短，共同提高； 3.公平、公正地进行自评和互评，评价过程认真、负责、有诚信	合作意识强，组织能力好，与别人互相提高，有学习效果	能与他人合作，并积极帮助有困难的学习	有合作意识，但总结能力不强			
综合评价	小组评价等级		任课教师评价等级		教师寄语：		

综合评价——A：优秀(38~40分)；B：良好(32~36分)；C：一般(24~32分)。

项目二 触电急救

随着汽车排放对环境污染的日益加剧,电动汽车逐渐普及,其市场占有率逐年增加,因此人们对电动汽车的行驶安全开始变得尤为关注。

该项目通过阐述电对人体危害的基本知识、触电防护技术及触电急救的基本操作步骤等内容,让学生了解电的危害、掌握触电防护技术以及触电急救的规范操作。

 学习目标

(1)知道电对人体的危害;
(2)熟知触电的形式;
(3)熟知现场救护的原则;
(4)正确掌握心肺复苏术的操作步骤。

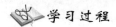 学习过程

一、决策与准备

(一)决策

按老师要求进行分组,并完成以下任务:
(1)按小组进行座位排列,听从小组组长安排,认真听课;
(2)配合小组组长完成老师布置的任务,并按要求将任务内容填入项目单。

(二)课堂准备

课堂准备见表1-2-1。

课堂准备　　　　　　　　　　　　　表1-2-1

序　号	准 备 项 目	准 备 内 容
1	安全防护装备准备	
2	设备准备	
3	工具准备	
4	资料准备	
5	场地准备	

二、资讯

(一)电流对人体的危害

(1)电流会对人体头部、脊髓和心脏等器官产生危害;

(2)热效应会造成人体电灼伤;

(3)化学效应会造成电烙印和皮肤金属化;

(4)电磁场辐射会导致头晕、乏力和神经衰弱。

(二)触电易发情况

电动车的动力电池具有高压电,且存在漏电的可能性,若不注意防护则会发生触电现象。

触电是指人体触及带电体时,电流对人体所造成的伤害。根据伤害性质的不同,电流对人体的伤害可分为电伤和电击两种。

1. 电伤

电伤是指由于电流的热效应、化学效应和机械效应对人体的外表造成的局部伤害,如电灼伤、电烙印和皮肤金属化等。当人体过分接近高于1kV的高压电气设备时,高压电可将空气电离,然后通过空气进入人体,并伴有高电弧,将人烧伤。常见的电伤有电弧烧伤、电烙印、皮肤金属化三种。

2. 电击

电击是指电流流过人体内部所造成的人体内部器官损伤。当人体触及带电导线、漏电设备的金属外壳和其他带电体,或离高压电距离太近,以及遭遇雷击或电容器放电等时,都可能招致电击。电击致人死亡的原因有以下三个方面:

(1)电流流过人体的时间较长,引起呼吸肌抽缩,造成缺氧而使心脏停搏;

(2)较大的电流流过呼吸中枢时,使呼吸肌长时间麻痹或严重痉挛,从而造成缺氧性心脏停搏;

(3)低压触电时,引起心室纤维颤动或严重心律失常,使心脏停止有节律的泵血活动,导致大脑缺氧而死亡。

(三)触电的形式

(1)低压触电:单线触电(图1-2-1)、两线触电(图1-2-2)。

图1-2-1 单线触电

图1-2-2 两线触电

(2)高压触电:跨步电压触电(图1-2-3)。

图 1-2-3 跨步电压触电

(四)触电急救

人在触电后不一定会立即死亡,而是出现神经麻痹、呼吸中断、心脏停博等症状,外表上呈现昏迷的状态,此时为假死状态,如现场抢救及时、方法得当,人是可以获救的。

现场急救对抢救触电者非常重要。国外统计资料指出,心搏骤停的严重后果以秒计算,如表 1-2-2 所示。

触电后人体的反应　　　　　　　　表 1-2-2

心跳停止时间	人体反应现象
3s	黑蒙
5～10s	意识丧失,突然倒地,晕厥
15～30s	全身抽搐
45s	瞳孔散大
60s	自主呼吸逐渐停止,瞳孔固定
4min	开始出现脑水肿
6min	开始出现脑细胞死亡
10min	脑细胞出现不可逆转的损害,进入"脑死亡""植物人状态"

通常 4min 内进行心肺复苏,救活概率有 50%;4min 后进行心肺复苏,救活概率只有 17%。

平时要对用电行业的学生及相关人员进行触电急救常识的宣传教育,还应对与电气设备有关的人员进行必要的触电急救培训。触电失去知觉后一般需进行较长时间抢救,必须耐心持续地进行。只有当触电者面色好转、口唇潮红、瞳孔缩小、心跳和呼吸逐步恢复正常时,才可暂停数秒进行观察。如果触电者还未恢复正常心跳和呼吸,则须继续进行抢救。触电急救应尽可能就地进行。只有当条件不允许时,才可将触电者抬到可靠地方进行急救。在运送医院途中应持续进行抢救工作,直到医生宣布可以停止。

1. 现场救护的目的和原则

(1) 目的：最大限度地降低死亡率和伤残率，提高伤者愈后的生存质量。

(2) 原则：快抢、快救、快送，即"三快"。

2. 紧急救护的顺序

(1) 拨打 120 急救电话；

(2) 迅速将伤者移至就近安全的地方；

(3) 快速对伤者进行分类；

(4) 先抢救危重者；

(5) 优先护送危重者。

3. 触电急救具体操作流程

(1) 检查、呼救。

如图 1-2-4 所示，轻拍其肩膀，并大声呼喊伤者姓名或询问伤者状况，如伤者已丧失意识，应大声呼救引起周围人注意。

如图 1-2-5 所示，应立刻要求周围救援者或他人拨打急救电话 120。

图 1-2-4 检查呼救 1　　　　　　　　图 1-2-5 检查呼救 2

(2) 胸外按压。

如图 1-2-6 所示，将伤者仰卧于坚实的平面上，将右手食指与中指沿着肋骨边缘滑至胸骨下端的剑突位置。

 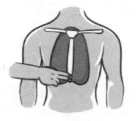

图 1-2-6 胸外按压 1

如图 1-2-7 所示，左手掌根部贴紧右手食指，定位按压位置，将右手掌根部放于左手的手背上方，双手掌根重叠，十指相扣，下方的手指翘起，不能触及胸壁。

如图 1-2-8 所示，按压时，身体前倾，手臂伸直，双臂与胸骨水平垂直，用上身的力量将患者胸骨用力向下按压。

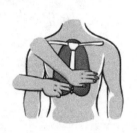
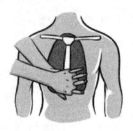

图 1-2-7　胸外按压 2　　　　　　　　　图 1-2-8　胸外按压 3

(3) 开放气道。

将患者头部转向一侧,检查患者口腔内有无呕吐物或其他异物,如有则及时清除。

如图 1-2-9 所示,应将伤者姿势摆正为仰卧位置,救援者应位于伤者右侧,以方便施救。

图 1-2-9　开放气道 1

如图 1-2-10 所示,救援者将左手掌根轻压于伤者额头部,并用右手食指与中指将伤者的下巴轻轻抬起,查看伤者是否还有呼吸或呼吸是否顺畅。

图 1-2-10　开放气道 2

(4) 人工呼吸。

如图 1-2-11 所示,气道打开后,用左手捏住伤者鼻子,同时右手保持抬下巴动作。

图 1-2-11　人工呼吸 1

如图 1-2-12 所示,救援者深吸一口气,并将嘴包住伤者口部,吹入气体(500～600mL),连续吹气两口后,放开捏鼻的手。

图 1-2-12　人工呼吸 2

进行胸外按压与人工呼吸操作的比率为 30∶2(儿童可以选择 15∶2),即进行 30 次胸外按压、2 次人工呼吸为 1 个循环周期。5 个循环(约 2min)后可以检查和评估心肺复苏效果,若无效,应反复进行胸外按压与人工呼吸操作,直到急救车和医务人员到达现场。

三、实施

(1)根据资讯内容,以小组为单位,列出对电动汽车作业时触电易发情况。

_____

_____

(2)电流对人体的危害有哪些?

_____

_____

(3)触电的形式分为几种?

_____

_____

(4)现场救护的目的和原则是什么?

_____

_____

(5)在表 1-2-3 中写出正确的操作流程。

表 1-2-3

检查及触电急救项目	具 体 操 作 流 程
检查呼吸、心跳	
有呼吸、无心跳	
有心跳、无呼吸	
无心跳、无呼吸	

四、检查评估

(1) 请各小组分别派一位同学演示触电急救操作流程。
(2) 请各小组分别派一位同学对触电的知识进行简单总结。
(3) 各小组成员交叉检查实施部分习题完成情况。
(4) 请按照个人的实际情况如实填写表1-2-4,所获得的成绩为本次课堂学习成绩。

学生学习评价表　　　　　　　　　　　　　　　　　　　　　　　　表1-2-4

评价项目	评价内容	评价标准			评价方式		
		优(10分)	良(8分)	及格(6分)	自评	小组互评	师评
学习态度	1.学习目标明确; 2.对学习兴趣浓厚,在学习过程中参与度高; 3.保质保量按时完成作业; 4.上课积极回答老师的问题	积极,热情,主动	积极,热情,但欠主动	态度一般			
学习方式	1.学生个体的自主学习能力强,会倾听、思考和质疑; 2.学生之间能采取合作学习的方式,并在合作中分工明确地进行有序和有效的探究	自主学习能力强,会倾听、思考和质疑	自主学习能力较强,会倾听、思考	自主学习能力一般,会倾听			
参与程度	1.认真参加学习活动,积极思考,善于发现问题,勇于解决问题; 2.愿意和同学多沟通,努力提高语言表达与交流能力; 3.认真记录实践活动的内容活动	积极思考,善于发现问题,勇于解决问题,表达能力强	积极思考,善于发现问题,勇于解决问题	能发现问题,但解决问题能力一般			
合作意识	1.积极参加小组合作学习,勇于接受任务、敢于承担责任; 2.小组分工明确,取长补短,共同提高; 3.公平、公正地进行自评和互评,评价过程认真、负责、有诚信	合作意识强,组织能力好,与别人互相提高,有学习效果	能与他人合作,并积极帮助有困难的学习	有合作意识,但总结能力不强			
综合评价	小组评价等级	任课教师评价等级	教师寄语:				

综合评价——A:优秀(38~40分);B:良好(32~36分);C:一般(24~32分)。

项目三　新能源汽车的认识

全球汽车工业当前面临的共同问题来自于能源短缺的压力,传统汽车保有量的增长带来的环境污染和气候变化等问题。各国政府对汽车尾气排放实施了更加严格的控制标准,新能源汽车应运而生。世界各国都在大力发展新能源汽车,我国更是将其列入七大战略性新兴产业之一。中央和地方各级政府对其发展高度关注,陆续出台了各种扶持培育政策,为新能源汽车的发展营造了良好的政策环境。

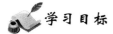学习目标

(1)能正确区分新能源汽车的类型;
(2)能正确描述混动汽车和纯电动汽车的特点;
(3)能正确描述纯电动汽车各组成系统的功用及工作原理。

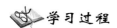学习过程

一、决策与准备

(一)决策

按老师要求进行分组,并完成以下任务:
(1)按小组进行座位排列,听从小组组长安排,认真听课;
(2)配合小组组长完成老师布置的任务,并按要求将任务内容填入项目单。

(二)课堂准备

课堂准备见表1-3-1。

课　堂　准　备　　　　　　　　表1-3-1

序　号	准　备　项　目	准　备　内　容
1	安全防护装备准备	
2	设备准备	
3	工具准备	
4	资料准备	

二、资讯

(一)混合动力汽车

混合动力汽车是指车上装有蓄电池、燃料电池、太阳能电池、内燃机车的发电机组

中的两个以上动力源的车型（图1-3-1）。

图1-3-1 混合动力汽车

混合动力汽车一般是指采用内燃机，同时配以电动机来改善低速动力输出和燃油消耗的车型。

1. 分类

（1）按照燃料种类，混合动力汽车可分为油电混合动力汽车及气电混合动力汽车。油电混合动力汽车即燃料（汽油/柴油）动力和电能动力混合的汽车，主要可以分为汽油混合动力汽车和柴油混合动力汽车两种。目前国内市场上，混合动力车辆的主流都是汽油混合动力汽车，而国际市场上柴油混合动力汽车发展也很快。气电混合动力汽车是在油电混合动力的基础上，以燃气（天然气或液化石油气）发动机代替汽油/柴油发动机的混合动力汽车。

（2）按动力系统结构形式，混合动力汽车可分为串联结构动力汽车、并联结构动力汽车以及混联结构动力汽车。

a. 串联式混合动力系统汽车。串联式混合动力顾名思义就是发动机和电动机"串"在一条动力传输路径上，一般由内燃机直接带动发电机发电，产生的电能通过控制单元传到电池，再由电池传输给电机转化为动能，最后通过变速机构来驱动汽车（图1-3-2）。串联结构最大的特点就是发动机在任何情况下都不参与驱动汽车的工作，它只能通过带动发电机为电动机提供电能。因此，串联混合动力汽车也称为增程式混合动力汽车。该类汽车适用于城市内低速运行工况，不适用于高速公路行驶工况。串联式混合动力系统的代表车型有雪佛兰沃蓝达等。

b. 并联式混合动力系统汽车。并联式混合动力汽车有内燃机和电动机两套驱动系统（图1-3-3）。它们既可以分开工作，也可以一起协调工作，共同驱动。并联结构中发动机和电动机可以同时驱动汽车，使动力性能更加优越。因此，并联式混合动力电动汽车可以在比较复杂的工况下使用，应用范围较广。目前，市面上的混动车型绝大部分采用的是并联结构，该类车型尤其受跑车厂商喜爱。并联式混合动力电动汽车适合于汽车在中、高速工况下（如高速公路）稳定行驶。但是，并联结构最显著的缺点是，由于只有一台电动机，没有独立的发电机，无法实现混合模式下发动机为动力电池充电的功能。并联式混合动力系统代表车型有本田的思域、雅阁等车型。

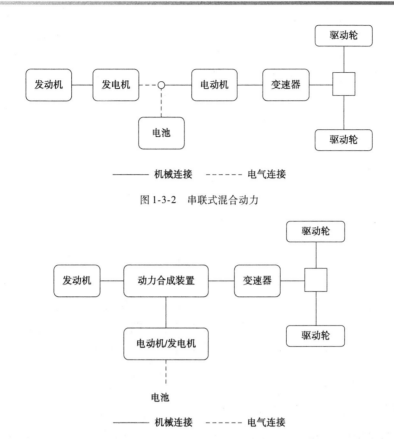

图 1-3-2 串联式混合动力

图 1-3-3 并联式混合动力

c.混联式混合动力系统汽车。混联式混合动力系统的特点在于内燃机系统和电机驱动系统各有一套机械变速机构,两套机构或通过齿轮系,或采用行星轮式结构结合在一起,从而综合调节内燃机与电动机之间的转速关系(图1-3-4)。汽车可以在串联混合模式下工作,也可以在并联混合模式下工作。在汽车低速行驶时,驱动系统主要以串联模式工作;当汽车高速稳定行驶时,则以并联工作模式为主。此联结方式系统复杂、成本高。混联式混合动力系统代表车型有丰田普锐斯等。

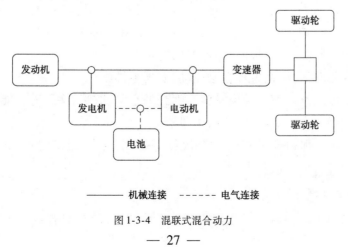

图 1-3-4 混联式混合动力

上述三种混合动力系统类型对比情况详见图 1-3-5。

系统	燃油经济性提高				驾驶性能	
	急速时间缩短	能量回收	高效操控	总效率	加速	持续高输出功率
串联	○	◎	○	○	◇	◇
并联	○	○	◇	○	○	◇
THS（串联 – 并联）	◎	◎	◎	◎	○	○

◎：极佳；○：良好；◇：一般

图 1-3-5　混合动力系统类型对比

（3）按照能源供给方式，混合动力汽车可分为非外接充电型混合动力汽车和外接充电（插电）型混合动力汽车（图 1-3-6）。

非外接充电型混合动力汽车由于动力电池能量密度较低（容量一般低于 1.5kW·h），不需要外接充电，而是通过制动时回收动能为动力蓄电池充电，或利用车辆在低速行驶时发动机的多余功率通过发电机（电动机反转）为动力电池充电。

图 1-3-6　外接充电（插电式）混合动力汽车

外接充电（插电）型混合动力可以在纯电动模式下行驶，也可以在发动机与驱动电机共同工作的混合动力模式下行驶。混合动力模式下行驶时，与普通的混合动力车辆的工作原理一样，驱动电机作为辅助驱动机构，帮助使发动机在相对稳定的状态下工作，减少车辆的燃油消耗与排放。在纯电动模式下行驶时，仅由锂离子动力蓄电池供应能量，实现纯电力驱动与零排放，因而在动力蓄电池电量用尽后需要外接充电。

插电式混合动力汽车结合了传统混合动力汽车的优点，在提供较长的续航里程（混合动力模式）的同时能满足人们用纯电力行驶的需求，起到了良好的能源替代作用。

2. 混合动力汽车的特点

（1）采用复合动力后处于油耗低、污染少的最优工况；需要大功率时，由电池来补充；负荷少时，富余的功率可发电给电池充电，行程和普通汽车一样。

（2）方便回收制动时、下坡时、急速时的能量。

（3）在市区路况下，可由电池单独驱动，实现零排放。

（4）内燃机可以方便解决纯电动汽车遇到的空调、取暖、除霜等耗能大的难题。

（5）可以利用现有的加油站，不必再投资。

（6）可以让电池保持在良好的工作状态，不发生过充、过放，延长其使用寿命，降低使用成本。

（二）燃料电池汽车

燃料电池汽车（图 1-3-7）是指以将持续供给的燃料（主要有氢气和甲醇等），通过化学反应产生电流,依靠电机驱动的汽车。车用燃料电池主要有质子交换膜燃料电池和直接甲醇燃料电池。燃料电池的化学反应过程不会产生有害产物,能量转换效率比内燃机要高2~3倍,因此从能源的利用和环境保护方面来看,燃料电池汽车是一种理想的车型。

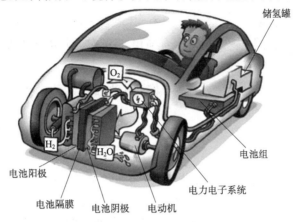

图1-3-7 燃料电池汽车

燃料电池特点有:(1)排放或近似零排放;(2)燃料多样化;(3)运行平稳、无噪声;(4)效率高;(5)成本高。

(三)氢燃料发动机汽车

氢作为内燃机的燃料,排放出的是纯净水,具有无污染、零排放、储量丰富等优势。因此,氢燃料发动机汽车(图1-3-8)是传统汽车最理想的替代方案之一。中国长安汽车公司在2007年完成了中国第一台高效零排放氢内燃机点火汽车,并在2008年北京车展上展出了自主研发的中国首款氢动力概念跑车"氢程"。氢动力汽车成本至少高出传统动力汽车20%。

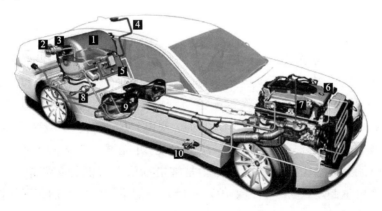

图1-3-8 宝马氢动力汽车

1-液氢罐;2-液氢罐盖;3-加氢管接口;4-安全泄压阀管路;5-氢气变压变温控制单元;6-双模式复合发动机(氢/汽油);7-氢气进气歧管;8-液氢气化控制系统;9-汽油箱;10-压力控制阀

氢燃料发动机汽车的优点是:排放物是纯水,行驶时不产生任何污染物。其缺点是:氢气的提取需要消耗大量能源,且氢燃料的存储和运输比较困难,所以整体成本过高。

(四)纯电动汽车

纯电动汽车是指以由电机驱动的汽车,其电动机的驱动电能来源于可充电的电池或其他能量储存装置。

1. 纯电动汽车的类型

(1)纯电动汽车按照用途,可以分为纯电动轿车、纯电动货车和纯电动客车 3 种类型。

(2)按照驱动型式,可以分为直流电动机驱动的纯电动汽车、交流电动机驱动的纯电动汽车、双电动机驱动的纯电动汽车、双绕组电动机驱动的纯电动汽车和电动轮纯电动汽车 5 种类型。

2. 组成

纯电动汽车主要由驱动系统、电源系统、辅助系统、控制系统、安全保护系统、车身及底盘组成(图 1-3-9)。纯电动汽车行驶时,由动力电池输出电能(电流),电机控制器控制驱动电机运转,电动机输出的转矩经传动系统带动车轮前进或后退。

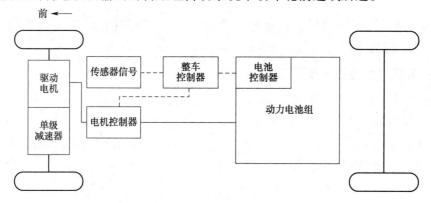

图 1-3-9 纯电动汽车组成

1)驱动系统

纯电动汽车的驱动系统的主要由电子控制器、驱动电机、电动机逆变器、传感器、机械传动装置和车轮等组成。驱动电机是驱动纯电动汽车行驶的唯一动力装置,电动机不同,控制器也有所不同,控制器将蓄电池直流电逆变成交流电后驱动交流电动机,电动机输出的转矩经传动系统传输给驱动车轮,使电动汽车行驶。该系统的功用是将存储在动力电池中的电能高效地转化为车轮的动能,并能够在汽车减速制动时,将车轮的动能转化为电能充入动力电池。再生制动是纯电动汽车节能的重要措施之一。制动时电动机可实现再生制动,一般可回收 10%~15% 的能量,有利于延长行驶里程。

2)电源系统

纯电动汽车的电源系统包括车载电源、能量管理系统和充电机等。它的功用是向电动机提供驱动电能、监测电源使用情况及控制充电机向蓄电池充电。

纯电动汽车以动力蓄电池组作为车载电源,用周期性的充电来补充电能。动力蓄电池组是纯电动汽车的关键装备,储存的电能、质量和体积,对性能起决定性影响,也是发展纯电动汽车的主要研究和开发对象。

纯电动汽车车载电源由高压电源和低压电源两部分组成。高压电源是动力蓄电池组提供的155～600V的高压直流电,动力蓄电池组是供电动机工作的唯一动力源。空调系统的空调压缩机以及助力转向系统和制动系统的真空泵等,也需要动力蓄电池组提供动力电能。动力蓄电池组通过DC/AC转换器,供应12V或24V的低压电,并将其储存到低压蓄电池组中,作为仪表、照明和信号装置的工作电源。

蓄电池管理系统用于对动力蓄电池组充电与放电时的电流、电压、放电深度、再生制动反馈电流、蓄电池温度等进行控制。个别蓄电池性能变化后会影响到整个动力蓄电池组的性能,故需用蓄电池管理系统来对整个动力蓄电池组及其每一单体蓄电池进行监控,保持各个单体蓄电池间的一致性。动力蓄电池组必须进行周期性的充电,高效率充电装置和快速充电装置是纯电动汽车使用时所必需的辅助设备,可采用地面充电器、车载充电器、接触式充电器或感应式充电器等进行充电。

3)辅助系统

纯电动汽车辅助系统主要包括辅助动力源、空调器、动力转向系统、导航系统、刮水器、收音机及照明和除霜装置等。辅助动力源主要由辅助电源和DC/AC转换器组成,其功用是向动力转向系统、空调及其他辅助设备提供电力。

4)控制系统

纯电动汽车的控制系统主要是对动力蓄电池组的管理和对驱动电机的控制。它将加速踏板、制动踏板机械位移的行程量转换为电信号,输入至中央控制单元,通过动力控制单元控制驱动电机运转;计算动力蓄电池组剩余电量和剩余续航里程;对整车低压系统的电子、电器装置进行控制;采用各类传感器、报警装置和自诊断装置等,对整个动力蓄电池组—功率转换器—驱动电机系统进行监控并及时反馈信息和报警。

5)安全保护系统

动力蓄电池组具有高压直流电,因此必须设置安全保护系统,以确保驾驶人、乘员和维修人员在驾驶、乘坐和维修时的安全。另外,纯电动汽车必须配备电气装置的故障自诊断系统和故障报警系统,在电气系统发生故障(自动控制电动汽车无法起动等)时,及时防止事故的发生。

6)车身及底盘

纯电动汽车车身造型特别重视流线型,以降低空气阻力系数。由于动力蓄电池组的质量大,为减轻整车质量,一般采用轻质材料制造车身和底盘部分总成。动力蓄电池组占据的空间大,在底盘布置上还需有足够的空间存放动力蓄电池组,并且要求线路连接、充电、检查和装卸方便,能够实现动力蓄电池组的整体机械化装卸。

3. 工作原理(图1-3-10)

根据制动踏板和加速踏板的输入信号,电子控制器通过发出相应的指令来控制功率转换器功率装置的通断。功率转换器的功能是调节电动机和电源之间的功率流。

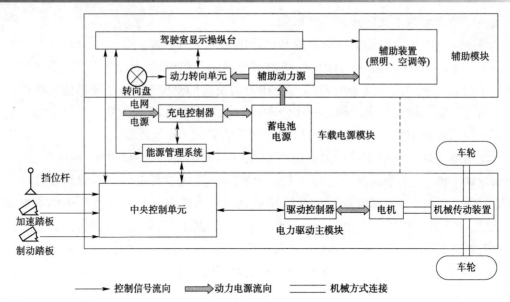

图 1-3-10 纯电动汽车工作原理

4. 纯电动汽车的特点

1）优点

（1）环保。

纯电动汽车在运行过程中可以实现零污染，完全不排放污染大气的有害气体。即使按所耗电量换算为发电厂的排放，造成的污染也明显少于传统汽车。因为发电厂的能量转换率更高，而且集中排放可以更方便地加装减排治污设备。

（2）经济性好。

国家和地方政府给予电动汽车较多补贴，这一举措使电池成本居高不下的电动汽车的售价能够下降到与传统汽车相当的水平。而在油价高起的今天，电动汽车的运行费用远小于传统汽车。

（3）噪音小。

电动机在运行中的噪音和振动水平都远小于传统内燃机。在怠速和低速情况下，电动汽车的舒适性远高于传统汽车。电动汽车的这一特点对于提升汽车的 NVH（Noise，Vibration，Harshness，噪声振动与声振粗糙度）性能无疑会有很大的帮助。

（4）节能。

电动汽车的百公里耗电量为 15～20kW·h，加上发电厂和电动机的损耗之后，百公里的能耗约为 7kg 标准煤。传统汽车按百公里耗油量 10L 计，能耗约为 10kg 标准煤。此外，在城市的拥堵路况下，电动汽车的节能优势会更加明显。

（5）结构简单，维护方便。

传统汽车相比，电动汽车的底盘、动力总成结构简单。电动汽车不再需要复杂的传动机构和占据了大量空间的排气系统，维护起来更方便，同时空间也得到了大幅的扩展。并且，电动汽车还能方便地实现四轮驱动。

(6) 加速快。

电动机在全部转速范围内都可以输出最大转矩,因此起步加速非常迅猛。而传统汽车一般要到 2000r 才能输出最大转矩。

2) 缺点

(1) 充电难。

在国内充电设施建设滞后的情况下,充电是电动汽车所面临的一大难题。公共场所充电桩的缺乏严重影响了电动汽车的出行。

(2) 续航里程短。

受限于电池的容量,目前大多数的纯电动汽车续航里程都较短,一般约为 200km。

(3) 充电慢。

目前大多数充电桩都是慢充桩,一辆车充满需要 5~8h。虽然可以利用夜间休息时间充电,但是若遇到突发情况,纯电动汽车充电慢的缺点就会突显无疑。

(4) 售后服务有待加强。

电动汽车虽然结构简单,但是由于动力部分和传统汽车区别较大,维修工作还是会遇到一些问题。第一个问题就是维修技师的缺乏,现在绝大部分的技师是传统汽车维修技师,他们缺少电气方面的知识,仅凭借传统汽车的维修经验与技巧维修电动汽车,不但可能造成车辆的损坏,还会有一定的危险性。第二个问题是零部件的稀缺,电动汽车生产量和保有量较少,因此存在电动汽车零部少、价格高的现象。

三、实施

(1) 依照《新能源汽车生产企业及产品准入管理规定》,新能源汽车包括_____、_____、氢燃料发动机汽车和_____等。

(2) 根据资讯内容,以小组为单位,判别实训车辆属于_____新能源汽车(填类型)。

(3) 纯电动汽车的基本组成包括:_____、_____、_____、_____、_____和_____六部分。请分别指出这六部分的安装位置。

(4) 以小组为单位,总结混合动力汽车的特点。

(5) 以小组为单位,总结纯电动汽车的优点。

四、检查评估

(1) 请各小组分别派一位同学在实车中指出电动汽车各个系统的安装位置。

(2) 请各小组分别派一位同学对电动汽车的特点及工作原理进行简单总结。

(3) 各小组成员交叉检查实施部分习题完成情况。

(4) 请按照个人的实际情况如实填写表 1-3-2,所获得的成绩为本次课堂学习成绩。

学生学习评价表　　　　　　　　　　　　　　　　　　　　　　　　表1-3-2

评价项目	评价内容	评价标准			评价方式		
		优(10分)	良(8分)	及格(6分)	自评	小组互评	师评
学习态度	1.学习目标明确； 2.对学习兴趣浓厚，在学习过程中参与度高； 3.保质保量按时完成作业； 4.上课积极回答老师的问题	积极,热情,主动	积极,热情,但欠主动	态度一般			
学习方式	1.学生个体的自主学习能力强,会倾听、思考和质疑； 2.学生之间能采取合作学习的方式,并在合作中分工明确地进行有序和有效的探究	自主学习能力强,会倾听、思考和质疑	自主学习能力较强,会倾听、思考	自主学习能力一般,会倾听			
参与程度	1.认真参加学习活动,积极思考,善于发现问题,勇于解决问题； 2.愿意和同学多沟通,努力提高语言表达与交流能力； 3.认真记录实践活动的内容活动	积极思考,善于发现问题,勇于解决问题,表达能力强	积极思考,善于发现问题,勇于解决问题	能发现问题,但解决问题能力一般			
合作意识	1.积极参加小组合作学习,勇于接受任务、敢于承担责任； 2.小组分工明确,取长补短,共同提高； 3.公平、公正地进行自评和互评,评价过程认真、负责、有诚信	合作意识强,组织能力好,与别人互相提高,有学习效果	能与他人合作,并积极帮助有困难的学习	有合作意识,但总结能力不强			
综合评价	小组评价等级	任课教师评价等级	教师寄语：				

综合评价——A:优秀(38～40分);B:良好(32～36分);C:一般(24～32分)。

项目四　驱动系统的认识

电动汽车动力驱动系统是能量储存系统与车轮之间的纽带,其作用是将能力储存系统输出的能量(化学能、电能)转化为机械能,推动车辆克服各种滚动阻力、空气阻力、加速阻力和爬坡阻力,制动时将动能转换为电能回馈给能量存储系统。

学习目标

(1)了解驱动系统的作用;
(2)了解驱动系统的组成;
(3)掌握驱动电机的作用;
(4)了解驱动电机的组成;
(5)掌握电机控制器的作用;
(6)掌握电机控制器的基本组成及工作原理。

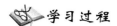学习过程

一、决策与准备

(一)决策

按老师要求进行分组,并完成以下任务:
(1)按小组进行座位排列,听从小组组长安排,认真听课;
(2)配合小组组长完成老师布置的任务,并按要求将任务内容填入项目单。

(二)课堂准备

课堂准备见表1-4-1。

课　堂　准　备　　　　　　　　表1-4-1

序　号	准 备 项 目	准 备 内 容
1	安全防护装备准备	
2	设备准备	
3	工具准备	
4	资料准备	
5	场地准备	

二、资讯

(一)驱动系统性能要求

驱动系统作为电动汽车最主要、最核心、最复杂的部件。一般驱动系统具有以下要求:

(1)瞬时功率大,短时过载能力强,以满足爬坡及加速的需要;

(2)调速范围宽广;

(3)在运行的全部速度范围和负载范围内,具有较高的效率,即在电机所有工作范围内综合效率高,以尽量提高电动汽车续航里程;

(4)可靠性高,使用方便简单,价格低廉;

(5)功率密度高,体积小,质量轻;

(6)快速的转矩响应特性,在各种车速范围内能快速而柔和地控制驱动和制动转矩,在多电机系统中,要求电机可控性高、稳态精度和动态特性好;

(7)安全、稳定,具有一定的防冲击性、使用寿命长。

(二)驱动系统组成(图1-4-1)

驱动系统是新能源车核心部件之一,是新能源汽车行驶中的主要执行结构,其驱动特性决定了汽车行驶的主要性能指标,是电动汽车的重要部件。

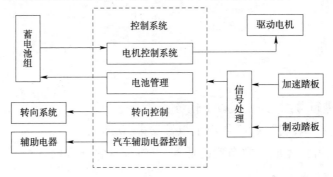

图1-4-1 驱动系统组成

从功能的角度看,电动汽车的驱动系统可分为电气系统和机械系统两大系统。

电气系统由电动机、功率转换器和电子控制器三个子系统组成。机械系统主要包括机械传动装置和车轮。电气和机械系统的边界形成电动机的气隙,用来完成电动机能量从电能到机械能的转换。电子控制器分为传感器、中间连接电路和处理器三个功能单元。传感器把测得的数据(如电流、电压、温度、速度、转矩以及电磁通等),转变为电信号,通过中间连接电路把这些电信号调整到合适的值后,然后输入到处理器,通常经过中间电路放大输出信号,驱动功率转换器的半导体元件。在驱动和能量再生过程中,能量源与电动机之间的能量流动通过功率转换器进行调节。电动机与车轮通过机械传动装置连在一起。由于电动机也可以直接装于车轮上,由电动轮毂车轮直接驱动,因此该机械传动装置可选。

北汽 EV160 采用的驱动系统,具有节约能源、噪音小、易于实现自动控制等优点。主要由驱动电机、驱动电机控制器(MCU)构成,通过高低压线束、冷却管路,与整车其他系统连接。驱动系统组件如图 1-4-2 所示。

图 1-4-2 驱动系统组件

例如,北汽 EV160 驱动系统的主要功能是:将储存在动力电池中的电能高效地转化为车轮的机械能;并能够在汽车减速制动时,将车轮的机械能转化为电能充入动力电池。前一种称为驱动模式,后一种称为能量回收模式。

如图 1-4-3 所示,以驾驶人的操作意图为输入信号,经整车控制器(VCU)将其转化成控制信号提供给电机控制器,电机控制器响应并反馈,控制电机的输出转矩,从而使电动汽车按照驾驶人预期的状态行驶。

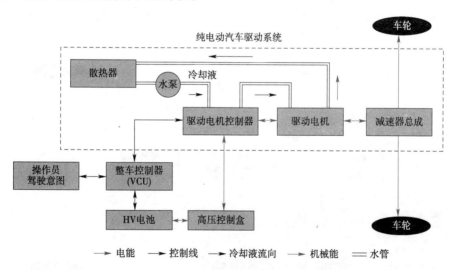

图 1-4-3 驱动系统能量关系图

当电机控制器同时收到制动和加速信号时,则以制动信号优先。

(1)驱动模式(图1-4-4):当电驱系统处于驱动汽车行驶状态,电机控制器接收 VCU 的控制信号,将输入的高压直流电逆变成电压、频率可调的三相交流电,供给驱动电机(三相交流永磁同步电动机)使用。驱动电机输出的转矩经减速器总成(传动装置)驱动车轮,使汽车行驶。

(2)能量回收模式(图1-4-5):当车辆滑行或制动时车辆能够进行能力回收,此时驱动电机变成发电机,将车辆一部分的机械能转化为电能。与此同时,电机控制器接收VCU的控制信号,将输入的三相交流电整流为直流电储存到动力电池中。能量回收模式的条件是:挡位置于D挡行驶时,松开加速踏板;踩下制动踏板。

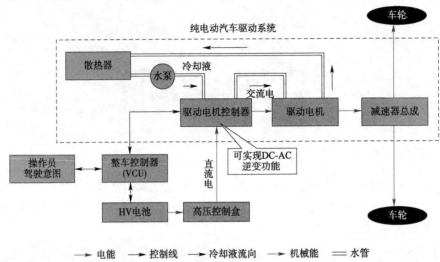

图1-4-4 驱动系统驱动模式能量关系图

不管是在驱动模式还是能量回收模式中,电驱系统中的驱动电机和电机控制器都会产生大量的热量,电驱冷却系统可将热量及时带走,使驱动电机和电机控制器始终处于正常范围。

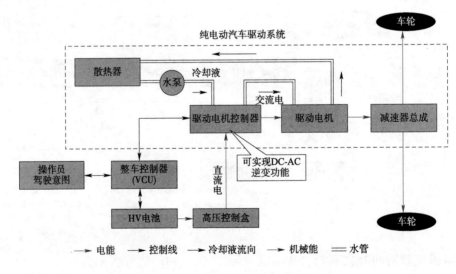

图1-4-5 驱动系统能量回收模式能量关系图

(三)驱动电机的作用

驱动电机在纯电动汽车中被要求承担着电动和发电的双重功能,即在正常行驶时发挥其主要的电动机功能,将电能转化为机械能;而在降速和下坡滑行时被要求进行发电,将车轮的惯性动能转换为电能。驱动电机是驱动纯电动汽车行驶的唯一动力装置。

（四）驱动电机的特点

1. 体积小、功率密度大

由于新能源汽车的整车空间有限，因此须要求驱动电机的结构紧凑、尺寸小。这就意味着电机系统（驱动电机和电机控制器）的尺寸将受到很大的限制，须缩小驱动电机的体积，提高电机的功率密度和转矩密度。因此一般选用高功率密度的永磁同步电机作为驱动电机。

2. 效率高、高效区广、重量轻

新能源汽车驱动电机的第二个特点就是效率要高、高效区要广、质量要轻。由于当前充电桩尚未广泛普及，续航里程短一直是新能源汽车的短板。提升续航里程的方法有：

（1）提升驱动电机的效率。

（2）驱动电机的高效工况区要够广，保证汽车在大部分工况下的都处于高效状态。

（3）减轻电机质量，间接降低整车功耗，提升续航里程。

3. 安全性与舒适性

新能源汽车驱动电机还需关注电机自身的安全性和舒适性。

（1）安全性：即电机的可靠性（电机在恶劣环境下可以正常工作）。

（2）舒适性：即电机在运行时不会使驾驶人产生体验上的不适，应关注电机运行时的振动和噪声情况。

（五）驱动电机基本类型和组成

目前电动汽车上使用的驱动电机主要类型有直流电动机、交流三相感应电动机、永磁电动机和开关磁阻电动机等。

驱动电机组件主要由永磁同步电机、旋转变压器、温度传感器、冷却循环水道和壳体等组成。驱动电机是以磁场为媒介进行机械能和电能相互转换的电磁装置，是驱动电动汽车行驶的动力装置，动力总成的核心部件，承担着电能转化和充电的双重功能。在正常行驶时，驱动电机将储存在电池中的电能高效地转化为驱动汽车行驶的机械能；在车轮制动时，驱动电机将车辆一部分的机械能转化为电能，为动力电池充电。

1. 永磁同步电机

北汽 EV160 驱动电机（图 1-4-6）选用的是永磁同步电机（PMSM）。该电机具有效率高、体积小、质量小及可靠性高等优点。永磁同步电机是电驱系统的重要执行机构，是电能与机械能转化的部件，依靠内置传感器来提供电机的工作信息，并将这些信息发送给电机控制器。

图1-4-6　北汽EV160驱动电机

北汽EV160永磁同步电机具有发动机和发电机的功能。电动机工作原理是电机控制器分别控制U相、V相和W相绕组，或者相邻绕组的通电、断电，在相应的绕组或相邻绕组中产生磁场，永磁转子在磁场的作用下同步旋转，如图1-4-7所示。

车辆减速时，永磁同步电机起到发电机的作用。交流发电机的工作原理是车辆减速时，驱动轮通过传动装置反拖永磁同步电机转子运转，旋转的永久转子磁场，分别切割U、V、W三相定子绕组，产生三相交流电，如图1-4-8所示。

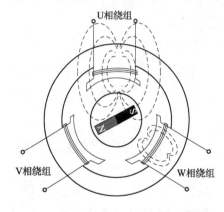
图1-4-7　永磁同步电机——电动机工作原理

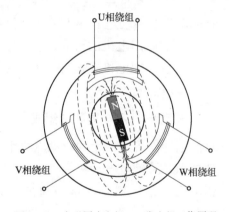
图1-4-8　永磁同步电机——发电机工作原理

2. 旋转变压器

旋转变压器（图1-4-9），是一种能转动的变压器，主要由旋转变压器转子与定子组成。这种变压器的初、次绕组分别放置在定、转子上。初、次绕组之间的电磁耦合程度与转子的转角有关，因此转子绕组的输出电压与转子的转角有关。

旋转变压器可分为正余弦旋转变压器、线型旋转变压器和比例式旋转变压器。北汽EV160采用的是正余弦旋转变压器，主要用以检测电机转子位置，并把其检测结果传输给电机控制器，经解码可获知电机转速。

图1-4-9　旋转变压器

当励磁绕组以一定的交流电压励磁时,输出绕组的电压值与转子转角成正弦、余弦函数关系。

3. 温度传感器

温度传感器用以检测电机的绕组温度,电机控制器可以保护电机,避免过热。

北汽EV160采用的是PT1000温度传感器铂电阻温度传感器。金属铂(Pt)的电阻会随着温度变化而变化,并且具有良好的重现性和稳定性,利用铂的这种物理特性制成的传感器称为铂电阻温度传感器。PT1000表示在0℃时,其电阻为1000Ω。

(六)驱动电机组件工作原理

动力电池的直流电经过高压控制盒,通过点击控制器中的DC-AC逆变器将直流电逆变成交流电,提供给永磁同步电机,进而永磁同步电机驱动汽车行驶。

当车辆滑行或制动时,电机控制器控制电机使其处于发电状态,电机利用车辆惯性发电,通过电机控制器中的AC-DC整流器将三相交流电整流成直流电,回收能量给动力电池。

为避免驱动电机在工作过程中温度过高,电机冷却循环水管中的冷却液可将多余的热量带走,使其保持在正常的温度范围内。

(七)电机控制器作用(图1-4-10)

电机控制器是电驱系统的控制中心。并反馈VCU根据驾驶人意图发出各种指令,电机控制器响应,实时调整驱动电机输出,以实现控制驱动电机的转速、转向和通断。电机控制器的另一个重要功能是通信和保护,实时进行状态和故障的检测,保护驱动电机系统和整车安全可靠运行。

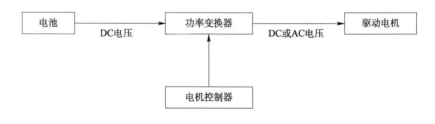

图1-4-10 电机控制器作用

(八)电机控制器组成及工作原理

电机控制器由逆变器和控制器两部分组成。逆变器接收电池输送过来的直流电电能,逆变成三相交流电给汽车电机提供电源。通过电机的正转来实现整车加速、减速;通过电机的反转来实现倒车。控制器接受电机转速等信号反馈到仪表。

北汽EV160电机控制器采用的是三相两电平电压源型逆变器,又称智能功率模块,由以IGBT(绝缘栅双极型晶体管)功率模块为核心的功率电路和以单片机为核心的微电子控制电路组成,具有诊断功能,当诊断出异常时,它将会激活一个错误代码,发送给VCU,同时也会把存储该故障码和数据。

使用以下传感器来提供驱动电机系统的工作信息:

(1)电流传感器,用于检测电机工作的实际电流(包括母线电流、三相交流电流)。

(2)电压传感器,用于检测供给电机控制器工作的实际电压(包括动力电池电压、12V蓄电池电压)。

(3)温度传感器,用于检测电机控制系统的工作温度(包括IGBT模块温度、电机控制器板载温度)。

电机控制器与驱动电机配套使用,由于动力电池是以直流电方式供电,而驱动电机是永磁同步交流电机。当驱动电机驱动车辆行驶时,电机控制器需将动力电池的直流电转化为交流电(DC-AC逆变)供给驱动电机;而当驱动电机作为发电机,回收能量时,电机控制器则需将交流电转化为直流电(AC-DC整流),为动力电池充电。与此同时,电机控制器通过电流传感器、电压传感器、温度传感器实时监测自己与驱动电机的工作状态。根据具体功能,电机控制器主要由DC-AC逆变模块、AC-DC整流模块、温度保护模块以及控制器组成。

北汽EV160纯电动汽车驱动电机控制器的位置如图1-4-11所示。

图1-4-11 北汽EV160电机控制器安装位置

(九)电机控制器的相关术语

(1)额定功率:在额定条件下的输出功率。

(2)峰值功率:在规定的持续时间内,电机允许的最大输出功率。

(3)额定转速:额定功率下电机的转速。

(4)最高工作转速:相应于电动汽车最高设计车速的电机转速。

(5)额定转矩:电机在额定功率和额定转速下的输出转矩。

(6)峰值转矩:电机在规定的持续时间内允许输出的最大转矩。

(7)电机及控制器整体效率:电机转轴输出功率所占控制器输入功率的百分比。

(十)纯电动汽车驱动冷却系统作用

不管是在驱动模式还是能量回收模式下,纯电动汽车驱动系统中的驱动电机和电机控制器都会产生大量的热量。这些热量会对电驱系统的正常工作和使用寿命造成不良的影响。电机在运行过程中产生的热对电机的物理、电气和力学特征有着重要的影响,当温度上升到一定的程度时,电机的绝缘材料会发生本质的变化,最终使其失去绝缘的能力；此外，随着电机温度的升高，电机中的金属构件强度和硬度也会逐渐下降。由电子元件构成的电机控制器，同样会由于温度过高而导致其电子器件的性能下降，如过高温度会导致半导体结点、电路损害，增加电阻，甚至烧坏元器件。为了保证电驱系统在运行过程中所产生的热量能够及时散发出去，需要对电机驱动系统的驱动电机和电机控制器进行冷却，以确保其处于正常的温度范围内工作。

（十一）电动汽车驱动冷却系统组成

驱动冷却系统有风冷系统和水冷系统之分。以空气为冷却介质的冷却系统称为风冷系统，以冷却液为冷却介质的冷却系统称为水冷系统。

按照电机、控制器等单元对温度的要求，电机冷却系统水温要求如下：

（1）电机出水温度≤65℃；

（2）电机/车辆控制器出水温度≤60℃；

（3）DC/DC以及车载充电器出水温度≤57℃。

冷却液循环回路须保证良好的密封性，在常态下，被冷却单元的工作温度越低其工作效率就越高，所以要求尽量降低被冷却单元的工作温度。

北汽EV160的电驱系统是采用水冷方式进行冷却，该系统主要由电动水泵、散热器、电动风扇、储液罐和冷却循环管路组成。

1. 电动水泵

电动水泵（图1-4-12）主要由电机壳体、碳刷架、碳刷、转子、永久磁铁、水泵底盖、水泵叶轮、水泵外壳组成。电动水泵的功用是对冷却液进行加压，保证其在冷却系统循环流动。电动水泵是整个冷却系统唯一的动力元件，负责为冷却液循环提供机械能。

电动水泵的电机带动叶轮旋转时，冷却液在离心力作用下被甩到叶轮外缘，叶轮外缘压力升高，冷却液从出水口甩出。

2. 散热器

散热器是电动汽车冷却系统的一部分。根据散热器的结构形式可分为直流式和横流式两类。北汽EV160的散热器属于横流式，主要由左储水室、右储水室、散热器翼片、散热器芯、进水管接口、出水管接口、防水螺塞以及溢流管接口等部件组成。

图1-4-12 电动水泵

空气在散热器芯外面通过，冷却液在散热器芯内流动。热的冷却液由于将热量散向空气中而变冷，冷空气则吸收冷却液散出的热量导致升温，因此散热器实际上是一个热交换器。

3. 电动风扇

电动风扇位于散热器的内侧，主要由冷却风扇、导热罩和电动机组成，用来提高通过散热器芯的空气流速，增强散热器的散热能力，加速冷却液的冷却。

电动风扇是由 VCU 控制的,驱动电机和电机控制器的温度都会影响电动风扇的转速。

(十二)驱动冷却系统的工作原理

电驱冷却系统使用电动水泵提高冷却液的压力,强制冷却液在电动水泵、驱动电机、电机控制器和散热器之间循环流动(图 1-4-13)。

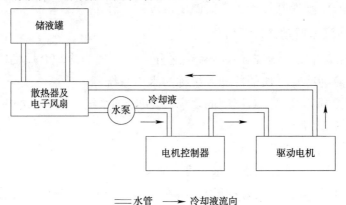

图 1-4-13　驱动冷却系统循环路线

电动水泵将储液罐中的冷却液泵入电机控制器,冷却液对电机控制器进行冷却后从出水口流入电机外壳水套,吸入驱动电机的热量后温度上升,随后冷却液从驱动电机的出水口流出,经冷却管路流入散热器,在散热器中冷却液通过流经散热器的空气散热降温,最后冷却液经散热器出水软管返回电动水泵进行往复循环。

三、实施

查找资料,完成以下内容。

(1)驱动系统的组成包括:＿＿＿＿＿＿＿和＿＿＿＿＿＿＿＿＿＿。

(2)请找出实训车辆北汽 EV160 电机控制器的相关参数:＿＿＿＿＿＿＿＿＿

＿＿＿＿＿＿＿＿＿＿＿＿＿＿＿＿＿＿＿＿＿＿＿＿＿＿＿＿＿＿＿＿＿＿＿＿

(3)填写 EV160 前机舱零部件。

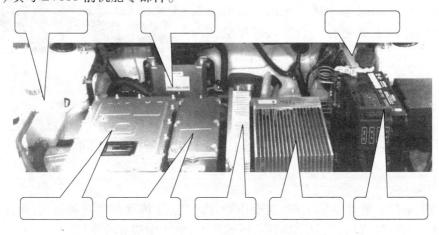

（4）填写以下电动汽车驱动冷却系统元件认知表（表1-4-2）。

驱动冷却系统元件认知表　　　　　　　　　　表1-4-2

元　件	元件名称	元件作用	位置描述

四、检查评估

（1）请各小组分别派一位同学在实车中指出纯电动汽车制动系统各组成元件的安装位置。

（2）请各小组分别派一位同学对真空助力系统及再生制动的工作原理进行简单总结。

（3）各小组成员交叉检查实施部分习题完成情况。

（4）请按照个人的实际情况如实填写表1-4-3，所获得的成绩为本次课堂学习成绩。

学生学习评价表　　　　　　　　　　　　　　　　表1-4-3

评价项目	评价内容	评价标准			评价方式		
		优(10分)	良(8分)	及格(6分)	自评	小组互评	师评
学习态度	1.学习目标明确； 2.对学习兴趣浓厚，在学习过程中参与度高； 3.保质保量按时完成作业； 4.上课积极回答老师的问题	积极，热情，主动	积极，热情，但欠主动	态度一般			
学习方式	1.学生个体的自主学习能力强，会倾听、思考和质疑； 2.学生之间能采取合作学习的方式，并在合作中分工明确地进行有序和有效的探究	自主学习能力强，会倾听、思考和质疑	自主学习能力较强，会倾听、思考	自主学习能力一般，会倾听			
参与程度	1.认真参加学习活动，积极思考，善于发现问题，勇于解决问题； 2.愿意和同学多沟通，努力提高语言表达与交流能力； 3.认真记录实践活动的内容活动	积极思考，善于发现问题，勇于解决问题，表达能力强	积极思考，善于发现问题，勇于解决问题	能发现问题，但解决问题能力一般			
合作意识	1.积极参加小组合作学习，勇于接受任务，敢于承担责任； 2.小组分工明确，取长补短，共同提高； 3.公平、公正地进行自评和互评，评价过程认真、负责、有诚信	合作意识强，组织能力好，与别人互相提高，有学习效果	能与他人合作，并积极帮助有困难的学习	有合作意识，但总结能力不强			
综合评价	小组评价等级	任课教师评价等级	教师寄语：				

综合评价——A：优秀(38～40分)；B：良好(32～36分)；C：一般(24～32分)。

项目五　动力电池系统的认识

随着新能源汽车渐渐进入人们的视野,人们对新能源汽车续航里程的关注度越来越高,新能源汽车对动力电池系统的性能要求也越来越苛刻严格。所以动力电池系统的续航里程直接决定新能源汽车的普及率。

本项目主要阐述了动力电池系统基本功能和原理、动力电池系统的主要组成部件,旨在让学生掌握动力电池系统的功能及工作原理,了解动力电池系统中各组成部件的基本功能。

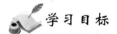

学习目标

(1)了解动力电池系统的功能及工作原理;
(2)了解动力电池系统的基本结构组成;
(3)熟知动力电池模组的组成;
(4)了解新能源汽车动力电池的常用类型;
(5)了解电池管理系统(BMS)、动力电池箱和辅助元器件等组成部件的基本信息。

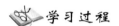

学习过程

一、决策与准备

(一)决策

按老师要求进行分组,并完成以下任务:
(1)按小组进行座位排列,听从小组组长安排,认真听课;
(2)配合小组组长完成老师布置的任务,并按要求将任务内容填入项目单。

(二)课堂准备

课堂准备见表1-5-1。

课堂准备　　　　　　　　　　　　表1-5-1

序号	准备项目	准备内容
1	安全防护装备准备	
2	设备准备	
3	工具准备	
4	资料准备	
5	场地准备	

二、资讯

（一）动力电池系统

1. 动力电池系统的功能

动力电池系统主要用于接收和存储由外置充电装置和制动能量回收装置提供的电能，并通过高压配电单元连接动力电池，为电动机、空调压缩机、空调加热器等用电设备提供电能。

动力电池外置充电装置有快充和慢充两种充电方式。对于快充充电方式，当接通直流充电器时，经充电桩转化的直流电通过高压配电单元存储到动力电池中；对于慢充充电方式当接通交流充电器时，交流电经车载充电器转化为直流电后直接存储到动力电池中。

动力电池系统接收到用电设备的供电信号后，由整车控制单元协调整车各控制系统向用电设备提供电能，动力电池向用电设备提供电能时须经高压配电单元。另外，动力电池在充放电过程中产生的热量由电池冷却系统进行冷却降温，如图1-5-1所示。

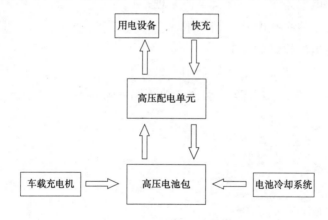

图1-5-1　动力电池系统工作流程

2. 动力电池系统工作原理

动力电池模组放置在一个密封并且屏蔽的动力电池箱里面，动力电池系统使用可靠的高低压插接件与整车进行连接。系统内的BMS实时采集各电芯的电压值、各温度传感器的温度值、电池系统的总电压值和总电流值，电池系统的绝缘电阻值等数据，根据BMS中设定的阀值判定电池系统工作是否正常，并对故障实时监控。动力电池系统通过BMS使用CAN与VCU或充电机之间进行通信，对动力电池系统进行充放电等综合管理。

3. 动力电池系统结构组成

动力电池系统主要由动力电池模组、BMS、动力电池箱和辅助元器件等部分组成。北汽EV160的动力电池，具有体积更小、质量更轻、短时间能放出更大的电流的优点，很大程度上提高了整车性能，如图1-5-2所示。

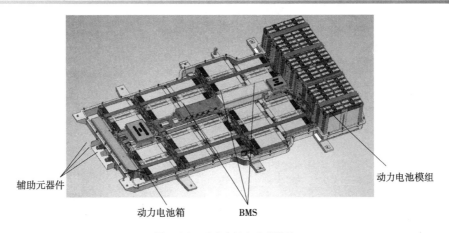

图1-5-2 动力电池包内部结构

1）动力电池模组

（1）电池单体：构成动力电池模块的最小单元。一般由正极、负极、电解质及外壳等构成，可实现电能与化学能之间的直接转换。

（2）电池模块：一组并联的电池单体的组合，该组合额定电压与电池单体的额定电压相等，是电池单体在物理结构和电路上连接起来的最小分组，可作为一个单元替换。

（3）电池模组：由多个电池模块或单体电芯串联组成的一个组合体。单体电池通过串联增加动力电池组的总电压，通过并联增加动力电池组的容量，见图1-5-3、图1-5-4。

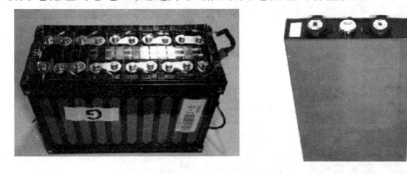

图1-5-3 动力电池整体（左）及单体（右）

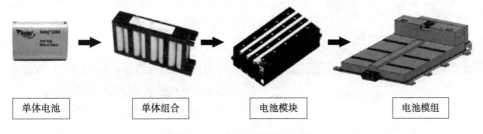

图1-5-4 动力电池模组组合

2）BMS

BMS是电池保护和管理的核心部件，在动力电池系统中，它的作用就相当于人的大脑。它不仅要保证电池安全可靠地使用，而且要充分发挥电池的能力和延长使用寿命，作为电池、VCU以及驾驶人沟通的桥梁,通过控制接触器控制动力电池组的充放电,并向VCU上报动力电池系统的基本参数及故障信息。

BMS通过电压、电流及温度检测等功能实现对动力电池系统的过压、欠压、过流、过高温和过低温保护,继电器控制、SOC估算、充放电管理、均衡控制、故障报警及处理、与其他控制器通信等功能;此外BMS还具有高压回路绝缘检测功能,以及为动力电池系统加热功能,如图1-5-5所示。

3)动力电池箱

动力电池箱(图1-5-6)是支撑、固定、包围电池系统的组件,主要包含上盖、下托盘、辅助元器件(如过渡件、护板、螺栓等),具有承载及保护动力电池组及电气元件的作用。

图1-5-5 动力电池箱系统

图1-5-6 动力电池箱

4)辅助元器件

辅助元器件(图1-5-7)主要包括动力电池系统内部的电子电器元件(如高压电缆、接触器、继电器、分流器、熔断器、接插件、紧急开关、烟雾传感器等)、维修开关以及电子电器元件以外的辅助元器件(如密封条、绝缘材料等)。

图1-5-7 辅助元器件

(1)动力电池高压电缆:连接动力电池到高压盒之间的线缆。

(2)接触器:接通或断开功率较大的负载,用于(功率)主电路中,主触头可能带有连锁接点以表示主触头的开闭状态。

(3)继电器:一般用在电气控制电路中,用来放大微型或小型继电器的触点容量,以驱动较大的负载。

(4)分流器:一般是一个很小的电阻,当有直流电流通过时,即产生压降,系统通过测量该压降,即可得到此刻的通过电流值,当ECU判断通过分流器的电流大于预设电流时,则断开总正接触器,对后端的功能单元起到断电保护作用。

5)动力电池冷却系统

高压(动力)电池包在充放电过程中会散发热量,为了保障其正常工作,专门设置了动力电池冷却系统,从而使高压(动力)电池包的温度始终保持在正常的范围内。

动力电池冷却系统主要为水冷式,但因高压(动力)电池包的特殊安装位置,部分热量也会通过风冷方式散发到空气中。

(1)动力电池冷却系统结构组成。

动力电池冷却系统主要由电动水泵、散热器、冷却水管、储液罐等部件组成。

(2)动力电池冷却系统工作原理。

当电动水泵接收到高压(动力)电池包内的温度传感器信号后,将冷却液输送到高压电池包水路中对高压(动力)电池包进行冷却;在电动水泵的作用力下,高温冷却液经散热器散热后再次进入高压电池包。其中部分水蒸气返回储液罐以平衡整个管路系统的压力。由于电动水泵的作用力,使冷却液在高压电池包水路中不断循环,这样电池便能得到充分冷却,如图1-5-8所示。

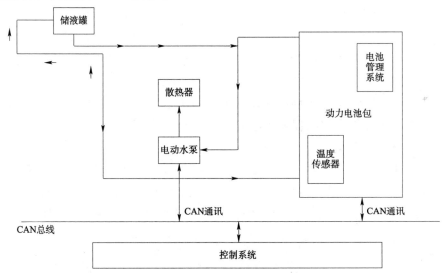

图1-5-8 动力电池冷却系统工作原理

(二)动力电池分类及类型

从全球新能源汽车的发展来看,其动力电源主要包括锂离子电池、燃料电池、铅酸电池、超级电容器,其中铅酸电池、超级电容器大多以辅助动力源的形式出现。2009年2月份,财政部、科技部发出的《节能与新能源汽车示范推广财政补助资金管理暂行办法》中提到,对使用铅酸电池和使用镍氢电池、锂离子电池两类的混合动力汽车进行补贴,最高补贴额分别为8万元/辆和42万元/辆。而2010年6月发布的新能源车补贴以电池容量为确定补贴的唯一指标,铅酸电池完全被否定。前期的新能源车定义中包括铅酸电池的项目,而此次明确补贴的动力电池不包括铅酸电池。同时,作为混合动力主力的镍氢电池也将得到很少补贴。可见,在政策层面,锂离子动力电池和超级电容器是最大的获益对象。下面举例说明几种常见的电动汽车电池。

1. 镍镉电池

镍镉电池的应用广泛程度仅次于铅酸蓄电池,其比能量可达55W·h/kg,比功率超过190W/kg,可快速充电,循环使用寿命较长,可循环使用2000多次,是铅酸蓄电池的2倍多,但价格为铅酸蓄电池的4~5倍。虽然镍镉电池的初期购置成本高,但由于在能量和使用寿命方面的优势,其长期的实际使用成本并不高。镍镉电池的缺点是有"记忆效应",容易因为充放电不良而导致电池可用容量减小,须在使用10次左右后,进行1次完全充放电,如果已经有了"记忆效应",应连续作3~5次完全充放电,以释放记忆。另外镉金属有毒,使用中要应做好回收工作,以免造成环境污染。

2. 锂离子电池

1) 锂离子电池的特性

目前国内外也在竞相开发电动汽车、航天和储能等方面所需的大容量锂离子二次电池。作为新型高电压、高能量密度的可充电电池,锂离子电池独特的物理和电化学性能,具有广泛的民用和国防应用的前景。锂离子电池突出的特点是:重量轻、储能大、无污染、无记忆效应、使用寿命长。

在同体积重量情况下,锂电池的蓄电能力是镍氢电池的1.6倍,是镍镉电池的4倍,并且目前人类只开发利用了其理论电量的20%~30%,开发前景非常光明。同时它是一种真正的绿色环保电池,不会对环境造成污染,是目前最佳的能应用到电动汽车上的电池。我国从20世纪90年代开始开发和利用锂离子电池,至今已取得突破性进展,研制出了完全拥有自主知识产权的锂离子电池。

2) 锂离子电池的分类

锂离子电池是一种充电电池,主要依靠锂离子在正极和负极之间的移动来工作。充电时,锂离子从正极脱嵌,经过电解质嵌入负极,负极处于富锂状态;放电时则相反。锂离子电池根据正极材料可以分为钴酸锂电池、锰酸锂电池、磷酸铁锂电池和三元锂电池。

(1) 磷酸铁锂电池。

磷酸铁锂电池主要用作电动汽车的动力电池,放电效率较高,倍率放电情况下充放电效率可达到90%以上,而铅酸电池大约为80%。在电池中,磷酸铁锂电池的安全性也高于其他的电池,理论寿命可以达到7~8年,实际使用寿命为3~5年,性能价格比理论上为铅酸电池的4倍以上。北汽EV160采用的就是磷酸铁锂电池。

磷酸铁锂电池的价格高于其他类型的电池,其电池容量较小,续行里程短,且报废后基本上不能回收再利用,没有可回收价值。磷酸铁锂在低温时充电对电池寿命有极大的影响;在低温时放电,其放电容量及放电功率也有所下降。因此冬季低温时整车会出现续航里程低及动力性下降的现象。

(2) 三元锂电池。

三元锂电池代替磷酸铁锂电池将是新能源汽车动力电池发展的历史趋势。三元锂电池的能量密度比可以达到170W·h/kg,意味着搭载同样重量的电池,汽车可以多行驶 1/3 左右的路程。国务院发布的《节能与新能源汽车产业发展规划(2012—2020 年)》明确提出"电池模块的能量密度要求是大于 150W·h/kg"的要求,磷酸铁锂电池无法满足现有要求。

动力电池系统三元锂电池材料的单体电芯额定电压 3.7V,工作电压范围为 3.1 ~ 4.1V;磷酸铁锂的单体电芯电压 3.2V,工作电压范围为 2.5 ~ 3.7V。

三元材料锂电池的安全问题已得到改善和解决。目前的三元材料采用的是 1∶1∶1 的结构,是结构更为稳定、制备更为成熟的三元材料种类。目前三元锂电池通过电解液以及特殊的陶瓷隔膜技术制作。陶瓷隔膜可以在电池内部短路时隔开短路源,从而明显提高了三元锂电池的安全性能。目前北汽 EV200 汽车已采用了三元锂电池。

(3)钴酸锂电池:TESLA 电动汽车的专属电池。

TESLA 电动汽车的电池采用了松下公司提供的 NCA 系列(镍钴铝体系)18650 钴酸锂电池,单颗电池容量为 3100mA·h。TESLA 采用了电池组的战略,85kW·h 的 MODEL S 的电池单元一共运用了 8142 个 18650 锂电池,工程师将这些电池以砖、片逐一平均分配最终组成一整个电池包,电池包位于车身底板。

钴酸锂电池结构稳定、容量比高、综合性能突出,但是其安全性差、成本高,因此主要用于中小型号电芯,标称电压 3.7V。TESLA 把这样的电池组合到一起,安全性就成了一个很需要关注的问题。TESLA 的工程师将电池包内的保险装置分布到每一节 18650 钴酸锂电池,每一节 18650 钴酸锂电池两端均设有保险丝,当电池出现过热或电流过大时,保险丝会切断,以此避免因某个电池出现异常(过热或电流过大)时影响到整个电池包。

3. 石墨烯电池

新能源汽车在国内推广长达 5 年,但效果并不理想。市场化艰难的主要原因在于使用的便捷度上:一是续航里程较短,消费者普遍有里程焦虑;二是充电设施不完善,充电不方便影响使用。

石墨烯超级电池的出现,将可能彻底改变现有的充电问题。

(1)续航里程成倍增长,长途出行的里程焦虑可能被彻底消除。以西班牙的超级电池为例,1000km 的续航里程几乎接近等于北京到上海的直线距离,远超出传统汽车一箱油的行驶距离。

(2)充电速度提升,减少充电时间,宏观上可以大范围减少充电站和充电桩的需求。以目前全球领先地位的特斯拉 Model S 85 为例,其通过大功率的超级充电站充电,也要 80min 才能充满,车主等待充电的时间仍然是一次"煎熬"。"超级电池 10min 的充电时间,比加一次油时间长一点点,但续航里程比一箱油要长很多,消费者再也不会抱怨。"一位汽车业内人士分析称。

目前,油电混合动力车被认为是市场上最适合由燃油车过渡到电动车的产品,而且这个过渡阶段可能长达 15 ~ 20 年,但电池材料的进步可能推翻这种预判,甚至连纯电动车的普及也可能不需要那么长时间。

超级电池一旦大规模应用到电动车上,对整个行业将是颠覆性的改变。中国石墨烯产业技术战略联盟在2013年就已经向国家相关部委上报了多个石墨烯研发示范基地,无锡、重庆、南京、青岛、常州等纷纷建立石墨烯产业示范基地。目前国内主要研究的是石墨烯运用到锂电池上,而非全新体系的"超级电池",所以国内技术和超级电池有一定差距。国家相关部门对此很重视,2015年出台的新材料规划可能将石墨烯纳入其中。

4. 超级电容器

超级电容器作为一种新型的储能元件已经引起了人们的关注,并进行了广泛的研究。其具有以下优点。

(1)循环寿命长。充电电池在反复充放电时会发生活性材料劣化现象,导致电极的结晶结构发生变化,从而影响或降低性能,甚至不能再进行充电;而超级电容器充放电过程中发生的电化学反应具有很好的可逆性。其理论循环寿命为无穷,充电循环次数可达50万次。

(2)良好的功率密度。电容器的功率密度约为充电电池的10~100倍,可作为功率辅助器,供给大电流。

(3)能量利用率高。超级电容器充放电的能量利用率比电池充放电的能量利用率要高得多,因为电池充放电过程产生的热效应比超级电容器充放电过程产生的热效应要大得多,即输出相同能量时,超级电容器产生的热量远小于电池产生的热量。

(4)充电速度快。超级电容器采用大电流充电时,能在几十秒到数分钟内完成充电过程,而蓄电池则需要数小时才能完成充电,即使采用快速充电也需几十分钟。

超级电容器作为一种储能设备可以作为电动汽车的主能源,满足专用车辆需要,尤其是城市公交车辆。随着社会发展,我国城市人口也越来越多,城市交通状况越来越紧张。目前,城市的交通运输主要依靠各种客车来解决,而城市中高层建筑林立,多层立交公路将成为城市的主要交通道路。城市公交车辆的特点在于起停频繁,大多数公交车在起点和终点往返运行,超级电容器可以在车辆起动时提供较大的瞬时功率,并在制动和减速时回收能量,提高能量利用率。同时,可以在起点和终点各设一个超级电容器充电站,因为一般公交车都会休息10~15min,这足以完成超级电容器的充电,以提供下一次运行使用,或者在每一站都设计充电站,利用到站乘客上下车的时间完成充电。目前,超级电容器电动客车在莫斯科、上海、烟台已经投入运行,虽然一次投入成本高于传统客车,但超级电容器循环寿命长,长期来看,综合成本仍具有较强的竞争力,是电动公交车发展的一个新方向,具有良好的发展前途。

5. 太阳能电池

太阳能汽车具有零污染、能源丰富的特点,代表了汽车发展的新水平,因此被人们称为"未来汽车"。总体来说,太阳能汽车有以下特点。

(1) 太阳能在汽车上的应用一般只涉及汽车的辅助电源系统。太阳能电池所提供的能量用于车辆的电器、仪表等,或对车载蓄电池进行充电。现今有部分量产车在其天窗顶部添加了太阳能电池,经控制器、逆变器驱动车载空调工作。

(2) 所有以太阳能作为驱动能源的专利产品中,太阳能所占的能源比例份额较少。国内既有把太阳能用于电动自行车,也有用于微型车的例子,但太阳能所能提供的能量只占到所需驱动能量的30%以下。

1996年,清华大学参照日本能登竞赛规范,研制了"追日"号太阳能汽车。该车使用转换效率为14%的矩形单晶硅电池阵列,在光照条件良好的状况下(地面日照强度为$1000W/m^2$),向直流永磁无刷电机提供800W的动力。结构上采用前二后一的三轮式布置,后轮驱动。最高车速达80km/h。"追日"号是我国第一代参加国际大赛的太阳能赛车。2001年,上海交通大学设计制造了"思源"号太阳能汽车。该车长、宽、高分别为2100mm、860mm、800mm,满载质量400kg,其结构、动力系统与"追日"号相仿。但由于使用的是串联电阻的调速方式,"思源"号太阳能汽车能量利用率低,车速仅20~36km/h,续航能力也有限。在2005年举办的第九届全国大学生"挑战杯"赛上,上海交通大学的又一太阳能汽车参加了比赛。这些尝试都预示着太阳能汽车正逐渐走向成熟。新能源汽车的开发和研制备受世人瞩目,而新能源材料是推动燃料电池快速发展的重要保障。提高能效、降低成本、节约资源和环境友好将成为新能源发展的永恒主题,新能源材料将发挥越来越重要的作用。

(三)动力电池使用注意事项

(1) 动力电池工作温度为-20~45℃,不允许车辆在45℃以上的环境中停放超过8h,不允许在-20℃以下环境中停放超过12h。如果超过车辆存放条件的最大限度,将会直接影响车辆的使用性能和动力电池的使用寿命。

(2) 车辆需要保持干燥,避免长时间在潮湿环境下停放(例如积水的停车场所等)。若车辆发生浸水或涉水事件(涉水深度超过120mm),应置于干燥地方停放。

(3) 尽量采用车载充电器对车辆进行充电,避免动力电池组频繁使用快充,因为快充对动力电池寿命影响较大,快充次数每周不应超过2次。

(4) 每月至少使用车辆1次并对车辆进行均衡充电,慢充6h,以保证动力电池包寿命。在明确长时间(超过3个月)不使用车辆时,应确保动力电池组电量在50%(仪表上动力电池组电量显示3格位置)左右进行存放;不允许车辆在动力电池组电量低(仪表上高压电量显示1格位置)时停放超过7天。

三、实施

(1) 根据资讯内容,以小组为单位,在实训车上找出动力电池的标识,完成表1-5-2的内容。

动力电池的标识　　　　　　　　　　　　　　表 1-5-2

生产日期	
电池材料	
额定电压	
额定能量	
重量	

(2)根据资讯内容,以小组为单位,认识实训设备所采用动力电池的类型及电池包的总电压,并完成表1-5-3。

动力电池基本信息表　　　　　　　　　　　　表 1-5-3

序号	设 备 名 称	动力电池类型	总 电 压

(3)根据资讯内容,以小组为单位,检查单体电池的外观(外观检查包括:极柱是否氧化、腐蚀;外壳是否鼓胀、裂纹;电解液是否渗漏),并使用万用表测量单体电池的电压,记录测量数据,并完成表1-5-4。

单 体 电 池 检 测　　　　　　　　　　　　　表 1-5-4

序号	外 观 检 查	单体电池电压	结　　论

四、检查评估

(1)请各小组分别派一位同学在实车中指出动力电池系统的各部分结构组成的名称。

(2)请各小组分别派一位同学简述目前新能源汽车目前所采用的电池有哪些类型,分别有哪些优势。

(3)各小组成员交叉检查实施部分习题完成情况。

(4)请按照个人的实际情况如实填写表1-5-5,所获得的成绩为本次课堂学习成绩。

学生学习评价表

表 1-5-5

评价项目	评价内容	评价标准			评价方式		
		优(10分)	良(8分)	及格(6分)	自评	小组互评	师评
学习态度	1.学习目标明确; 2.对学习兴趣浓厚,在学习过程中参与度高; 3.保质保量按时完成作业; 4.上课积极回答老师的问题	积极,热情,主动	积极,热情,但欠主动	态度一般			
学习方式	1.学生个体的自主学习能力强,会倾听、思考和质疑; 2.学生之间能采取合作学习的方式,并在合作中分工明确地进行有序和有效的探究	自主学习能力强,会倾听、思考和质疑	自主学习能力较强,会倾听、思考	自主学习能力一般,会倾听			
参与程度	1.认真参加学习活动,积极思考,善于发现问题,勇于解决问题; 2.愿意和同学多沟通,努力提高语言表达与交流能力; 3.认真记录实践活动的内容活动	积极思考,善于发现问题,勇于解决问题,表达能力强	积极思考,善于发现问题,勇于解决问题	能发现问题,但解决问题能力一般			
合作意识	1.积极参加小组合作学习,勇于接受任务,敢于承担责任; 2.小组分工明确,取长补短,共同提高; 3.公平、公正地进行自评和互评,评价过程认真、负责、有诚信	合作意识强,组织能力好,与别人互相提高,有学习效果	能与他人合作,并积极帮助有困难的学习	有合作意识,但总结能力不强			
综合评价	小组评价等级	任课教师评价等级	教师寄语:				

综合评价——A:优秀(38~40分);B:良好(32~36分);C:一般(24~32分)。

项目六　整车控制系统的认识

随着人们对汽车安全性、动力性、舒适性的要求越来越高,现代汽车对整车控制系统的要求也越来越苛刻严格。整车控制系统的性能决定着汽车动力性、安全性、驾驶舒适性和整车的协调控制。

本项目主要阐述纯电动汽车整车控制系统的基本概念、整车控制系统主要功能,旨在让学生掌握整车控制系统的控制原理,了解整车控制系统中各元部件的功用。

学习目标

(1) 了解整车控制系统(VCU);
(2) 了解整车控制方案;
(3) 了解 VCU 的作用。

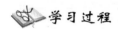
学习过程

一、决策与准备

(一)决策

按老师要求进行分组,并完成以下任务:
(1)按小组进行座位排列,听从小组组长安排,认真听课;
(2)配合小组组长完成老师布置的任务,并按要求将任务内容填入项目单。

(二)课堂准备

课堂准备见表 1-6-1。

课　堂　准　备　　　　表 1-6-1

场　地　准　备	工具(备件)准备	课堂布置
6人用实习场地一块、对应数量的课桌椅、黑板一块	实践车辆若干台	每个小组坐在同一区域内,以便讨论

二、资讯

(一)整车控制系统概述

整车控制系统主要包括 VCU、MCU、BMS、车身控制管理系统、信息显示系统和通信系统等。各系统之间的信息传递通过网络通信系统网络化实现,目前常用的通信协议是 CAN 协议,具有较好的可靠性、实时性和灵活性。

纯电动汽车整车控制系统一般采用 CAN-BUS 网络,将整车各个控制单元连接起来,并以 VCU 作为第一层,实现对整车电机系统、BMS、充电系统及辅助系统的分层控制。

1. 整车控制部分

整车控制部分主要是判断驾驶人意图,根据车辆行驶状态和电池、电机系统的状态合理分配动力,是车辆运行在最佳状态。

2. 电机及电机驱动部分

电机及电机驱动部分功能是电能和机械能的相互转换的子系统,其功能是接受 VCU 的转矩信号,驱动车辆行驶、转向和再生制动回馈能量,同时监控电机系统状态并故障报警和处理。

3. 电池、电池管理和电压转化部分

电池、电池管理和电压转化部分的主要作用是进行能量的贮存及能量的释放、需要电压的转换和电池状态的检测等。

4. 传动装置

传动系统在整车中起到动力传动的作用,驱动电机的力矩通过传动系统传递到车轮,使车辆可以按照驾驶人驾驶意图行驶。纯电动汽车的传动系统可以采用传统汽车的多挡位、手动挡、自动挡等变速器。

(二)整车控制方案—分层控制方式

整车控制系统采用一体化集成控制与分布式处理的车辆控制系统的体系结构,各部件都有独立的控制器,VCU 对整个系统进行能量管理及各部件的协调控制。为满足系统数据交换量大,实时性、可靠性要求高的特点,整个分布式控制系统之间采用 CAN 总线进行通信。

VCU 作为第一层,其他各控制器作为第二层,各控制器之间通过 CAN 网络进行信息传递,共同实现整车的功能控制。整车控制方案如图 1-6-1 所示。

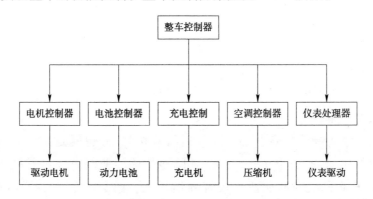

图 1-6-1 整车控制方案

(三) VCU

纯电动汽车 VCU 是纯电动汽车整车控制系统的核心部件,它对汽车的正常行驶、再生能量回收、网络管理、故障诊断与处理、车辆的状态与监视等功能起着关键的作用。与各部件控制器的动态控制相比,整车控制器属于管理协调型控制。

北汽EV160VCU和车辆其他系统的控制单元(如动力电池控制单元、电机控制单元、外围驱动模块等)通过CAN总线连接起来。整车控制部分主要是判断操纵者意愿,根据车辆行驶状态和电池、电机状态及各系统传感器传出的信号,依据内存的程序和数据,进行运算、处理、判断,然后输出指令到电机控制器,控制电机的转向、转速和转矩;控制空调系统以及其他外围系统的工作。VCU安装位置如图1-6-2所示。

图1-6-2　VCU

整车控制系统功能,如表1-6-2所示。

整车控制系统功能表　　　　表1-6-2

序号	功　　能	序号	功　　能
1	驾驶人意图解释	9	故障诊断与处理
2	驱动控制	10	整车CAN总线网关及网络化管理
3	制动能量回馈控制	11	远程控制
4	整车能量优化管理	12	基于CCP的在线匹配标定
5	充电过程控制	13	DC/DC控制、ESP控制
6	电动化辅助系统管理	14	挡位控制功能
7	高低压上下电控制:上下电顺序控制、慢充时序、快充时序	15	防溜车功能
8	车辆状态的实时监测和显示	16	远程监控

1. 驾驶人意图解释

主要是对驾驶人操作信息及控制命令进行分析处理,也就是将驾驶人的加速踏板信号根据某种规则,转换成电机需求的转矩命令。因而驱动电机对驾驶人操作的响应性能完全取决于整车控制的加速踏板解释结果,直接影响驾驶人的控制效果和操作感觉。

2. 驱动控制

根据驾驶人对车辆的操纵输入(加速踏板、制动踏板及选挡开关)、车辆状态、道路及环境状况,经分析和处理,向VMS/VCU发出相应的指令,控制电机的驱动转矩来驱动车辆,以满足驾驶人对车辆驱动的动力性要求。同时根据车辆状态,向 VMS 发出相应指令,保证安全性、舒适性。

3. 制动能量回馈控制

VCU 根据加速踏板和制动踏板开度、车辆行驶状态信息以及动力电池的状态来判断某一时刻能否进行制动能量回馈,在满足安全性能、制动性能以及驾驶人舒适性的前提下,回收部分能量,包括制动过程中的电机制动转矩控制(如图 1-6-3 所示)。

图 1-6-3 制动能量回收

4. 整车能量优化管理

通过对电动汽车的电机驱动系统、BMS、传动系统及其他车载能源动力系统(如空调、电动泵)的协调和管理,提高整车能量利用效率,延长续航里程。整车能量优化管理如图 1-6-4 所示。

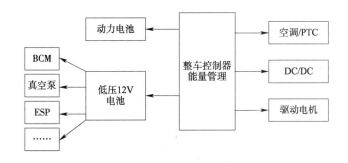

图 1-6-4 整车能量优化管理

5. 充电过程控制

与 BMS 共同进行充电过程中的充电功率控制,VCU 接收到充电信号后,应该禁止高压系统上电,保证车辆在充电状态下处于行驶锁止状态,并根据电池信号限制充电功率,保护电池。

6. 电动化辅助管理系统

电动化辅助管理系统包括电动空调、电制动、电动助力转向。VCU 应该根据动力电池以及低压电池状态,对 DC/DC、电动化辅助系统进行监控。

7. 高压上下电控制

根据驾驶人对车辆钥匙开关的控制,进行动力电池的高压接触器开关控制,以完成高压设备的电源通断和预充电控制。上下电流程处理是指协调各相关部件的上电与下电流程,包括电机控制器、BMS 等部件的供电以及预充电继电器、主继电器的吸合和断开的时间等。

整车在高压上电前,为确保整个高压系统的完整性,使高压处于一个封闭的环境下工作,提高安全性,防止带电插拔高压连接器给高压端子造成的拉弧损坏,北汽 EV160 设计了高压互锁控制回路。其高压附件互锁接线如图 1-6-5 所示。

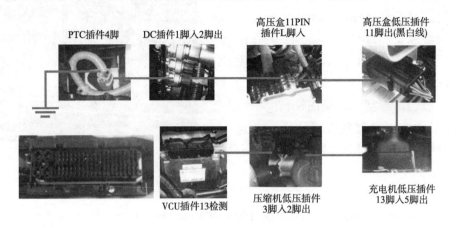

图 1-6-5　高压附件线束互锁接线图

8. 车辆状态的实时监测和显示

VCU 应该对车辆的状态进行实时监测,并且将各个子系统的信息发给车载信息显示系统,其过程是通过传感器和 CAN 总线检测车辆状态及其动力系统相关电器附件各子系统状态信息,驱动显示仪表,将状态信息和故障诊断信息通过数字仪表显示出来。车辆状态的实时监测和显示如图 1-6-6 所示。

图 1-6-6　车辆状态的实时监测和显示

9. 故障诊断与处理

连续监视整车电控系统,进行故障诊断,并及时进行相应安全保护处理。根据传感器的输入及其他通过 CAN 总线通信到电机、电池、充电机等信息,对各种故障进行判断、等级分类、报警显示。存储故障代码,供维修时查看。故障指示灯指示出故障类型和部分故障代码。在行车过程中,根据故障内容做故障诊断与处理。故障分级及处理方式如图 1-6-7 所示。

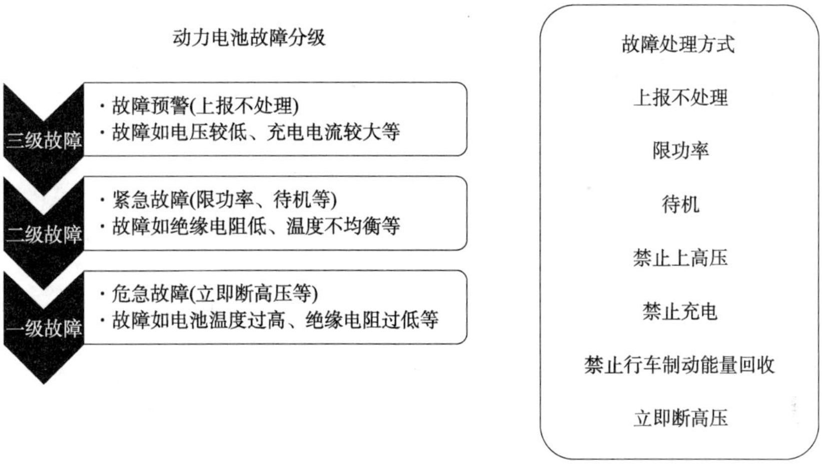

初级学习领域——电动汽车概述

图 1-6-7　故障分级及处理方式

10. 整车 CAN 总线网关及网络化管理

在整车的网络管理中,VCU 是信息控制的中心,负责信息的控制与传输,网络状态的监控,网络节点的管理,信息优先权的动态分配以及网络故障的诊断与处理等功能。通过 CAN(EVBUS)线协调 BMS、电机控制器、空调系统等模块相互通信。整车 CAN 总线网关及网络化管理如图 1-6-8 所示。

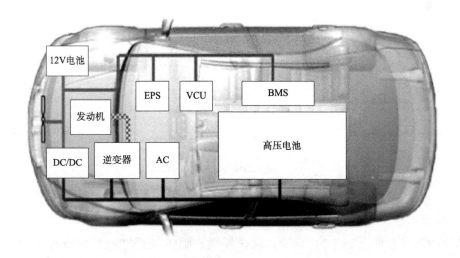

图 1-6-8　整车 CAN 总线网关及网络化管理

11. 远程控制

远程查询功能:用户可以通过手机 APP 实时查询车辆状态,实时了解自己爱车的状态(包括剩余 SOC 值、续航里程等)。

远程空调控制:通过手机指令实现远程的空调制冷、空调暖风和除霜功能,尤其对于带儿童出行的用户,提前开启远程制冷或远程暖风,用户和儿童一进车就可以进入一

— 63 —

个舒适的环境和温度。

远程充电控制：用户离开车辆时将充电枪插入充电桩，并不进行立即充电，可以在家里实时查询 SOC 值，并利用电价波谷需要充电时通过手机 APP 发送远程充电指令，进行充电操作。

12. 基于 CCP 的在线匹配标定

主要作用是监控 ECU 工作变量、在线调整 ECU 的控制参数（包括 MAP、曲线及点参数）、保存标定数据结果以及处理离线数据等。完整的标定系统包括上位机 PC 标定程序、PC 与 ECU 通信硬件连接及 ECU 标定驱动程序三个部分。

13. 挡位控制功能

挡位管理与驾驶人的驾驶安全有关：正确理解驾驶人意图，识别车辆合理的挡位，在基于模型开发的挡位管理模块中得到很好的优化。挡位控制能在出现故障时做出相应保证整车安全应对措施，在驾驶人出现挡误操作时通过仪表等提示驾驶人，使驾驶人能迅速进行纠正。挡位控制功能如图 1-6-9 所示。

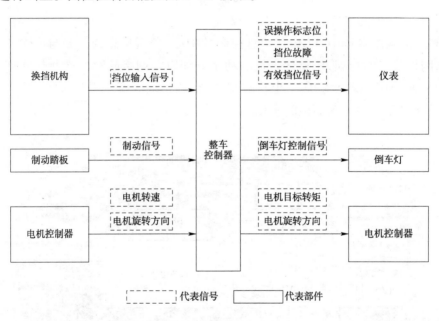

图 1-6-9 挡位控制功能

14. 防溜车功能控制

纯电动汽车在坡上起步时，驾驶人从松开制动踏板到踩加速踏板过程中，会出现整车向后溜车的现象。在坡上行驶过程中，如果驾驶人踩加速踏板的深度不够，则会出现车速逐渐降到零然后向后溜车的现象。

为了防止纯电动汽车在坡上起步和运行时向后溜车的现象，在整车控制策略中增加了防溜车功能。防溜车功能可以保证整车在坡上起步时，向后溜车距离小于 10cm；整车在坡上运行过程中，如果动力不足时，整车车速会慢慢降到零，并保持零车速，不会向后溜车。

(四)汽车仪表(图 1-6-10)

汽车仪表的功能就是获取需要的数据并采用合适的方式显示出来。它由各种仪表、指示器,特别是驾驶人用警示灯、报警器等组成,为驾驶人提供所需的汽车运行参数信息。纯电动车汽车的常规仪表有车速里程表、转速表、功率表、电池电量、续航里程、充电指示等。仪表有约 15 个量显示和约 40 个警告监测功能。不同的信息由不同的获取方式和显示方式,目前新式仪表信息获取方式主要有三种:通过车身总线传输、通过 A/D 采样转化、通过 I/O 状态变化获取。大部分仪表显示的依据来自传感器,传感装置根据被监测对象的状态变化而改变其电阻值,通过仪表表述出来。

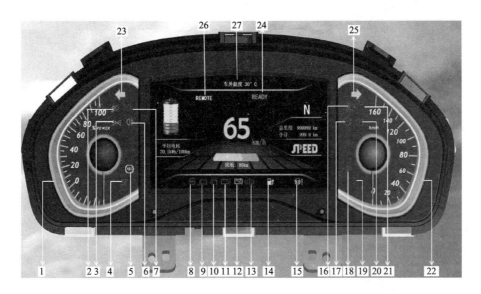

图 1-6-10 仪表指示灯

1-驱动电机功率表;2-前雾灯;3-示廓灯;4-安全气囊指示灯;5-ABS 指示灯;6-后雾灯;7-远光灯;8-跛行指示灯;9-蓄电池故障指示灯;10-电机及控制器过热指示灯;11-动力电池故障指示灯;12-动力电池断开指示灯;13-系统故障灯;14-充电提醒灯;15-EPS 故障指示灯;16-安全带未系指示灯;17-制动故障指示灯;18-防盗指示灯;19-充电线连接指示灯;20-驻车制动指示灯;21-门开指示灯;22-车速表;23、25-左/右转向指示灯;24-READY 指示灯;26-REMOTE 指示灯;27-室外温度提示

三、实施

(1)北汽 EV160 纯电动汽车整车控制系统通讯协议为:_____。

(2)北汽 EV160 纯电动汽车整车控制方式为:_____。

(3)整车高压互锁回路涉及的元部件有:_____、_____、_____、_____、_____。

(4)整车控制系统的核心控制元件是:_____。

(5)查阅车辆使用手册完成表 1-6-3 内容。

仪表指示灯 表1-6-3

序号	显 示	名 称	指示说明
1	READY		
2			
3	黄色		
4	红色		
5			
6			
7			
8			
9			

四、检查评估

(1) 请各小组分别派一位同学在实车中指出任意6个与传统汽车仪表不一样的指示灯,并说出他们的名称以及含义。

(2) 请各小组分别派一位同学简述整车控制系统的任意8个功能。

(3) 各小组成员交叉检查实施部分习题完成情况。

(4) 请按照个人的实际情况如实填写表1-6-4,所获得的成绩为本次课堂学习成绩。

学生学习评价表

表1-6-4

评价项目	评价内容	评价标准			评价方式		
		优(10分)	良(8分)	及格(6分)	自评	小组互评	师评
学习态度	1.学习目标明确； 2.对学习兴趣浓厚，在学习过程中参与度高； 3.保质保量按时完成作业； 4.上课积极回答老师的问题	积极，热情，主动	积极，热情，但欠主动	态度一般			
学习方式	1.学生个体的自主学习能力强，会倾听、思考和质疑； 2.学生之间能采取合作学习的方式，并在合作中分工明确地进行有序和有效的探究	自主学习能力强，会倾听、思考和质疑	自主学习能力较强，会倾听、思考	自主学习能力一般，会倾听			
参与程度	1.认真参加学习活动，积极思考，善于发现问题，勇于解决问题； 2.愿意和同学多沟通，努力提高语言表达与交流能力； 3.认真记录实践活动的内容活动	积极思考，善于发现问题，勇于解决问题，表达能力强	积极思考，善于发现问题，勇于解决问题	能发现问题，但解决问题能力一般			
合作意识	1.积极参加小组合作学习，勇于接受任务、敢于承担责任； 2.小组分工明确，取长补短，共同提高； 3.公平、公正地进行自评和互评，评价过程认真、负责、有诚信	合作意识强，组织能力好，与别人互相提高，有学习效果	能与他人合作，并积极帮助有困难的学习	有合作意识，但总结能力不强			
综合评价	小组评价等级	任课教师评价等级	教师寄语：				

综合评价——A:优秀(38~40分);B:良好(32~36分);C:一般(24~32分)。

项目七 充电系统的认识

环境恶化、雾霾多发,原因之一在于汽车尾气的排放,传统汽车业以石油为动力,消耗了大量宝贵的资源。发展清洁可再生能源是解决环境问题的利器之一。利用电能驱动汽车,能降低污染,但是利用电网电能充电,却没有从根源上解决传统煤炭石油发电的问题。在此情况下,解决开发新能源充电技术、推广新能源车充电站的问题便越发显得紧迫。

本项目通过阐述纯电动汽车的基本充电方式、充电系统关键部件以及北汽 EV160 的充电方式,使学生掌握纯电动汽车充电系统的组成原理、基本充电方式,并能够安全规范地对纯电动汽车进行充电。

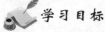
学习目标

(1)了解纯电动汽车充电系统的工作原理;
(2)了解纯电动汽车充电系统与基本分类;
(3)了解车载充电机的结构组成和功用;
(4)了解 DC/DC 转换器的结构组成和功用;
(5)了解高压控制盒的结构组成和功用;
(6)了解纯电动汽车快充和慢充的区别;
(7)熟悉纯电动汽车充电安全注意事项;
(8)能够安全规范地对纯电动汽车进行充电。

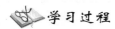
学习过程

一、决策与准备

(一)决策

按老师要求进行分组,并完成以下任务:
(1)按小组进行座位排列,听从小组组长安排,认真听课;
(2)配合小组组长完成老师布置的任务,并按要求将任务内容填入项目单。

(二)课堂准备

课堂准备见表1-7-1。

课 堂 准 备　　　　　　　　　　　　　　　　　　　　　表1-7-1

场地准备	工具(备件)准备	课堂布置
6人用实习场地一块、对应数量的课桌椅、黑板一块	实践车辆若干台	每个小组坐在同一区域内,以便讨论

二、资讯

(一)充电系统概述

电动汽车充电是电动汽车使用过程中必不可少的环节之一,充电快慢直接影响着电动车使用者出行。相对于传统燃油车,新能源汽车的动力补给方式具有巨大的改变。根据电动汽车动力电池组的技术特性和使用性质,存在着不同充电模式。目前纯电动汽车的充电方式主要分为常规充电、快速充电、无线充电和更换电池四种能源补给方式。

1. 常规充电

常规充电也称作慢充,即是采用随车配备的便携式充电设备进行充电,可使用家用电源或专用的充电桩电源。充电电流较小,一般在16～32A,电流可直流、两相交流电、三相交流电,充电时间一般为5～8h。

常规充电模式主要有定流充电和定压充电两种方式。

(1)定流充电是指充电全过程中,保持充电电流基本恒定的充电方式。在充电过程中,因为充电电流随着电池组的电动势逐渐升高而下降,所以需要随时根据充电程度调整电压和分级调整定流电流。

(2)定压充电时是指充电过程中,电源电压始终保持不变的充电模式。采用定压充电时,电池组必须并联在充电电源之间。定压充电缺点是:必须适当地选择充电电压,若电压过高,容易过充电,电池活性物质脱落,电池整体发热,容易自燃,并且定压充电不能保证彻底充满电。

目前常规充电模式基本都采用定流和定压充电混合工作,其充电曲线如图1-7-1所示。充电前期采用定流充电,可保证电池深度充电;后期则采用定压充电,可自动减少电流大小结束充电,避免过度充电。常规充电模式适用非常广泛,可设立在家里、公共停车场与公共充电站等可长时间停放的地方。因充电时间较长,该模式可满足白天运作、晚上休息的车辆。

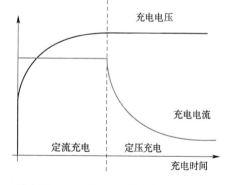

图1-7-1　常规充电模式曲线图

2. 快速充电

当需要极短时间内对电池充满电时,常规充电方式便显得"捉襟见肘"了,此时,快速充电可以满足该需求。通过非车载充电机采用大电流给电池直接充电,使电池在短时间内可充至80%左右的电量,因此该充电也称为应急充电。快速充电模式的电流和电压一般分别在150～400A和200～750V,充电功率大于50kW。此种方式多为直流供电方式，地面的充电机功率大，输出电流和电压变化范围宽。快速充电模式实质上为应急充电模式，其目的是短时间内给电动汽车充电。这种高功率高电压的工作条件，使得快速充电模式多存在于大型充电站或公路旁，作为应急使用。

3. 无线充电模式

使用16A、10A电流的传统充电方式以及使用高充电电流的快速充电模式，其充电装置以及充电时线路都会受到场地的制约，而无线充电则在一定程度上解决了这个问题。无线充电模式如图1-7-2所示。

无线充电模式采用感应车载充电机接收电能给电池充电，主要有电场感应、电场耦合、磁共振和无线电波四种传送电能模式。

无线方式传输电能主要是通过两个绕组（嵌入地面的发射绕组和置于车内的接收绕组）之间产生的电感耦合进行的。发送绕组内

图1-7-2 无线充电

的交流电形成电磁场，处于该磁场辐射范围内的接收绕组发生电磁感应，产生电流。

目前由于技术成熟度和基础设备的限制，无线充电技术尚未大批量产应用。

4. 更换电池

更换电池指在车辆蓄电池电量耗尽时，通过特定的更换站，用充满电的电池组替换已经耗尽电量的电池组。

更换电池集成了常规充电模式和快速充电模式的优点，既可以用低谷电给电池组进行深度充电，又可以在短时间内为车辆完成充电过程。通过使用机械设备更换，整个电池更换过程花费的时间与现有燃油车加油时间大致相同。

(二)充电系统的结构形式

纯电动汽车主要的能源补给方式，分为常规充电(慢充)及快速充电(快充)两种方式。其充电系统相关元部件位置分布如图1-7-3所示。

图1-7-3 充电系统相关元部件位置分布图

1.慢充系统的组成

慢充系统使用额定电压为220V的交流电,通过整流变换,将其变换为高压直流电,给动力电池进行供电。慢充系统的主要部件有:供电设备(电缆保护盒、充电桩、充电线等)、慢充接口、车内高压线束、高压配电盒、车载充电机、动力电池等。慢充系统构成简图如图1-7-4所示。

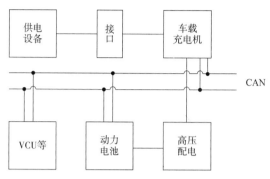

图1-7-4　慢充系统

2.快速充电的组成

快速充电一般使用高压直流电,通过功率变换后,直接将高压电流通过母线给动力电池进行充电。快充系统的主要部件有:电源设备(快充桩)、快充接口、车内高压线束、高压配电盒、动力电池等。快充系统构成简图如图1-7-5所示。

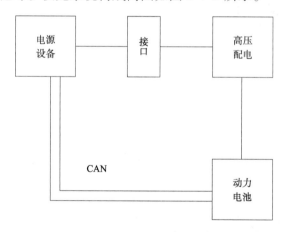

图1-7-5　快充系统

(三)车载充电机(On-board Charger)

每辆电动汽车都配有车载充电机、用于对动力电池充电,从而将220V交流电转换为动力电池的320V高压直流电,实现电池电量的补给。相对于传统工业电源,车载充电机具有效率高、体积小、耐受恶劣工作环境等特点。

车载充电机工作过程中需要协调充电桩、BMS等部件,提供过压、欠压、过流、欠流等多种保护措施,当充电系统发生故障时切断供电。车载充电机结构如图1-7-6所示,主要参数如表1-7-2所示。

车载充电机参数表　　　表1-7-2

项　目	参　数
输入电压	220V±15% AC
输出电压	240~410V　DC
效率	满载大于90%
冷却方式	风冷
防护等级	IP66

图1-7-6　车载充电机

(四) DC/DC 转换器

DC/DC 转换器是直流/直流转换器的缩写,相当于传统汽车的发电机,将动力电池的高压电转换成14V低压电给蓄电池及低压系统供电,具有高效率、体积小、耐受恶劣工作环境的特点。DC/DC 转换器结构如图1-7-7所示,主要参数如表1-7-3所示。

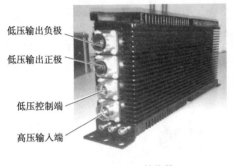

DC/DC 转换器参数表　　　表1-7-3

项　目	参　数
输入电压	240~410V　DC
输出电压	14V DC
效率	峰值大于88%
冷却方式	风冷
防护等级	IP67

图1-7-7　DC/DC 转换器

(五) 高压控制盒

高压控制盒:完成动力电池电源的输出及分配,实现对支路用电器的保护及切断。

高压控制盒共有5处接线口,分别连接快充、动力电池、电机控制器、高压附件和低压控制附件。高压控制盒结构如图1-7-8所示。

图1-7-8　高压控制盒

(六) 充电桩

充电桩其功能类似于加油站里面的加油机,可以固定在地面或墙壁,安装于公共建筑

（公共楼宇、商场、公共停车场等）和居民小区停车场或充电站内，根据不同的电压等级为各种型号的电动汽车充电。充电桩的输入端与交流电网直接连接，输出端都装有充电插头用于为电动汽车充电。充电桩一般提供常规充电和快速充电两种充电模式，可以使用特定的充电卡在充电桩提供的人机交互操作界面上刷卡使用，进行相应的充电方式、充电时间、费用数据打印等操作，充电桩显示屏可以显示充电量、费用、充电时间等数据。

（1）按安装方式，充电桩可分为落地式充电桩和挂壁式充电桩。落地式充电桩适合安装在不靠近墙体的停车位，挂壁式充电桩适合安装在靠近墙体的停车位。

（2）按照安装地点，充电桩可分为公共充电桩和专用充电桩。公共充电桩是建设在公共停车场（库），结合停车泊位，为社会车辆提供公共充电服务的充电桩。专用充电桩是建设在单位（企业）自有停车场（库），为单位（企业）内部人员提供充电服务的充电桩。自用充电桩是建设在个人自有车位（库），为私人用户提供充电服务的充电桩。充电桩一般结合停车场（库）的停车位建设。安装在户外的充电桩防护等级不应低于 IP54，安装在户内的充电桩防护等级不应低于 IP32。

（3）按充电方式，充电桩可分为直流充电桩、交流充电桩和交直流一体充电桩，如图 1-7-9 所示。

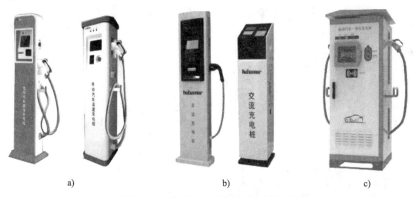

图 1-7-9　按充电方式分类充电桩类型

a）直流充电桩；b）交流充电桩；c）一体式充电桩

（七）正确的充电步骤与充电确认

1. 整车正常充电过程

整车充电有慢充和快充两种状态，整车处于 ON 档有高压时，需先进行高压下电再进行充电。

（1）车辆连接充电枪时，先将充电唤醒信号传递给 VCU、BMS、仪表等，仪表充电连接指示灯闪烁；

（2）VCU 检测到充电门板信号，判断进入充电模式，仪表充电连接指示灯点亮；

（3）进入充电模式后，VCU 位置允许充电指令；

（4）BMS 与充电机、充电桩建立充电连接，开始充电。

2. 交流充电桩充电方法（慢充）

交流充电桩充电法（慢充）具体方式如图 1-7-10 所示。

使用前，务必将转接头拧紧，防止雨水进入，以免对人身安全造成影响。

充电设备主要由充电线、2个充电枪、转换接头组成。车辆充电前，请全面检查充电线外观有无损坏，防止漏电等现象发生。

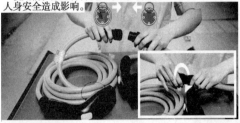
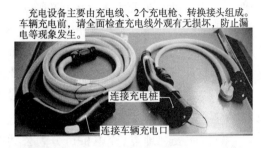

连接充电桩
连接车辆充电口

充电盖板

图 1-7-10

初级学习领域——电动汽车概述

图 1-7-10　交流充电桩充电方法

(八) 家用 220V、16A 插座充电法(慢充)

家用 220V、16A 插座充电法(慢充)具体方式如图 1-7-11 所示。

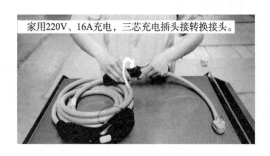 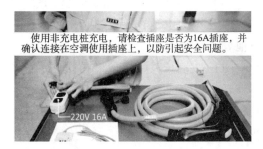

图 1-7-11　家用 220V16A 插座充电法

(九)车辆充电规范

1. 充电安全警告

(1)请选择在相对安全的环境下进行充电(如避免有液体、火源等)。

(2)不要改造或者拆卸充电设备及相关端口,否则可能导致充电故障,引起火灾。

(3)充电前请确保车辆、供电设备和充电连接装置的充电端口内没有水或者其他外来物、金属端子没有生锈或者由腐蚀造成的破坏或影响。

(4)如果充电过程中发现车内散发出异常气味或者烟雾,请立即停止充电。

(5)为了避免造成严重的人身伤害,车辆正在充电时,要有以下防范意识:

①不要接触充电端口;

②当有闪电时,不要给车辆充电或触摸车辆,以避免导致充电设备损坏或造成人身伤害。

(6)充电结束后,不要以湿手或站在水里去断开充电连接装置,否则会引起电击,造成人身伤害。

(7)车辆行驶前,请确保充电连接装置从车辆充电口断开,如果连接充电装置,整车不能正常行驶。

2. 充电注意事项

(1)当组合仪表中的电量表指针指向红色区域时,表示动力电池动力过低,应尽快充电。为不影响动力电池的使用寿命不建议在电量完全耗尽后再进行充电。

(2)严禁擅自拆开充电机进行检查或调试。

(3)请勿擅自更换或加长电源线,交流电源要选择带接地线的三芯电源,并且正确安装地线。

(4)切勿将充电机放置在雨淋位置,且须保证直流插头与插座连接紧固,如有破损、松动应立即更换。

(5)切勿堵塞充电机的进风口和出风口。

(6)充电时,不建议人员停留在车内。

(7)充电过程中人体尽量不要触碰车上外露的可导电部分。

(8)充电过程中不能开启车上任何用电器件。

(9)停止充电时,应先断开充电连接装置的车辆插头,再断开电源端供电插头。

(10)动力电池在搁置过程中会发生自放电现象,若车辆长时间不使用,应确保动力电池处于半电状态。

(11)车辆长时间停放后首次使用前需要进行均衡充电,充电时间需在 8h 的基础上适当延长以完成充电均衡。

(12)为不影响动力电池的性能不建议使用快充将动力电池充至满电或者频繁使用快充。

三、实施

(1)根据实车情况分别在图 1-7-12 空格处中标注所指部件名称。

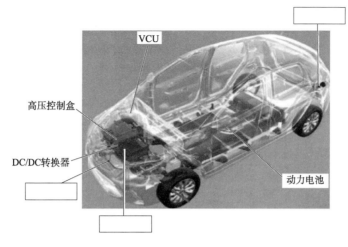

图 1-7-12 充电系统结构组成

（2）检查车辆充电情况。

①选择充电线，填写表 1-7-4。

表 1-7-4

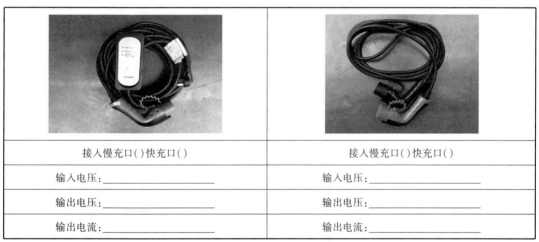

接入慢充口（　）快充口（　）	接入慢充口（　）快充口（　）
输入电压：_____	输入电压：_____
输出电压：_____	输出电压：_____
输出电流：_____	输出电流：_____

②检查车辆慢速充电情况，填写表 1-7-5。

表 1-7-5

序号	充电检查项目	车辆连接显示情况	车辆仪表显示情况	判断车辆是否充电成功
1	连接220V家庭用电进行充电	充电线连接指示灯点亮情况：_____ 车载充电器指示灯点亮情况：_____	充电连接指示灯点亮情况：_____ 输入电压：_____ 输入电流：_____ 可续航里程：_____	

续上表

序号	充电检查项目	车辆连接显示情况	车辆仪表显示情况	判断车辆是否充电成功
2	连接充电桩进行充电	充电桩指示灯点亮情况：_____ 充电桩充电显示屏显示情况： 充电时长：_____ 充电电量：_____ 充电金额：_____	充电连接指示灯点亮情况：_____ 输入电压：_____ 输入电流：_____ 可续航里程：_____	

(3)检查蓄电池充电情况。

测量蓄电池端电压：_____，打开车辆钥匙开关 ON 挡，再次测量蓄电池端电压：_____，判断 DC/DC 转换器工作情况：____（正常/不正常）。

(4)掌握慢充充电的基本流程，并将图 1-7-13 补充完整。

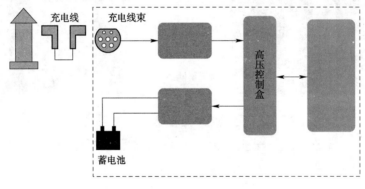

图 1-7-13　交流充电框架图

(5)了解快速充电的基本流程，参考图 1-7-13，画出快充系统的工作流程简图。

(6)纯电动汽车充电过程中应注意哪些安全事项？（列举 5 项以上）

四、检查评估

(1) 请各小组分别派一位同学简述 5 条充电安全事项。

(2) 请各小组分别派一位同学演示给车辆进行整车正常充电以及交流充电桩充电,并派组内另一位同学解释车辆仪表所显示的充电数据的含义。

(3) 各小组成员交叉检查实施部分习题完成情况。

(4) 请按照个人的实际情况如实填写表 1-7-6,所获得的成绩为本次课堂学习成绩。

学生学习评价表　　　　　　　　　　　　　　　　　　　　　　　　表 1-7-6

评价项目	评价内容	评价标准			评价方式		
		优(10分)	良(8分)	及格(6分)	自评	小组互评	师评
学习态度	1. 学习目标明确; 2. 对学习兴趣浓厚,在学习过程中参与度高; 3. 保质保量按时完成作业; 4. 上课积极回答老师的问题	积极,热情,主动	积极,热情,但欠主动	态度一般			
学习方式	1. 学生个体的自主学习能力强,会倾听、思考和质疑; 2. 学生之间能采取合作学习的方式,并在合作中分工明确地进行有序和有效的探究	自主学习能力强,会倾听、思考和质疑	自主学习能力较强,会倾听、思考	自主学习能力一般,会倾听			
参与程度	1. 认真参加学习活动,积极思考,善于发现问题,勇于解决问题; 2. 愿意和同学多沟通,努力提高语言表达与交流能力; 3. 认真记录实践活动的内容活动	积极思考,善于发现问题,勇于解决问题,表达能力强	积极思考,善于发现问题,勇于解决问题	能发现问题,但解决问题能力一般			
合作意识	1. 积极参加小组合作学习,勇于接受任务、敢于承担责任; 2. 小组分工明确,取长补短,共同提高; 3. 公平、公正地进行自评和互评,评价过程认真、负责、有诚信	合作意识强,组织能力好,与别人互相提高,有学习效果	能与他人合作,并积极帮助有困难的学习	有合作意识,但总结能力不强			
综合评价	小组评价等级	任课教师评价等级	教师寄语:				

综合评价——A:优秀(38~40 分);B:良好(32~36 分);C:一般(24~32 分)。

项目八　制动系统的认识

随着汽车排放对环境污染的日益增加,零排放的纯电动汽车逐渐普及,市场占有率逐年增加,制动系统作为汽车总成系统的一个重要组成部分,其作用不可忽视。一个制动性能优异的制动系统,对纯电动汽车来说,除了有更好的安全性能之外,还能通过能量再生,提高纯电动汽车的续航里程。

该项目通过阐述纯电动汽车制动系统的结构组成和工作原理,对比传统汽车制动系统,掌握汽车制动系统基础知识,了解纯电动汽车与传统汽车制动系统的区别及纯电动汽车制动能量回收系统的基本原理。

学习目标

(1)了解制动系统的结构组成;
(2)了解盘式制动器和鼓式制动器的基本结构组成;
(3)了解真空助力系统基本组成;
(4)能够在实车上找到制动系统各组成元件的安装位置;
(5)了解纯电动汽车与传统汽车在结构组成上的区别;
(6)了解纯电动汽车真空助力系统的控制原理;
(7)了解纯电动汽车再生制动的基本原理;
(8)了解纯电动汽车与传统汽车制动系统控制原理的区别。

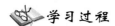
学习过程

一、决策与准备

(一)决策

按老师要求进行分组,并完成以下任务:
(1)按小组进行座位排列,听从小组组长安排,认真听课;
(2)配合小组组长完成老师布置的任务,并按要求将任务内容填入项目单。

(二)课堂准备

课堂准备见表1-8-1。

课 堂 准 备　　　　　　　　　　　　　　　　　　　表1-8-1

序　号	准 备 项 目	准　备　内　容
1	安全防护装备准备	
2	设备准备	
3	工具准备	
4	资料准备	
5	场地准备	

二、资讯

制动系统是汽车安全系统,其作用是:使行驶中的汽车按照驾驶人的要求进行强制减速甚至停车;使已停驶的汽车在各种道路条件下(包括在坡道上)稳定驻车;使下坡行驶的汽车速度保持稳定。

绝大多数的乘用车多采用真空助力伺服制动系统,使人力和动力并用。对于传统内燃机乘用车制动系统的真空助力装置,其真空源来自于发动机进气歧管,真空度负压一般可达到 0.05~0.07MPa。对于由传统车型改装成的纯电动车或燃料电池汽车,发动机总成被拆除后,制动系统由于没有真空动力源而丧失真空助力功能,仅由人力所产生的制动力无法满足行车制动的需要,因此需要对制动系统真空助力装置进行改制,而改制的核心问题是如何产生足够压力的真空源,这就需要为制动系统增加电动真空泵。

(一)制动系统的组成

纯电动汽车制动系统的组成与传统汽车一样,主要由供能装置、控制装置、传动装置和制动器四大部分组成。

制动系统结构示意图如图 1-8-1 所示。

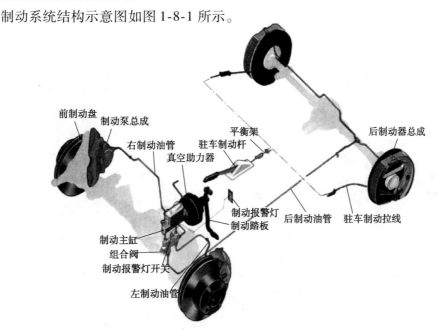

图 1-8-1　制动系统结构图

(二)制动系统主要部件

1. 制动器

电动汽车主要采用的制动器有盘式制动器和鼓式制动器。盘式制动器效率比鼓式制动器高,但价格较贵。鼓式制动器价格便宜,若应用在后轮上,可兼具驻车制动的功能。盘式制动器和鼓式制动器结构分别如图1-8-2a)、b)所示。

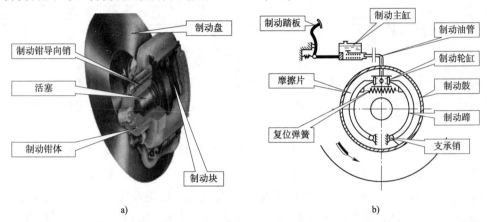

图1-8-2 制动器
a)盘式制动器;b)鼓式制动器

2. 电动真空助力系统

不同于传统汽车的是,纯电动汽车的真空源主要来源于外置真空罐。纯电动汽车真空助力系统主要由真空助力器、真空控制器、电动真空泵、真空罐组成。

电动真空助力系统布置在左侧纵梁内侧,散热器后方,固定在集成层支架上,其布置如图1-8-3所示。

(1)电动真空泵结构如图1-8-4所示,具体参数如表1-8-2所示。

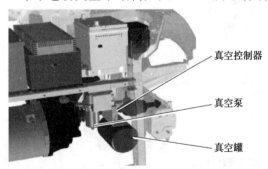

图1-8-3 电动真空助力系统布置

图1-8-4 电动真空泵结构

电动真空泵参数表 表1-8-2

电动真空泵		电动真空泵	
工作电压	9~16V	800mbar	$t \leqslant 7s(4L)$
工作电流	小于17A	最大真空度	$\geqslant 86kPa$
500mbar	$t \leqslant 3.5s(4L)$		

(2)真空罐结构如图1-8-5所示,具体参数如表1-8-3所示。

真空罐参数表　　表1-8-3

真空罐	
容积	2L
压力传感器	供电电压: 5±0.25V 输出电压:0.5~4.5V

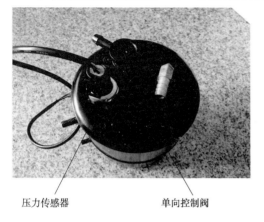

图1-8-5　真空罐结构

(三)真空助力系统工作原理

纯电动汽车具备一套有别于传统汽车的电动真空助力系统,电控真空助力制动系统中真空泵采取间歇工作的模式,给真空泵配备一个控制单元,其控制方式如图1-8-6所示。

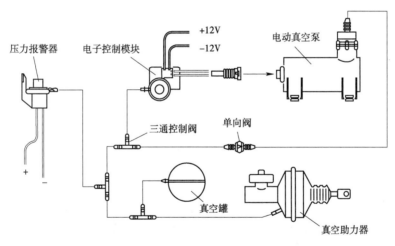

图1-8-6　纯电动汽车制动系统控制原理图

接通12V电源,压力延时开关和报警器开始压力自检。如果真空罐内的真空度小于55kPa,压力膜片将会挤压触点,从而接通电源,真空泵开始工作;真空度增加到55kPa时,压力延时开关断开,然后通过延时继电器使真空泵工作大约30s后停止;每次驾驶人进行制动时,压力延时开关自检,判断电动真空泵是否应该工作;如果真空罐内的真空度低于34kPa,真空助力器无法提供有效的真空助力压力,报警器将发出信号,提醒驾驶人注意行车速度。

(四)再生制动

再生制动是纯电动汽车所特有的,在减速制动(制动或者下坡)时将车辆的部分动能转化成电能,给动力电池充电,最终增加电动汽车的续航里程。如果存储器已完全充满,再生制动就无法实现,所需的制动力只能由常规的液压制动系统来提供。现在的电动汽车基本上都安装了再生—液压制动系统,从而实现节约制动能,回收部分制动能,并为驾驶人提供常规制动性能。

VCU 根据加速踏板和制动踏板开度、车辆行驶状态信息以及动力电池的状态来判断某一时刻能否进行制动能量回馈,在满足安全性能、制动性能以及驾驶人舒适性的前提下,回收部分能量,包括制动过程中的电机制动转矩控制。制动能量回馈控制如图 1-8-7 所示。

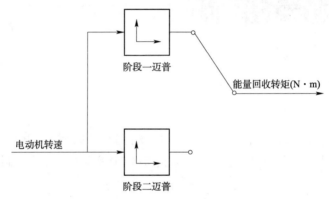

图 1-8-7　制动能量回馈控制

根据加速踏板和制动踏板信号,制动能量回收分为两个阶段,其简单的划分条件如下。

阶段一:在车辆行驶过程中驾驶人松开加速踏板但没有踩下制动踏板开始。

阶段二:驾驶人踩下制动踏板后开始。

制动能量回馈的原则为:

(1)能量回收制动不应该干预防抱死制动系统(ABS)的工作;

(2)当 ABS 进行制动力调节时,制动能量回收不应该工作;

(3)当 ABS 报警时,制动能量回收不应该工作;

(4)当电机驱动系统存在故障时,制动能量回收不应该工作。

三、实施

(1)根据资讯内容,以小组为单位,到实车上找出制动系统相关元件的具体安装位置。

(2)纯电动汽车制动系统主要由_____、_____、_____和_____四大部分组成。

(3)目前最常用的汽车制动器主要有_____和_____两种类型。EV160 前轮制动器类型为_____,后轮制动器类型为_____。

(4)传统汽车的真空源来源于_____,纯电动汽车的真空源来源于_____。

（5）电动真空泵的工作电压为：_____，最大真空度为：_____。

（6）纯电动汽车真空助力系统主要由_____、_____、_____和_____组成。

（7）观察表1-8-4中的元件，写出元件名称，判断出元件所属机构，在对应的"□"里打上"√"，并描述其安装相应位置。

制动系统元件认知表　　　　　　　　　　　　　　　　　　表1-8-4

元　件	元件名称	所属部位	位置描述
		制动操纵装置□ 钳盘式制动器□ ABS制动装置□ 鼓式制动器□ 制动主缸总成□	
		制动操纵装置□ 钳盘式制动器□ ABS制动装置□ 鼓式制动器□ 制动主缸总成□	
		制动操纵装置□ 钳盘式制动器□ ABS制动装置□ 鼓式制动器□ 制动主缸总成□	
		制动操纵装置□ 钳盘式制动器□ ABS制动装置□ 鼓式制动器□ 制动主缸总成□	
		制动操纵装置□ 钳盘式制动器□ ABS制动装置□ 鼓式制动器□ 制动主缸总成□	
		制动操纵装置□ 钳盘式制动器□ ABS制动装置□ 鼓式制动器□ 制动主缸总成□	

续上表

元　　件	元件名称	所属部位	位置描述
		制动操纵装置□ 钳盘式制动器□ ABS 制动装置□ 鼓式制动器□ 制动主缸总成□	
		制动操纵装置□ 钳盘式制动器□ ABS 制动装置□ 鼓式制动器□ 制动主缸总成□	
		制动供能装置□ 钳盘式制动器□ ABS 制动装置□ 鼓式制动器□ 制动主缸总成□	
		制动供能装置□ 钳盘式制动器□ ABS 制动装置□ 鼓式制动器□ 制动主缸总成□	

四、检查评估

（1）请各小组分别派一位同学在实车中指出纯电动汽车制动系统各组成元件的安装位置。

（2）请各小组分别派一位同学对真空助力系统及再生制动的工作原理进行简单总结。

（3）各小组成员交叉检查实施部分习题完成情况。

（4）请按照个人的实际情况如实填写表1-8-5，所获得的成绩为本次课堂学习成绩。

学生学习评价表　　　　　　　　　　　　　　　　表1-8-5

评价项目	评　价　内　容	评价标准			评价方式		
		优 (10分)	良 (8分)	及格 (6分)	自评	小组互评	师评
学习态度	1.学习目标明确； 2.对学习兴趣浓厚,在学习过程中参与度高； 3.保质保量按时完成作业； 4.上课积极回答老师的问题	积极,热情,主动	积极,热情,但欠主动	态度一般			

续上表

评价项目	评价内容	评价标准			评价方式		
		优(10分)	良(8分)	及格(6分)	自评	小组互评	师评
学习方式	1.学生个体的自主学习能力强,会倾听、思考和质疑; 2.学生之间能采取合作学习的方式,并在合作中分工明确地进行有序和有效的探究	自主学习能力强,会倾听、思考和质疑	自主学习能力较强,会倾听、思考	自主学习能力一般,会倾听			
参与程度	1.认真参加学习活动,积极思考,善于发现问题,勇于解决问题; 2.愿意和同学多沟通,努力提高语言表达与交流能力; 3.认真记录实践活动的内容活动	积极思考,善于发现问题,勇于解决问题,表达能力强	积极思考,善于发现问题,勇于解决问题	能发现问题,但解决问题能力一般			
合作意识	1.积极参加小组合作学习,勇于接受任务,敢于承担责任; 2.小组分工明确,取长补短,共同提高; 3.公平、公正地进行自评和互评,评价过程认真、负责、有诚信	合作意识强,组织能力好,与别人互相提高,有学习效果	能与他人合作,并积极帮助有困难的学习	有合作意识,但总结能力不强			
综合评价	小组评价等级		任课教师评价等级		教师寄语:		

综合评价——A:优秀(38~40分);B:良好(32~36分);C:一般(24~32分)。

项目九　空调系统的认识

电动汽车不仅与传统汽车在空调系统构成上存在着差别,而且不同类型的电动汽车也各具自身的特点。纯电动汽车既没有发动机作为空调压缩机的动力源,也没有发动机余热可以利用以达到取暖、除霜的效果。根据电动汽车的特点,电动汽车目前可以选择的制冷空气调节方式主要有热电式制冷和电动压缩机制冷。电动压缩机制冷空调系统是保留原基础车冷凝器总成、暖风蒸发箱主体部分,匹配适用于电动汽车的电动压缩机,取消基础车所匹配的皮带传动压缩机,同时对前机舱内高低压管路进行适应性改制,以满足该类型电动汽车重新进行的前机舱布置。

本项目主要阐述纯电动汽车空调系统的结构组成和工作原理,要求学生在了解传统汽车空调基础上,对比电动汽车空调,并找出两者的区别。

(1)了解传统空调系统的结构组成;
(2)了解空调系统各组成元件的功用及原理;
(3)了解电动汽车空调系统制冷、制热的基本原理。

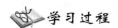

一、决策与准备

(一)决策

按老师要求进行分组,并完成以下任务:
(1)按小组进行座位排列,听从小组组长安排,认真听课;
(2)配合小组组长完成老师布置的任务,并按要求将任务内容填入项目单。

(二)课堂准备

课堂准备见表1-9-1。

课　堂　准　备　　　　　　　表1-9-1

序　号	准 备 项 目	准 备 内 容
1	安全防护装备准备	
2	设备准备	
3	工具准备	
4	资料准备	
5	场地准备	

二、资讯

空调是空气调节器的简称,其作用是对室内空气进行调节,使空气的温度、湿度、流速和洁净度达到人体所需要的舒适范围。

目前,传统燃油汽车空调系统的压缩机主要由发动机皮带轮驱动,制热主要采用燃油发动机产生的余热。电动汽车上拥有高压直流电源,因此采用电动压缩机取代皮带轮压缩机,并采用高压PTC加热器作为热源。与传统汽车相似,电动汽车空调系统主要由四大系统、六大部件组成,实现对空调系统制冷、制热的控制。

(一)空调四大系统

(1)制冷系统:对车内的空气进行冷却降温、除湿,使车内空气变得凉爽舒适。如图1-9-1所示,制冷系统是由散热风扇、压缩机、鼓风机、蒸发器、膨胀阀、干燥瓶、压力开关和冷凝器组成。

(2)取暖系统:主要由PTC加热器取代传统汽车发动机冷却液作为直接热源,由PTC加热器对车内的空气进行加热,达到取暖、除湿、除霜的目的。PTC加热器安装位置如图1-9-2所示。

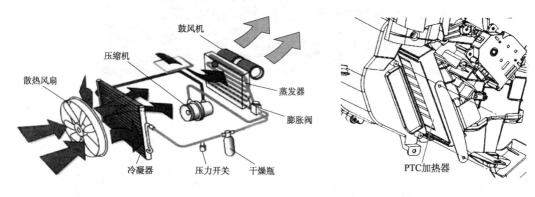

图1-9-1 空调制冷系统结构组成　　　　图1-9-2 PTC安装位置

(3)通风系统:将外界新鲜空气送入车内,起到通风换气的作用,可改变冷暖气流的流向与分配,协调温度。如图1-9-3所示为通气系统的组成。

(4)控制系统:控制压缩机吸合与断开,防止压力过高;控制车内空气的流速、方向、温度。控制系统包括点火开关、A/C开关、鼓风机开关、各种继电器等。图1-9-4为EV160空调控制装置。

(二)空调系统六大部件

1. 电动压缩机

压缩机是制冷回路的心脏,起到输送和压缩气态制冷剂、保证制冷循环正常工作的作用。压缩机把从蒸发器出来的气态制冷剂变成过热的制冷剂,送往冷凝器冷却降温,其结构如图1-9-5所示,具体参数如表1-9-2所示。

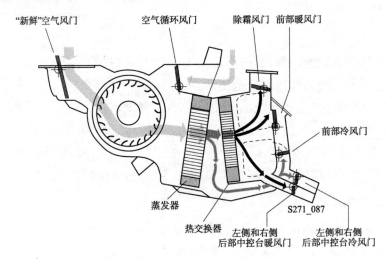

图 1-9-3　通气系统结构

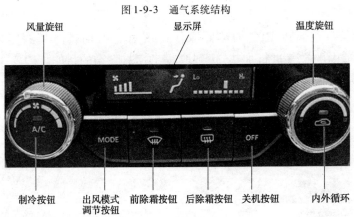

图 1-9-4　空调控制装置

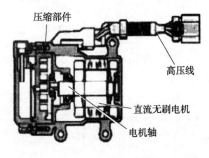

图 1-9-5　电动压缩机

电动压缩机参数表　　表 1-9-2

工作电压范围	330~450V DC
额定输入电压	384V
额定输入功率	2473W
控制电源电压范围	9~15V DC
电机类型	直流无刷无传感器电机
额定转速	6500r/min
制冷剂	R134a
冷冻油	RL68H
制冷量	4875W

2. 冷凝器

冷凝器一般安装在发动机散热水箱前方,由铜管或铝管制成芯管,并在芯管周围焊接散热片。冷凝器的散热面积通常是蒸发器的两倍,冷凝器的散热面积越大,冷却效果越好。图 1-9-6 为冷凝器外形图。

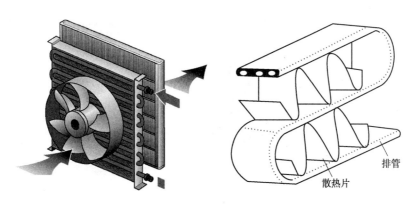

图1-9-6 冷凝器

冷凝器的作用是把压缩机排出的高温、高压制冷剂气体的热量散发到车外空气中,从而使高温、高压制冷剂气体冷凝成较高温度的高压液体。

从压缩机排出的制冷剂由冷凝器的上端入口进入,其出口在下方,否则会引起制冷系统压力升高,导致冷凝器膨胀。严重时,可能会导致液态制冷剂倒流回压缩机,产生液击现象,损坏压缩机。

3. 蒸发器

蒸发器的结构与冷凝器类似,但作用与冷凝器相反。蒸发器的主要功能是提供足够的空间,使经过节流的制冷剂在其内部进行蒸发,并吸收流经蒸发箱的空气中的热量。带走空气中的温度及水分(水蒸气),使空气的温度和湿度都降下来并吹入驾驶室。蒸发器结构如图1-9-7所示。

4. 膨胀阀

膨胀阀是空调制冷系统中最主要的元件之一,它是系统高压与低压的分界点。在制冷系统中,膨胀阀主要起到以下作用:

(1)节流降压:使从冷凝器出来并经过干燥储液罐的中温、高压液态制冷剂,经过膨胀阀节流后,变为低温、低压、雾状制冷剂进入蒸发器。

图1-9-7 蒸发器

(2)调节控制制冷剂流量:由于制冷剂在工作过程中制冷负荷一直在发生变化,为了保证车内温度稳定,制冷剂工作正常,膨胀阀自动调节进入蒸发器的制冷剂流量,使制冷剂流量满足制冷剂循环的要求。

根据膨胀阀的结构不同,膨胀阀可分为热力膨胀阀和H型膨胀阀两种(图1-9-8)。热力膨胀阀又分为内平衡式热力膨胀阀和外平衡式热力膨胀阀。

5. 储液干燥罐

储液干燥罐的主要作用是储存制冷剂,过滤制冷剂中的水分和其他异物,进行高低压保护,以及保证流向膨胀阀的制冷剂为液态制冷剂。

图 1-9-8 膨胀阀
a) 外平衡式热力膨胀阀; b) H 型膨胀阀

储液干燥器主要由过滤器、干燥剂、进口、出口及吸出管组成。经过冷凝器降温的制冷剂首先通过进口流入干燥罐内,经过滤网和干燥剂过滤后,通过吸出管和出口流向膨胀阀(图 1-9-9)。制冷剂中的液态制冷剂由于密度大、处于干燥罐底部且吸出管管口较低,因此保证了从储液干燥器中流出的制冷剂为液态制冷剂。

6. PTC 加热器(图 1-9-10)

PTC 是正温度系数(Positive Temperature Coefficient)的英文缩写。利用发热类 PTC 加热器性能稳定、升温迅速、受电源电压波动影响小等特性制成的各种加热器产品,已成为金属电阻丝类发热材料最理想的替代产品。目前该类加热器已大量应用于传统汽车空调、电动汽车空调和电动汽车除霜机等。

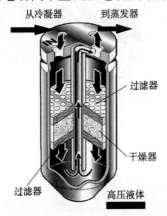

图 1-9-9 储液干燥罐

图 1-9-10 PTC 加热器

PTC 加热器具有热阻小、换热效率高的显著优点。且其最大特点在于其安全性上,即遇风机故障堵转时,PTC 加热器因得不到充分散热,功率会自动急剧下降,此时加热器的表面温度维持限定在居里温度左右(一般为 240℃),从而不致产生电热管类加热器表面的"发红"现象,排除了发生事故的隐患。但 PTC 加热器耗电功率大,需 2kW 以上,对车辆续航能力有较大的影响。PTC 本体由于温度较高,需周边结构部件配合为其提供空间,防止塑料件受热变形,同时 HVAC(供热通风与空气调节)内海绵及润滑脂易因高温而产生异味。PTC 加热器具体参数如表 1-9-3 所示。

PTC 加热器具体参数表　　　　　　　　　　　　　表 1-9-3

项目	额定输入电压	额定功率	功率偏差率	冷态最大启动电流	单级冷态电阻
技术要求	随动力电池电压	3500W	-10% ~ +10%	20A	80 ~ 300Ω
实验条件	336V	环境温度: (25±1)℃ 施加电压: (336±1)V DC		环境温度: (25±1)℃ 施加电压: (336±1)V DC	在(25±1)℃环境下放置 >30min 后测量

(三)空调制冷系统工作原理

电动汽车空调制冷系统组成结构及工作原理与传统汽车相似,只是压缩机的驱动方式发生了变化。电动汽车空调压缩机直接采用高压电进行驱动,制冷剂在空调系统中循环,经过压缩、冷凝降温、节流膨胀、蒸发制冷四个基本过程(图 1-9-11)。

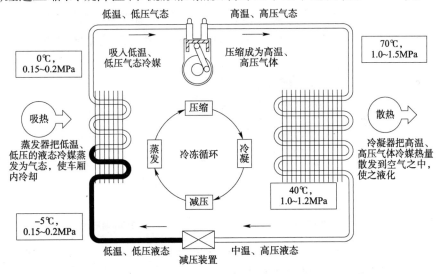

图 1-9-11　空调系统制冷原理

1. 压缩过程

制冷剂在蒸发器中吸收蒸发器周围空气中的热量后,被压缩机吸入并压缩成高温、高压(约 1.5 ~ 2.2MPa)的气态。

2. 冷凝降温过程

经过压缩机压缩的高温、高压气态制冷剂流入到冷凝器中,在冷凝器中经过散热降温,变为压力约 1.5MPa 的液态制冷剂。

3. 节流膨胀过程

经过冷凝器冷凝降温并经储液干燥罐去除水分后的高压液态制冷剂,经过节流蒸发装置(膨胀阀),流入蒸发器。由于被节流限制,制冷剂的压力和温度都被降低,并进入蒸发器。

4. 蒸发制冷过程

经过节流装置降压、降温的制冷剂流入蒸发器,并在蒸发器中完成蒸发过程。蒸发过程中,制冷剂吸收大量热量后变成压力为 0.15MPa 左右的气态制冷剂,然后在压缩机的吸力下,进入压缩机,如此周而复始地循环,使得车内的温度降低。

(四)空调系统制热原理

传统汽车空调暖风系统以发动机的冷却水为热源,在大循环开启时,通过相关水管将高温冷却水送入暖风小水箱,通过装置中的热交换器,把鼓风机送来的空气与发动机冷却水进行热交换,空气加热后送入室内,达到取暖效果。

电动汽车暖风蒸发器总成内取消了传统汽车车内的暖风芯体,以高压 PTC 加热器进行替换,将原车利用发动机冷却水热量进行制暖的原理变为采用电加热器直接加热 HVAC 内部空气的方式。PTC 加热器外形尺寸与暖风芯体接近,布置于传统汽车的暖风芯体位置。PTC 加热器通电加热后,PTC 加热器表面的散热片使其周围的空气升温。通过 PTC 加热器控制模块采集加热请求,同时根据 VCU 控制信号、PTC 加热器总成内部传感器温度反馈等信号综合控制 PTC 加热器通断。空调系统制热原理如图 1-9-12 所示。

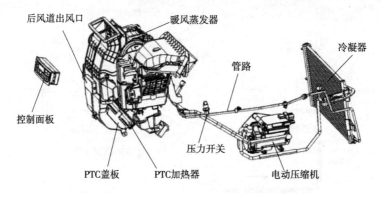

图 1-9-12 空调系统制热原理

北汽 EV160 空调系统冷暖风工作逻辑关系为:

(1)冷区 + A/C = 压缩机启动 + PTC 加热器不启动 = 冷风;

(2)冷区 = 压缩机不启动 + PTC 加热器不启动 = 自然风;

(3)中间区 = 压缩机不启动 + PTC 加热器不启动 = 自然风;

(4)中间区 + A/C = 压缩机不启动 + PTC 加热器不启动 = 自然风;

(5)暖区 = 压缩机不启动 + PTC 加热器启动 = 暖风;

(6)暖区 + A/C = 压缩机不启动 + PTC 加热器启动 = 暖风。

三、实施

(1)传统汽车压缩机的动力源是:_____,电动汽车压缩机的动力源是:_____。

（2）PTC 加热器工作电压是：_____。

（3）汽车空调系统结构组成四大系统是：_____、_____、_____、_____。

（4）空调系统制冷四大工作过程是：_____、_____、_____、_____。

（5）对于汽车空调系统制冷剂压力，静态压力的 HP = _____，LP = _____；动态压力的 HP = _____，LP = _____。

（6）根据资讯内容填写表 1-9-4 中空调系统各元件的作用。

空调系统元件认识　　　　　　　　　　　　　　　　　表 1-9-4

元　件	作　用
压缩机	
冷凝器	
储液干燥罐	
膨胀阀	
蒸发器	
PTC 加热器	
鼓风机	
空调滤芯	

（7）空调元部件认识，在图 1-9-13 相应的方框内填写对应元部件名称。

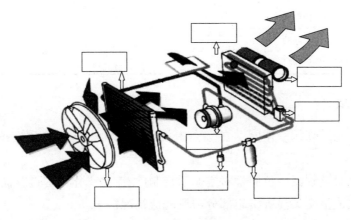

图 1-9-13　制冷循环图

（8）根据资讯内容完成表 1-9-5 中传统汽车与电动汽车空调系统的区别。

传统汽车与电动汽车空调系统区别表　　　　　　　　　　　表1-9-5

	传 统 汽 车	电 动 汽 车
驱动方式		
工作电压		
工作元部件		
制热原理		

（9）根据汽车空调铭牌填写表1-9-6相关数据。

空 调 铭 牌 认 识 表　　　　　　　　　　　表1-9-6

	北汽EV160	传 统 汽 车
压缩机类型		
工作电压		
制冷剂类型		
制冷剂加注量		
冷冻机油类型		

（10）对空调制冷系统进行压力检测，并将检测内容填入表1-9-7中。

空调制冷系压力检测表　　　　　　　　　　　表1-9-7

	静　　态	动　　态
低压侧压力		
高压侧压力		

（11）启动空调，使用红外线温度计对空调制冷管路温度进行测量，并完成表1-9-8。

空调制冷管路温度测量表　　　　　　　　　　　表1-9-8

	温　度（℃）
压缩机表面	
压缩机－冷凝器	
冷凝器－膨胀阀	
蒸发器－压缩机	

四、检查评估

（1）请各小组分别派一位同学在实车中指出纯电动汽车空调系统各组成元件的安装位置。

（2）请各小组分别派一位同学对空调系统制冷、制热工作原理进行简单总结。

（3）各小组成员交叉检查实施部分习题完成情况。

（4）请按照个人的实际情况如实填写表1-9-9，所获得的成绩为本次课堂学习成绩。

学生学习评价表

表1-9-9

评价项目	评价内容	评价标准			评价方式		
		优 (10分)	良 (8分)	及格 (6分)	自评	小组互评	师评
学习态度	1.学习目标明确； 2.对学习兴趣浓厚，在学习过程中参与度高； 3.保质保量按时完成作业； 4.上课积极回答老师的问题	积极、热情、主动	积极、热情，但欠主动	态度一般			
学习方式	1.学生个体的自主学习能力强，会倾听、思考和质疑； 2.学生之间能采取合作学习的方式，并在合作中分工明确地进行有序和有效的探究	自主学习能力强，会倾听、思考和质疑	自主学习能力较强，会倾听、思考	自主学习能力一般，会倾听			
参与程度	1.认真参加学习活动，积极思考，善于发现问题，勇于解决问题； 2.愿意和同学多沟通，努力提高语言表达与交流能力； 3.认真记录实践活动的内容活动	积极思考，善于发现问题，勇于解决问题，表达能力强	积极思考，善于发现问题，勇于解决问题	能发现问题，但解决问题能力一般			
合作意识	1.积极参加小组合作学习，勇于接受任务、敢于承担责任； 2.小组分工明确，取长补短，共同提高； 3.公平、公正地进行自评和互评，评价过程认真、负责、有诚信	合作意识强，组织能力好，与别人互相提高，有学习效果	能与他人合作，并积极帮助有困难的学习	有合作意识，但总结能力不强			
综合评价	小组评价等级	任课教师评价等级	教师寄语：				

综合评价——A：优秀(38~40分)；B：良好(32~36分)；C：一般(24~32分)。

中级学习领域——
电动汽车维护

项目一　纯电动汽车维护概述
项目二　顶起位置一
项目三　顶起位置二
项目四　顶起位置三
项目五　顶起位置四
项目六　顶起位置五
项目七　顶起位置六
项目八　道路测试
附　件　纯电动汽车维护项目作业表

项目一　纯电动汽车维护概述

学习任务

(1)纯电动汽车维护准备工作；
(2)纯电动汽车维护过程的安全与防护内容；
(3)7S管理相关内容及做法要求；
(4)纯电动汽车维护的内容；
(5)北汽EV160纯电动汽车的维护作业内容及流程；
(6)北汽EV160纯电动汽车维护的作业项目；
(7)相关工量具的正确使用方法。

学习目标

(1)熟悉纯电动汽车维护准备工作；
(2)熟悉纯电动汽车维护过程的安全与防护内容；
(3)熟悉"7S"管理相关内容及做法要求；
(4)了解纯电动汽车维护的作业范围内容；
(5)能熟练地完成北汽EV160纯电动汽车的维护作业；
(6)懂得相关工量具的正确使用方法；
(7)通过训练,培养学生团队合作精神,培养自信心；
(8)要求中级工"精"；高级工"熟"；预备技师"会"。

一、汽车维护基本知识

1.技术要求

(1)本项目以北汽EV160纯电动汽车作为操作车型,技术要求参照随车使用说明书及北汽EV160纯电动汽车的维修手册。
(2)常规检查项目参照《汽车维护、检测、诊断技术规范》(GB/T 18344—2016)进行。

2.纯电动汽车维护内容

(1)清洗:使用有效的方法消除锈迹、油垢及其他污物等的作业。
(2)检查:对车辆及其他部件和总成的可靠性及有效性的观察与检测。
(3)紧固:按技术规范的规定,将机件或总成的紧固件校紧。
(4)拆检:将机件或总成拆解,进行详细检查,对不符合要求的进行修复或更换。

(5) 润滑：零部件经过清洁或清洗后，按规定加注润滑油或润滑脂。

(6) 调整：对总成或部件按技术要求的规定，进行调节。

(7) 检修：根据检查结果，对不符合技术要求的部件进行修理。

(8) 整形：使用专用设备对物件变形部位进行整形，使其恢复原状。

(9) 高压维护：高压部件及高压线路的维护作业。

(10) 绝缘检查：新能源高压电气设备的导电体与机壳间的绝缘电阻检测。

3. 纯电动汽车维护的基本要求

(1) 高压电气电路的维护必须由持电工证（电工证说明：国家安全生产监督管理总局发放的特种作业操作证——电工作业类）的合格电工执行，并严格遵守电工安全操作规程进行。

(2) 维护新能源部分所需工具：兆欧表、万用表、钳流表（含直流及交流）、具有绝缘手柄的操作工具（含扭力扳手、快速扳手、螺丝刀等）、绝缘手套、绝缘鞋等。

(3) 在进行高压部件的维护前须切断动力电源：先将钥匙开关置于"OFF"挡并拔出钥匙（维护期间，应将钥匙收起并妥善保管），断开低压蓄电池负极电缆，并使用绝缘护套进行防护（如车辆配备有高压维修开关，还必须断开该开关，并专人保管其钥匙）。

(4) 对高压电源进行检查维护时，在任何情况下都不能同时接触电池的正负极；操作过程中必须佩戴绝缘手套和绝缘鞋、使用绝缘工具。

(5) 检查电机绝缘时，电机连接线要与控制器分离。

(6) 对整车进行电焊焊接时，必须断开 12V 电源，拔掉维修开关，拔掉 ABS、VCU、集成控制器上所有线束插件，以免导致其控制模块损坏。为保证车辆正常运行，请在完成焊接后将各接插件复原，复原时依次复原各个低压部件插件。

(7) 严禁擅自解体动力电池系统总成，严禁将电池箱作为承重台使用及用其他物品覆盖在电池箱上，严禁将电池箱与火源接触或置于太阳下暴晒。

4. 纯电动汽车维护注意事项

(1) 对低压电器、机械设备进行维修作业时，需确认车辆钥匙处于 OFF 挡位置。

(2) 在进行一般维护作业时，应严格防止高压线束的绝缘层破损漏电。严禁在无特殊情况下破坏橙色高压线束绝缘层。

(3) 在清洗车辆时，避开高、低压电器元件，严禁用水直接冲洗高、低压电器元件。

(4) 维护复原时，各螺栓连接处的力矩要严格按照螺栓力矩要求来执行。

二、北汽 EV160 纯电动汽车维护知识

汽车行驶一段时间后，连接件会松动，金属零件会发生锈蚀、疲劳或变形，橡胶和塑料等非金属零件会老化或损伤等。这些都会使汽车技术状况变差，工作性能降低。因而，纯电动汽车也需要进行维护作业，以维持汽车正常的技术状况、延长汽车使用期限。汽车维护是消除隐患和防止技术状况恶化的预防性措施。

汽车维护的作业项目及这些项目的合理周期随汽车类型和运行条件不同而不同。以北汽纯电动汽车 EV160 为例,其维护周期及维护项目分别如表 2-1-1、表 2-1-2 所示。

北汽 EV160 维护周期　　　　　　　　　　表 2-1-1

维护类别	维护项目	累计行驶里程(km)					
		10000	20000	30000	40000	50000	以此类推
A 级维护	全车维护	√		√		√	
B 级维护	高压、安全检查		√		√		√

北汽 EV160 维护项目及内容　　　　　　　表 2-1-2

系统类别	检查内容	处理方法	A 级维护			B 级维护		
			项目	配件及材料	数量或价格	项目	配件及材料	数量或价格
动力电池系统	安全防护	检查,并视情处理	√			√		
	绝缘	检查,并视情处理	√			√		
	接插件状态	检查,并视情处理	√			√		
	标识	检查,并视情处理	√					
	螺栓紧固力矩	检查,并视情处理	√					
	动力电池加热功能检查	检查,并视情处理	√					
	外部检查	清洁处理				√		
	数据采集	分析,并视情处理	√					
电机系统	安全防护	检查,并视情处理				√		
	绝缘检查	检查,并视情处理	√			√		
	电机及控制器冷却检查	检查,并视情处理	√			√		
	外部检查	清洁处理	√			√		
电器电控系统	机舱及各部位低压线束防护及固定	检查,并视情处理	√			√		
	机舱及各部位插接件状态	检查,并视情处理	√			√		
	机舱及底盘高压线束防护及固定	检查,并视情处理	√			√		
	机舱及底盘各高、低压电器固定及插接件连接状态	检查,视情处理,并清洁	√			√		
	蓄电池	检查电量状态,并视情况处理	√			√		
	灯光、信号	检查,并视情况处理	√			√		

续上表

系统类别	检查内容	处理方法	维护项目及内容					
			A 级维护			B 级维护		
			项目	配件及材料	数量或价格	项目	配件及材料	数量或价格
电器电控系统	充电口及高压线	检查,并视情况处理	√			√		
	高压绝缘监测系统	检测,并视情处理	√					
	故障诊断系统报警监测	检测、检查,并视情处理	√					
制动系统	驻车制动器	检查效能,并视情处理	√			√		
	制动装置	泄漏检查	√					
	制动液	液位检查	√	更换制动液		√	检查,并视情况添加	
	制动真空泵、控制器	检查(漏气),并视情处理	√			√		
	前后制动摩擦副	检查,并视情况更换	√					
转向系统	转向盘及转向管柱连接紧固状态	检查,并视情况处理	√			√		
	转向机本体连接紧固状态	检查,并视情况处理	√			√		
	检查转向横拉杆间隙及防尘套	检查,并视情况处理	√			√		
	检查转向助力功能	路试,并视情况处理	√			√		
车身系统	风窗及刮水器	检查,并视情况更换处理	√	添加风窗洗涤剂	材料收费	√	检查,并视情况添加	材料收费
	顶窗	检查,并视情况处理	√			√		
	座椅及滑道	检查,并视情况处理	√	加注润滑脂	润滑脂250g	√	加注润滑脂	润滑脂250g
	门锁及铰链	检查,并视情况处理	√			√		
	机舱铰链及锁扣	检查,并视情况处理	√			√		
	后背门(厢)铰链及锁	检查,并视情况处理	√			√		
传动及悬架系统	变速器(减速器)	检查减速器连接、紧固及渗漏	√	更换减速器齿轮油		√	检查,并视情况添加	
	传动轴	检查球笼间隙及护罩,并视情处理	√			√		
	轮辋	检查、紧固,并视情处理	√					
	轮胎	检查胎压,并视情处理	√			√		
	副车架及各悬置连接状态	检查,并紧固	√					
	前后减振器	检查渗漏情况,紧固,并视情况更换	√					

续上表

系统类别	检查内容	处理方法	A 级维护			B 级维护		
			项目	配件及材料	数量或价格	项目	配件及材料	数量或价格
冷却系统	冷却液液位及冰点	液位及冰点测试,并视情况添加	√	更换冷却液	冷却液6L	√	检查,并视情况添加	
	冷却管路	检查渗漏情况,并处理	√			√		
	水泵	检查渗漏情况,并处理	√			√		
	散热水箱	检查,并清洁	√			√		
空调系统	空调冷、暖风功能	测试,并处理	√					
	压缩机及控制器	检查压缩机、控制器安装及线束插接件状态	√					
	空调管路及连接固定	管路防护检查,并视情况检漏处理	√			√		
	空调系统冷凝水排水口	检查、处理	√					
	空调滤芯	检查处理	√	更换空调滤芯	首次维护免费	√	清洁	

根据维护项目及工作流程,将维护作业划分为六个阶段,每个阶段车辆的顶起位置如图 2-1-1 所示。

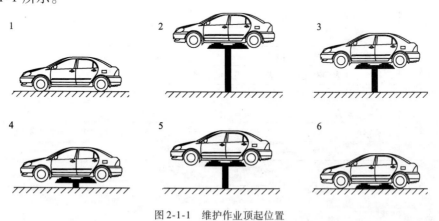

图 2-1-1 维护作业顶起位置

项目二　顶起位置一

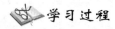学习过程

一、防护用具的检查

维护作业过程中,对高压线路、高压部件检查、维护时,必须佩戴防护用品,使用绝缘工具,以保障作业安全。防护用具的检查项目如表2-2-1所示。

防护用具的检查项目　　　　表2-2-1

项　目	检　查　内　容
绝缘手套	检查绝缘手套的电压等级
	检查绝缘手套有无针孔、裂纹、砂眼、修复、杂质等明显的缺陷
	查看绝缘手套上的标记,是否在产品使用期内
	观察绝缘手套是否出现粘连的现象
防护目镜	查看护目镜的安全等级
	检查护目镜的宽窄和大小是否适合使用者的脸型
	观察护目镜面有无破损、刮花
	观察护目镜架螺钉有无松动
绝缘帽	检查绝缘帽的电压等级
	检查绝缘表面有无破损
绝缘鞋	检查绝缘鞋的电压等级
	检查绝缘表面有无裂痕、砂眼、老化等现象
绝缘工具	检查绝缘工具的电压等级
	检查绝缘表面有无裂纹、老化等明显的缺陷
绝缘防护垫	检查绝缘防护垫的电压等级
	选择正确厚度、耐压等级的绝缘防护垫
	观察绝缘防护垫表面有无起泡缺陷,起泡点是否超过5个/m²,每个起泡的面积是否大于1cm²
	检查绝缘防护垫表面有无裂痕、砂眼、老化等现象

二、顶起位置一维护项目

顶起位置一的维护项目有(图2-2-1):

(1)仪表及车灯;

(2)风窗玻璃喷洗器及刮水器;

(3)转向盘及喇叭;

(4)驻车制动器;

（5）制动器；

（6）门控灯开关；

（7）车身螺母及螺栓（门、座椅、座椅安全带、行李舱门、前舱）；

（8）悬架；

（9）前舱部件。

三、顶起位置一维护作业

1. 前期准备

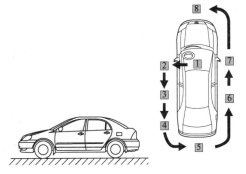

图 2-2-1 顶起位置一作业图

安装车轮挡块，进入车辆前安装车内四件套（座椅套、地毯垫、转向盘罩、驻车杆套），打开前舱盖安装车外三件套（翼子板布、前格栅布），如图 2-2-2 所示。

2. 仪表及车灯检查

将车辆钥匙旋至 ON 挡，检查组合仪表是否有故障指示灯点亮，仪表指示灯图标及位置如图 2-2-3 所示。

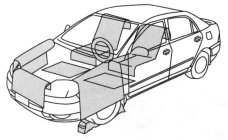

图 2-2-2 前期准备

将车辆钥匙旋至 ON 挡后，打开车辆灯光，检查车灯是否正常发光或闪烁，同时检查仪表指示灯是否正常点亮。灯光控制开关每旋动至一挡，然后检查相应的车灯、仪表板灯是否亮起。灯光组合开关如图 2-2-4 所示，车灯位置如图 2-2-5、图 2-2-6 所示。

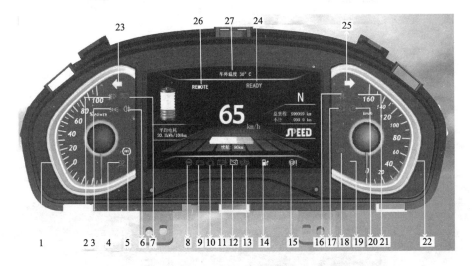

图 2-2-3 仪表指示灯图标

1-驱动电机功率表；2-前雾灯；3-示廓灯；4-安全气囊指示灯；5-ABS 指示灯；6-后雾灯；7-远光灯；8-跛行指示灯；9-蓄电池故障指示灯；10-电机及控制器过热指示灯；11-动力电池故障指示灯；12-动力电池断开指示灯；13-系统故障指示灯；14-充电提醒灯；15-EPS 故障指示灯；16-安全带未系指示灯；17-制动故障指示灯；18-防盗指示灯；19-充电线连接指示灯；20-驻车制动指示灯；21-门开指示灯；22-车速表；23-左转向指示灯；24-READY 指示灯；25-右转向指示灯；26-REMOTE 指示灯；27-室外温度提示

图 2-2-4 仪表指示灯图标
1-示廓灯;2-近光灯;3-后雾灯;4-远光灯;5-转向灯

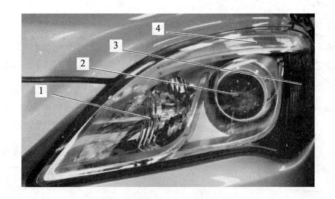

图 2-2-5 前车灯
1-远光灯;2-近光灯;3-转向灯;4-示廓灯

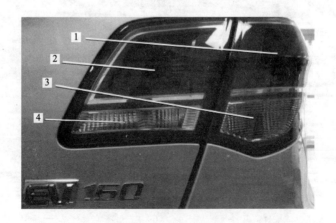

图 2-2-6 后车灯
1-示廓灯/驻车制动灯;2-后雾灯;3-转向灯;4-倒车灯

3. 风窗玻璃喷洗器的检查

车辆钥匙旋至ON挡,检查喷洗器的喷洒的工作情况:

(1)检查风窗玻璃喷洗器喷洒压力是否足够;

(2)检查洗涤喷洒区是否集中在刮水器工作范围内,必要时进行调整。

提示:风窗玻璃喷洗器喷射位置调整:在喷嘴内插入一根与风窗玻璃喷洗器喷嘴的孔相匹配的钢丝,以便调整喷洒的方向。对准喷嘴以便喷洗器喷洒大约落在刮水器的刮水范围的中间位置,如图2-2-7所示。

4. 风窗玻璃刮水器的检查

车辆钥匙旋至ON挡,打开刮水器各挡位开关检查其工作情况:

(1)检查刮水器刮水效果,是否刮水干净、不产生条纹式的刮水痕迹;

(2)检查刮水器各挡位能否正常工作(刮水器开关如图2-2-8所示);

(3)检查当刮水器开关关闭时,刮水器是否自动停止在其停止位置。

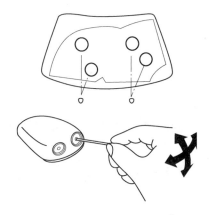

图2-2-7 喷洗器喷射位置调整

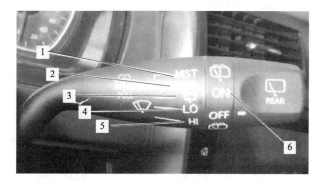

图2-2-8 刮水器开关

1-摆动一次;2-刮水器关闭;3-自动间隙摆动;4-连续低速摆动;
5-连续高速摆动;6-后刮水器摆动

5. 喇叭的检查

按动喇叭按钮,检查喇叭是否发声,音量和音调是否稳定;转动转向盘一周的同时按动喇叭,检查喇叭是否正常发声。

6. 驻车制动器的检查

(1)驻车制动杆行程检查。

拉起驻车制动杆,检查驻车制动杆行程是否在预定的槽数内(拉动时是否可以听到咔嗒声)。如果不符合标准,调整驻车杆的行程。

(2)驻车制动指示灯检查。

在车辆钥匙位于ON挡时,在拉动杆到达第一个槽口前,指示灯应点亮,拉杆完全放下后熄灭。

提示:如果驻车制动指示灯点亮不正常,检查驻车指示灯开关性能及相关线路。驻车指示灯开关位置如图2-2-9所示。

图 2-2-9　驻车指示灯开关

7. 制动器的检查

（1）踏板状况。

通过踩放制动踏板,检查制动踏板有无下述故障:

①反应不灵敏;

②踏板不完全落下;

③异常噪声;

④过度松动。

（2）制动踏板自由行程。

关闭点火开关后,踩下制动踏板几次,以便解除制动助力器。然后,使用手指轻轻按压制动踏板并使用直尺测量制动踏板自由行程,如图 2-2-10 所示。

（3）制动真空泵、控制器功能检测。

车辆静止状态下将车辆钥匙旋至 ON 挡,完全踩下制动踏板,踩踏三次,检查真空泵是否正常启动。当真空度到达设定值时(大约 10s),电动机应停止工作。

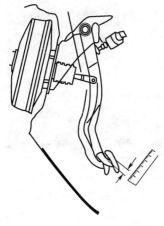

图 2-2-10　测量制动踏板自由行程

提示: 如果真空泵出现异响、异味,有可能是由真空泵内部严重磨损造成的。如果真空泵出现故障,将导致制动效果明显下降,甚至制动失灵。

（4）管路接头检测。

①车辆停稳后,车辆钥匙旋至 ON 挡,完全踩下制动踏板,踩踏三次,检查真空泵是否正常启动,大约 10s 后真空度是否到达设定值时,真空泵是否停止运转。

②在制动真空泵工作时,检查连接软管有无漏气现象。

8. 转向盘的检查

（1）自由行程检查。

打开点火开关至 ON 挡,转动转向盘使车辆笔直向前。轻轻移动转向盘,车轮将开始移动时,使用一把直尺测量转向盘的移动量(自由行程),如图 2-2-11 所示。

（2）松动和摆动检查。

用两手握住转向盘,轴向地、垂直地或者向两侧移动转向盘,检查其是否松动或者摆动。

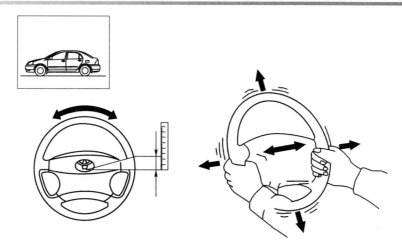

图 2-2-11 转向盘的检查

通过将车辆钥匙转到 ACC,检查转向盘是否不锁定可自由转动。拔出车辆钥匙后,检查转向盘是否锁止不可转动。

9. 车辆外部检查

(1) 门控灯开关。

检查前,先将顶灯开关转至"DOOR"。打开任一扇车门,检查顶灯是否点亮,同时仪表门开指示灯是否点亮;关闭车门,检查顶灯、指示灯是否熄灭。

(2) 车身螺母及螺栓。

检查座椅安全带(各座椅位置)、座椅、车门、前舱盖、行李舱门的螺栓和螺母是否松动。

10. 悬架的检查

(1) 减振器减振力。

上下摇动车身确定减振器的缓冲力大小,并且检查车身停止摇动所需时间。

(2) 车辆倾斜。

目测检查车辆是否倾斜。

提示:如果车辆倾斜,则需要检查:轮胎气压;左、右轮胎或者车轮尺寸的偏差;不均匀的车辆负荷分配情况。

11. 车灯状况检查

(1) 手动检查各车灯是否松动。

(2) 检查各灯的灯罩和反光镜是否褪色或者因碰撞而损坏。同时,检查灯内是否有污物或者有水进入。

12. 前舱室的检查

(1) 检查油液。

① 冷却液:确认散热器储液罐内冷却液液位在规定刻度线内。

② 制动液:检查制动主缸的储液罐内制动液液位在规定刻度线内。

③ 喷洗液:用液位尺来检查喷洗液的液位。

如果油液检查不在规定位置内,请按标准添加。

(2)高压线束的检查。

提示:检查高压线束时需穿戴好防护用品。

①高压线束排列整齐,固定牢靠,不与运动部件干涉,不与发热部件接触,不得有临时导线。

②高压线束无扭曲损坏,无金属部分外露、铜丝烧断、铜丝烧黑、接头烧黑、绝缘层破坏到屏蔽线引出线处等现象。如出现这些现象,需换新高压线(图2-2-12、图2-2-13)。

图2-2-12　检查高压线束1

图2-2-13　检查高压线束2

③检查高压线束连接线接头有无松动、损裂和过热现象(图2-2-14、图2-2-15、图2-2-16、图2-2-17)。

图2-2-14　检查电机控制器接头

图2-2-15　检查高压控制盒接头

图2-2-16　检查DC/DC转换器接头

图2-2-17　检查车载充电机接头

(3)检查软管、管路接头及零部件等是否有泄漏、擦伤以及老化现象。

(4)高压控制盒、DC/DC 转换器、电机控制器、车载充电机高压部件的清洁、检查、紧固。

①各高压部件可靠固定、无松动现象。紧固高压部件螺栓,M10 螺栓紧固力矩为 26N·m,M8 螺栓的紧固力矩为 12N·m(图 2-2-18、图 2-2-19、图 2-2-20、图 2-2-21)。

图 2-2-18　紧固车载充电机

图 2-2-19　紧固 DC/DC 转换器

图 2-2-20　紧固高压控制盒

图 2-2-21　紧固电机控制器

②用风枪、毛刷对控制器外表、电线插头进行清洁(不要拔出电线插头),保证电控装置清洁干燥。

③检查低压线束插头,确保接插良好无松动,接触良好。

④检查高压控制器密封性能良好、无水、无尘。

⑤紧固支撑架与车架螺栓。

⑥检查各接线端子紧固件螺栓有无锈蚀、松动。

项目三　顶起位置二

学习过程

一、顶起位置二维护项目

顶起位置二维护项目有（图2-3-1）：

（1）高压线束；
（2）高压电机；
（3）动力电池；
（4）减速器；
（5）驱动轴护套；
（6）转向连接机构；
（7）制动管路；
（8）螺母和螺栓（车辆底部）；
（9）悬架。

图2-3-1　顶起位置二作业图

二、顶起位置二维护作业

（一）作业前准备

（1）车辆举升前，关闭车辆钥匙开关，取下车辆钥匙，预松四个车轮螺母，放下驻车制动器，拆下低压蓄电池负极，使用绝缘防护套进行防护，避免其与车身接通。进行底盘维护作业时必须佩戴绝缘帽；检查高压部件及高压线束时必须穿戴绝缘防护用品。

（2）车辆举升后，拆卸底盘的两块防护板（图2-3-2、图2-3-3）。

图2-3-2　拆卸底盘防护板一

图2-3-3　拆卸底盘防护板二

（二）维护作业

1. 高低压线束的检查

（1）检查底盘高压线束。

①检查高压线束连接线接头有无松动、损裂现象（图2-3-4、图2-3-5）。

图2-3-4　检查驱动电机高压线束

图2-3-5　检查压缩机电机高压线束

②目测底盘高压线缆保护套是否存在进水、老化、破损，高压线路是否排列整齐、固定牢靠、不与运动部件干涉、不与发热部件接触（图2-3-6、图2-3-7）。

图2-3-6　检查高压线束

图2-3-7　检查慢充高压线安装状况

（2）检查底盘低压线束。

①检查低压线束有无老化、破损现象。

②检查低压线束接头有无松动、损坏现象（图2-3-8）。

2. 高压电机的检查

（1）检查驱动电机外观有无磕碰、划伤、损坏的现象（图2-3-9）。

（2）检查空调压缩机电机有无损坏。

图 2-3-8　检查低压线束　　　　图 2-3-9　检查驱动电机

3. 动力电池的检查

（1）检查动力电池外观有无磕碰、划伤、损坏的现象（图 2-3-10）。

提示：如发现存在以上情况应及时予以修理或更换。

（2）高低压接插件可靠性检查。

检查动力电池高低压插接件是否存在变形、松脱、损坏、腐蚀、密封等情况（图 2-3-11、图 2-3-12）。

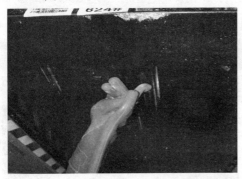 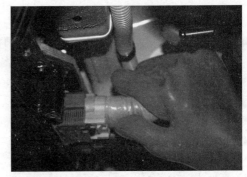

图 2-3-10　检查动力电池外观　　　　图 2-3-11　检查动力电池高压插件

提示：如发现以上情况应及时予以修理或更换。

（3）检查固定螺栓力矩。

使用扭力扳手紧固动力电池固定螺栓，标准力矩为 $95\sim105\mathrm{N\cdot m}$。

（4）动力电池绝缘检查。

①拔掉动力电池高压输出线束及低压线束接头，并用绝缘胶布包好线束接头；

②使用电压表测量动力电池高压正、负极输出端，确认无高压电输出；

③使用兆欧表黑表笔接车身，红表笔逐个测量动力电池正、负极端子。动力电池正极绝缘电阻 $\geqslant 1.4\mathrm{M}\Omega$；负极绝缘电阻 $\geqslant 1.0\mathrm{M}\Omega$。

（5）标识检查。

检查动力电池标识，防止标识脱落（图 2-3-13）。

（6）电池箱密封检查。

检查动力电池密封性，保证电箱密封良好，防止水进入。

图 2-3-12　检查动力电池低压插件

图 2-3-13　检查动力电池标识

4. 减速器的检查

(1) 检查变速器的下述区域是否漏油:

①壳接触面(图2-3-14);

②油封(图2-3-15);

③排放塞和加注塞。

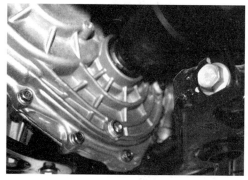

图 2-3-14　检查减速器壳体

图 2-3-15　检查减速器油封

(2) 检查油位。

拆下油位螺塞,检查油位。如润滑油与油位螺塞孔齐平,油位正常;否则,应补加规定润滑油,直到油位螺塞孔口出油为止。

提示:维护时,润滑油的更换方法如下:

①在换油前,必须停车断电,水平提升车辆;

②在升起车辆的状态下,检查油位以及是否漏油(如有漏油,应处理);

③拆下放油螺塞,排放废油;

④放油螺塞涂布少量密封胶,并按规定力矩(12~18N·m)拧紧;

⑤拆下油位螺塞、进油螺塞;

⑥按规定型号加注润滑油,按规定油量(加注到油位孔)加注规定的新油;

⑦油位螺塞、进油螺塞涂布少量密封胶,并按规定力矩拧紧。

5. 驱动轴护套的检查

(1) 手动转动轮胎使其被完全转向一侧;检查驱动轴护套的整个外围是否有任何裂纹或者其他损坏,检查护套是否有任何油脂渗漏(图2-3-16)。

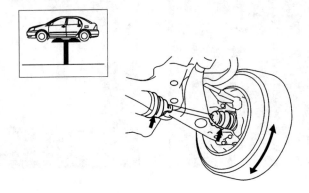

图 2-3-16　检查驱动轴护套

（2）检查护套卡箍，确保其已经正确安装并且没有损坏。

6. 转向连接机构

（1）用手摇晃转向连接机构，检查是否松动或者摆动。

（2）检查转向连接机构是否弯曲或者损坏。

（3）检查防尘罩是否有裂纹或者破损坏。

（4）检查转向横拉杆球头的间隙、紧固程度及防尘套状态（图 2-3-17）。

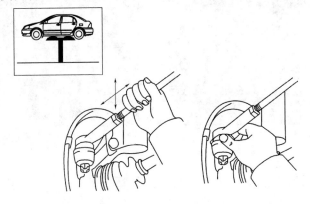

图 2-3-17　检查驱动轴护套

①通过摆动车轮和转向横拉杆来检查间隙。

②检查转向横拉杆球头的固定螺母是否牢固。

③检查转向横拉杆的防尘罩有无损坏及其安装位置是否正确。

7. 制动管路

（1）检查制动管路连接部分是否有液体渗漏。

（2）检查制动管路有无损坏。

①检查制动管路是否有凹痕或者其他损坏。

②检查制动管路软管是否扭曲、磨损、开裂、隆起等。

（3）检查制动管道和软管的安装状况，确保车辆运动时或者转向盘完全转动到任何一侧时，不会因为振动使其与车轮或者车身接触。

8. 紧固底盘螺母和螺栓

检查下述底盘连接的螺栓和螺母是否松动：

①横梁×下摆臂；

②横梁×车身；

③横梁×减速器；

④横梁×转向器外壳；

⑤横梁×稳定杆；

⑥转向节×盘式制动器；

⑦转向节×下摆臂；

⑧转向节×前减振器；

⑨驱动电机×减速器；

⑩真空泵支架×减速器；

⑪动力电池壳体×车身；

⑫后车架×后减振器；

⑬后车架×后轮毂。

9. 悬架的检查

(1) 检查减振器上是否有凹痕。

(2) 检查防尘罩上是否有裂纹、裂缝或者其他损坏。

(3) 检查减振器是否油泄漏。

(4) 手动摇晃悬架接头上的连接，检查衬套是否磨损或者有裂纹、连接是否损坏。

10. 冷却液管路的检查

(1) 检查散热器、橡胶软管、散热器盖和软管夹周围是否有冷却液渗漏。

(2) 检查属于冷却系统的橡胶软管是否有裂纹、隆起或者硬化（图2-3-18）。

(3) 检查软管连接和管箍的安装是否松动（图2-3-19）。

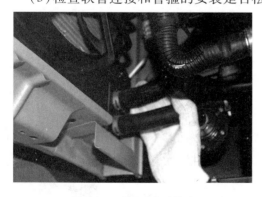

图2-3-18 检查冷却液管路

图2-3-19 检查管路安装状况

项目四　顶起位置三

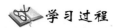学习过程

一、顶起位置三维护项目

顶起位置三维护项目(图 2-4-1)有：
(1)车轮轴承；
(2)拆卸车轮；
(3)轮胎；
(4)盘式制动器；
(5)鼓式制动器。

二、顶起位置三维护作业

1. 车轮轴承检查

(1)车轮轴承摆动检查

两手分别放在轮胎的上下及左右位置，用力前后推拉车轮，检查轴承有无松动。

提示：出现摆动时，利用制动推杆压下制动踏板再次检查其行程。若无更大幅度的摆动，则车轮轴承是导致摆动的起因。若仍摆动，则说明球节、主销或者悬架是起因(图 2-4-2)。

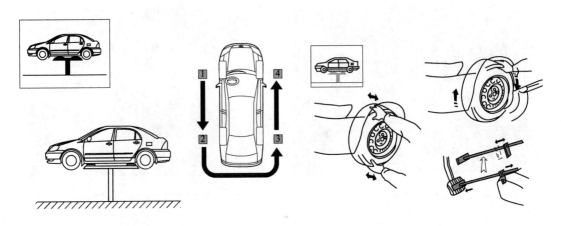

图 2-4-1　顶起位置三作业图　　　　　　图 2-4-2　检查车轮轴承

(2)车轮轴承转动状况和噪声检查。

用手转动车轮,观察车轮是否平稳转动,倾听有无异响(图2-4-2)。

2.拆卸车轮

按对角分两次拧松车轮锁紧螺母(在顶起位置一举升车辆前,需预松车轮锁紧螺母),分别拆卸四个车轮。

3.检查轮胎

(1)检查轮胎胎面和胎壁是否有裂纹、割痕或者其他损坏。

(2)检查轮胎的胎面和胎壁是否嵌入金属微粒、石子或者其他异物。

(3)使用轮胎深度规测量轮胎的胎面沟槽深度,极限值1.6mm(图2-4-3)。

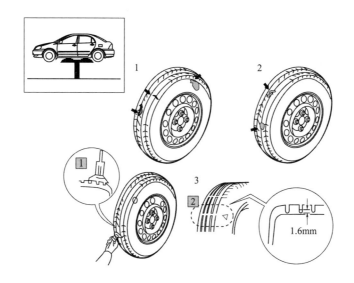

图2-4-3 检查轮胎

(4)检查整个轮胎外围是否有不均匀磨损或者阶段磨损。

(5)检查轮胎气压,前后轮标准气压是否均为230kPa。

(6)检查气压后,通过在气嘴和轮圈周围涂肥皂水检查轮胎是否漏气。

(7)检查轮辋是否损坏、腐蚀、变形。

4.前轮盘式制动器拆卸与检查

(1)制动卡钳、制动片的拆卸。

①拧下卡钳紧固螺栓。

②卸下制动卡钳,并用铁钩挂在减振弹簧上,以免损伤制动管路;

③取下制动摩擦片,用干净软布把制动片和制动盘擦拭干净。

(2)制动摩擦片厚度的检查。

①检查制动器摩擦片是否磨损均匀。

②使用一把钢尺分三个点测量制动器摩擦片的厚度(不计背板厚度)。摩擦片厚度

的有效尺寸为9.2mm,极限为2.0mm(达到磨损极限后,必须予以更换)。

提示:更换制动器摩擦片时,消声垫片必须连同制动器摩擦片一起更换。安装新的制动摩擦片,须在消声垫片上涂盘式制动器润滑脂。

(3)制动盘的检查与测量。

①清除制动盘表面上的锈及污染物;

②目测检查制动盘有无刮痕、损伤;

③在离制动盘外边缘5mm处,测量制动盘厚度。如果磨损超出极限值(极限厚度22mm),则须更换车辆制动盘(图2-4-4)。

(4)制动液渗漏检查。

检查制动卡钳中是否有液体渗漏。如果制动液溅出或者黏在油漆上,要立即用水漂洗。否则,将损坏油漆表面(图2-4-5)。

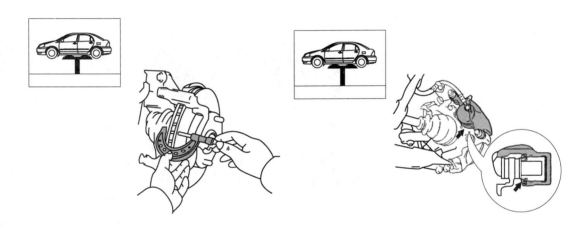

图2-4-4　测量制动盘厚度　　　　　图2-4-5　检查制动液渗漏

(5)前轮制动器的安装。

按照拆卸时相反的顺序安装前轮制动摩擦片和制动卡钳。

5. 后轮鼓式制动器拆卸与检查

(1)后轮制动鼓拆卸。

拆卸制动鼓以便检查鼓式制动器。

如果制动鼓配合很紧,将8mm直径的螺栓插入两个检查孔中,逐渐均匀地拧紧螺栓,将制动鼓顶起。为防止损坏制动鼓,切勿用力过大,可在法兰上涂一些润滑剂,一旦制动鼓稍微顶起,松开螺栓并将制动鼓推入。重复上述过程直到制动鼓能够被拆卸为止(图2-4-6)。

(2)清洁制动摩擦片和制动鼓。

使用砂纸清洁制动摩擦片及制动鼓,并用压缩气体清洁,同时清除制动鼓内表面的油污(图2-4-7)。

中级学习领域——电动汽车维护

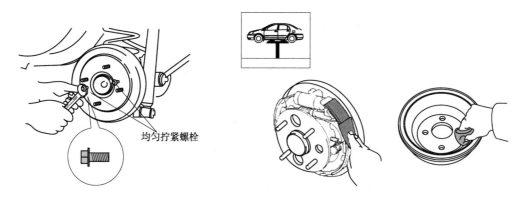

图 2-4-6 拆卸后轮制动鼓　　　　图 2-4-7 清洁制动摩擦片和制动鼓

（3）检查制动摩擦片背板区域的磨损。

①手动前后移动制动摩擦片并检查制动摩擦片移动是否顺利（图 2-4-8）。

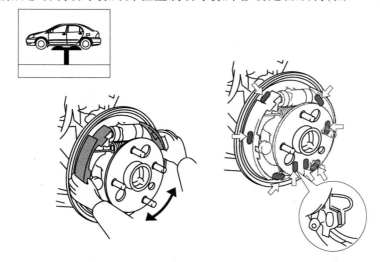

图 2-4-8 检查制动摩擦片

②检查制动摩擦片与背板和固定件之间的接触面是否磨损。

③检查制动摩擦片、背板和固定件是否生锈。

（4）制动摩擦片的厚度。

使用一把直尺测量制动摩擦片厚度（图 2-4-9）。制动摩擦片厚度（不计背板厚度）的有效尺寸为 4.0mm。如果厚度为 1.6mm，则说明制动摩擦片达到了磨损极限，必须予以更换制动摩擦片。

提示：制动摩擦片的更换及检查自动调节器。

①首先拆卸复位弹簧、制动摩擦片压紧弹簧，然后拆卸制动摩擦片，切勿损坏制动分泵胶套（活塞皮碗）。

②分离调节器。

③从制动摩擦片上分离调节杆转矩弹簧、自动调节杆和驻车制动蹄拉杆。

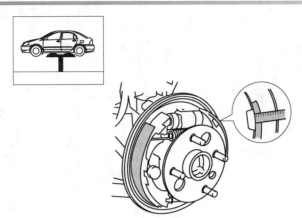

图 2-4-9　制动摩擦片厚度

④安装新的制动摩擦片,新的制动摩擦片的安装与拆卸相反(图 2-4-10)。

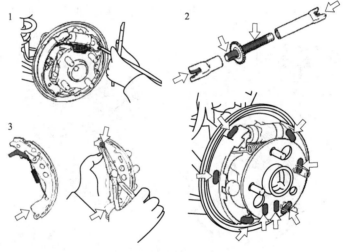

图 2-4-10　拆装制动摩擦片

⑤手动向前移动驻车制动蹄拉杆,将驻车制动蹄拉杆分开,检查调节器的转动和膨胀。检查后,解除调节器的锁定。反方向转动调节器,调整的缺口数与向前移动的缺口数应相同,以便返回到原位置(图 2-4-11)。

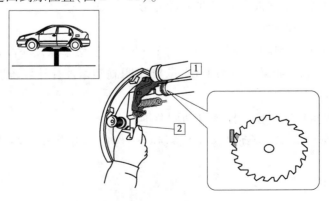

图 2-4-11　检查自动调节器

(5)制动鼓的检查。

①检查制动鼓是否有任何磨损和损坏。

②使用一个制动鼓测量规或者类似器具测量制动鼓内径(图2-4-12)。

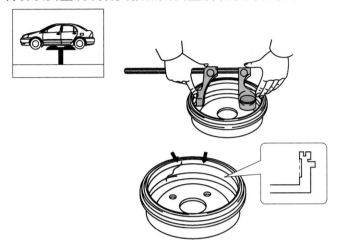

图 2-4-12　测量制动鼓内径

(6)制动鼓的安装。

安装前清洁制动摩擦片和制动鼓,并在背板和制动摩擦片之间的接触面上涂抹高温润滑油脂。

项目五　顶起位置四

学习过程

一、顶起位置四维护项目

顶起位置四维护项目(图2-5-1)有：
(1)行车制动器；
(2)驻车制动器。

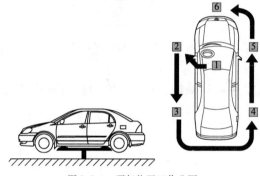

图2-5-1　顶起位置四作业图

二、顶起位置四维护作业

1. 准备工作

车辆举升至低位，锁止举升机；进入驾驶室踩放制动踏板数次，松放驻车制动杆数次。

2. 制动拖滞检查

检查制动器是否拖滞，顺时针或逆时针转动制动盘(鼓)，检查制动盘(鼓)有无拖滞现象(图2-5-2)。

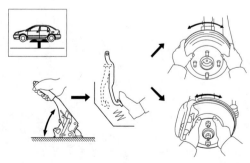

图2-5-2　检查制动拖滞

项目六　顶起位置五

学习过程

一、顶起位置五维护项目

顶起位置五维护项目（图2-6-1）有：
(1) 车轮换位；
(2) 安装车轮。

图2-6-1　顶起位置五作业图

二、顶起位置五维护作业

(1) 由于轮胎的安装位置不同，车辆前、后轮轮胎运转时的工作条件和所承受的负荷也不一样。前轮用于操控方向，不仅承受纵向的摩擦力还承受较多的横向摩擦力；对于前置前驱汽车，发动机和驾驶人都位于前部，前轮承受的载重也比后轮多，因此所受摩擦也就比后轮要多。因此为延长轮胎的使用寿命，应按汽车规定及时进行轮胎换位。例如，北汽EV160纯电动汽车使用子午线轮胎，每行驶10000km进行一次轮胎换位，换位方法如图2-6-2所示。

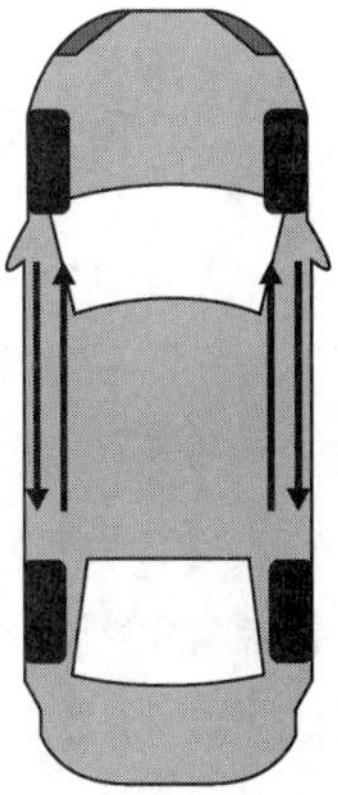

(2) 双手抱住车轮下部，将轮胎装到轮毂上。

(3) 一手按住轮胎，另一手将轮胎螺母安装到螺栓上，按对角分两次预紧螺母，临时安装。

提示：为防止损坏螺纹，此处不允许使用风动扳手进行操作。

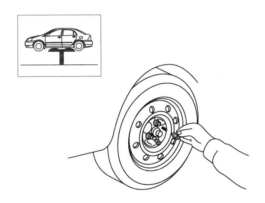

图2-6-2　轮胎换位

项目七　顶起位置六

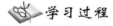学习过程

一、顶起位置六维护项目

顶起位置六维护项目(图2-7-1)有：
(1)空调系统；
(2)充电系统；
(3)DC/DC转换器；
(4)低压蓄电池。

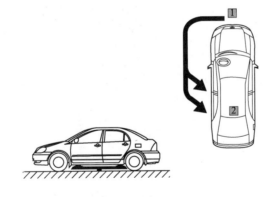

图2-7-1　顶起位置六作业图

二、顶起位置六维护作业

1. 空调性能检查

(1)空调制冷功能检查。

车辆钥匙旋至ON挡后，按下A/C按钮，表示空调制冷功能请求输出。此时，整车VCU会接到A/C请求信号，同时开关上的工作状态指示灯点亮，并根据VCU内部程序控制制冷系统工作。

①打开鼓风机，检查内外循环是否可以正常转换(可通过出风口的风量变化判断)。

②检查出风模式开关工作是否正常。

③打开A/C开关，检查空调压缩机是否正常工作，制冷效果是否明显(图2-7-2)。

中级学习领域——电动汽车维护

图 2-7-2 检查空调制冷功能

提示：如发现异常应立即关闭空调系统，防止加剧损坏。空调压缩机是一个高压设备，在其与电源相连的任何时候接触空调压缩机，操作人员都必须采取必要的安全防护措施。在压缩机控制器内部电路自身会在待 3min 内放电完毕，若不进行强制放电则需要等待 3min 再取下压缩机控制器以避免电击危险。

（2）空调制暖功能检查。

①打开鼓风机，通过调节温度调节旋钮使显示屏温度条显示至 Hi 方向位置（左方四个格范围内），制热功能启动，空气通过加热器从出风口输出，检查空调制暖效果是否良好。

②暖风功能打开后工作几分钟之后，检查有无焦煳味（图 2-7-3）。

图 2-7-3 检查空调制暖功能

2. 充电系统

（1）充电线的检查。

①目测充电线外观是否有破损、裂痕。充电过程中充电线会产生热量，如有破损，请及时更换，避免对人造成危险或对车辆造成损坏（图 2-7-4、图 2-7-5）。

②连接充电线，检测充电线是否正常导通。

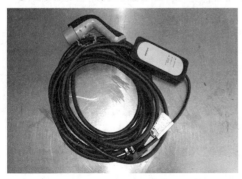 

图 2-7-4 家用交流慢速充电线　　　　图 2-7-5 交流充电桩慢速充电线

（2）检查充电口盖。

在主驾驶下门框附件有解锁扳手，打开充电口盖（图2-7-6）：

①检查充电口盖锁功能是否完好，打开充电口盖时要求轻松、平顺、无卡滞现象；

②检查充电口盖（慢充）能否可以正常开启或关闭（图2-7-7、图2-7-8）；

图2-7-6　充电口盖解锁扳手

图2-7-7　检查充电口盖1（慢充）

③检查充电口盖（快充）能否正常开启或关闭（图2-7-9）。

图2-7-8　检查充电口盖板2（慢充）

图2-7-9　检查充电口盖（快充）

提示：纯电动车家用充电线应选用额定电流为16A的插座连接（图2-7-10、图2-7-11）。

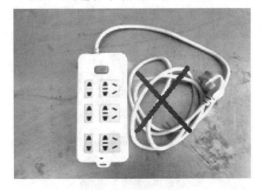
图2-7-10　不可选用额定电流为10A插座

图2-7-11　选用额定电流为16A的插座

（3）车载充电机功能的检查。

①对车辆进行充电，查看车指示灯是否正常（图2-7-12）。

POWER 灯:电源指示灯,当接通交流电后,电源指示灯亮起。
RUN 灯:当充电机接通电池进入充电状态后,充电指示灯亮起。
FAULT 灯:报警指示灯,当充电机内部有故障时亮起。
提示:充电正常时,POWER 灯和 RUN 灯点亮。
当启动 30s 后仍只有 POWER 灯亮时,有可能为电池无充电请求或已充满。
当 FAULT 灯点亮时,则说明充电系统出现异常。
当充电灯都不亮时,检查充电桩以及充电线束及接插件。
②仪表充电指示灯检查。
车辆正常充电时,打开车门后,仪表应显示充电的电压、电流及充电线连接指示灯点亮(图 2-7-13)。

图 2-7-12 检查车载充电机指示灯

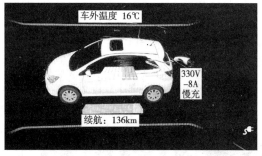

图 2-7-13 检查仪表充电指示灯

3. DC/DC 转换器功能的检查

(1)DC/DC 转换器输出电压检测,其检测方法:

①将车钥匙置于 OFF 挡,使用万用表电压挡位测量低压蓄电池的电压(记录此电压值)。

②将车钥匙置于 ON 挡位置,使用万用表电压挡位测量低压蓄电池的电压,此时所测的电压值是 DC/DC 转换器输出的电压(图 2-7-14)。DC/DC 转换器正常输出电压为 13.5~14V(关闭车上用电设备的情况下)。

提示:造成 DC/DC 转换器所测值低于规定值的可能原因有:车上用电设备未关闭;专用工具万用表测量值有误差;DC/DC 转换器故障。

图 2-7-14 检测 DC/DC 转换器输出电压

(2)DC/DC 转换器日常保养注意事项:

①尽可能减少散热齿上杂物,保证散热时风道畅通;
②低压连接器未有松动,保证连接器可靠连接;
③高压连接器可靠连接;

④外壳无明显碰撞痕迹,对 DC/DC 转换器模块未造成损坏。

4. 低压蓄电池的检查

(1)检查极柱是否氧化、断裂;电缆桩头是否氧化生锈、松动;端盖及外壳是否鼓胀、裂纹;电量是否充足。

(2)检查低压蓄电池放电电流。

在确认充电系统正常,排除蓄电池自身放电的可能性后,车辆存在下列状况之一,应进行电流测试:

①过放的蓄电池或已充电的蓄电池在短时间内亏电;

②车辆行驶一定里程后蓄电池亏电;

③车辆启动时,仪表闪烁;

④车辆长时间(一夜或几天)停放后不能正常起动。

放电电流测试的步骤如下:

①将车钥匙置于 OFF 挡,关闭车门及所有用电设备。

②确认车内所有用电设备处于关闭状态。

③拆掉蓄电池负极侧接柱线束。

④万用表一表笔接于蓄电池负极极柱,另一表笔接于蓄电池负极线。这时万用表会显示一个电流,电流的大小会随着时间的延长而变化(图 2-7-15)。

⑤1min 后电流会下降到最小值,测量正常值应在 30mA 以下。

提示:连接数字万用表后,电流会慢慢下降,1min 之后读数。通过测量放电电流可以了解车辆是否存在有漏电现象。

图 2-7-15 检测低压蓄电池放电电流

5. 紧固车轮、恢复工位

(1)换位后应检查车轮螺母是否达到规定的紧固力矩[(110±10)N·m]。

(2)拆卸翼子板布和前格栅布、车内三件套,清洁车身、车身内部、烟灰缸等,恢复工位。

项目八 道路测试

学习过程

1. 试车

试车:检查行车制动器、驻车制动器、减速器、转向器等的功能、动力性能、平顺性能及噪声情况。

提示:道路测试注意事项:

(1)在道路测试时,应在车速较低时,检查制动的操作。如果制动跑偏或有故障显现的状况,则在故障未排除前,不可继续道路测试。

(2)试车中应遵守交通规则。

(3)试车中不允许"野蛮"驾驶。

(4)避免在交通繁忙的道路上执行制动测试,避免造成交通不便或危及其他道路使用者。

2. 制动性能测试

提示:在进行制动测试时,车速不能过快,以防制动不良,对车辆及人员造成伤害。

检测方法:在道路试车过程中,当车速达到20km/h时,进行制动。查看制动效果,检查是否有制动跑偏、制动效果不良、失灵、摩擦片消耗极限报警声响等情况。

3. 动力性能测试

检测方法:在道路试车过程中,通过对车辆进行起步、加速、匀速、减速,来检查车辆有无异常等故障。

4. 转向性能测试

以北汽EV160电动汽车为例,其采用的电动助力转向系统(EPS),主要由转矩传感器、电子控制单元、ECU和助力电机共同组成(图2-8-1)。电子控制单元根据各传感器输出的信号计算所需的转向助力,并通过功率放大模块控制助力电机的转动,电机的输出经过减速机构减速增矩后,驱动齿轮齿条机构产生相应的转向助力。

检测方法:在道路试车过程中,通过原地转向、低速行驶中转向,检测转向时方向是否有沉重、助力效果不足的情况,将转向盘分别向左右打至极限位置,检测是否有转向盘抖动、转向机异响等故障。

5. 车辆的振动和异常噪声

检查车辆在不同工况、不同路况下运行时,有无振动和不正常噪声。

图 2-8-1　电动助力转向系统

附件　纯电动汽车维护项目作业表

顶起位置一维护项目作业表　　　　　　　　　　　　　　　　　附表1

序号	检查项目	检查与维护内容	记录	备注
1	绝缘手套	检查绝缘手套的电压等级		
2		检查绝缘手套有无针孔、裂纹、砂眼、修复、杂质等明显的缺陷		
3		查看绝缘手套上的标记,是否在产品使用期内		
4		检查观察绝缘手套是否出现粘连的现象		
5	护目镜	查看护目镜的安全等级		
6		检查护目镜的宽窄和大小是否适合使用者的脸型		
7		观察护目镜面有无破损、刮花		
8		观察护目镜架螺钉有无松动		
9	绝缘帽	检查绝缘帽的电压等级		
10		检查绝缘表面有无破损		
11	绝缘鞋	检查绝缘鞋的电压等级		
12		检查绝缘表面有无裂痕、砂眼、老化等现象		
13		绝缘工具		
14		检查绝缘工具的电压等级		
15		检查绝缘表面有无裂纹、老化等明显的缺陷		
16	绝缘防护垫	检查绝缘防护垫的电压等级		
17		检查绝缘防护垫厚度、耐压等级		
18		检查绝缘防护垫表面有无起泡缺陷,起泡点不能超过5个/m²,每个起泡的面积是否大于1cm²		
19		检查绝缘防护垫表面有无裂痕、砂眼、老化等现象		
20	驾驶人座椅	安装座椅套		
21		安装地板垫		
22		安装转向盘套		
23		拉起机舱盖释放杆		
24	车辆前部	打开机舱盖		
25		安装翼子板布		
26		安装前格栅布		
27		安装车轮挡块		

续上表

序号	检查项目	检查与维护内容	记 录	备 注
28	机舱室	检查冷却液液位		
29		检查制动液液位		
30		检查喷洗器液面		
31	车灯	检查示廓灯点亮		
32		检查牌照灯点亮		
33		检查尾灯点亮		
34		检查前照灯(近光)点亮		
35		检查前照灯(远光)和指示灯点亮		
36		检查前照灯闪光开关和指示灯点亮		
37		检查转向信号灯和指示灯点亮		
38		检查危险警告灯和指示灯点亮		
39		检查制动灯点亮(尾灯点亮时)		
40		检查倒车灯点亮		
41		检查转向开关自动返回功能		
42		检查仪表板照明灯点亮		
43		检查顶灯点亮		
44		检查组合仪表警告灯(点亮和熄灭)		
45	前风窗玻璃喷洗器	检查喷射力、喷射位置		目测
46		检查喷射时刮水器联动		目测
47		前风窗玻璃刮水器		
48		检查工作情况(低速)		
49		检查工作情况(高速)		
50		检查自动回位位置		
51		检查刮拭状况		目测
52	喇叭	检查工作情况		
53	驻车制动器	检查驻车制动杆行程		
54		检查驻车制动器指示灯点亮		
55	制动器	检查制动器踏板应用状况(响应性)		
56		检查制动器踏板应用状况(完全踩下)		
57		检查制动器踏板应用状况(异常噪声)		
58		检查制动器踏板应用状况(过度松动)		
59		测量制动踏板自由行程		
60		检查制动真空助力器工作情况		
61		检查制动助力器真空功能		
62		测量自由行程		

续上表

序号	检查项目	检查与维护内容	记录	备注
63	转向盘	检查松弛和摆动		
64		检查点火开关在ACC位置时,转向盘可否自由转动		
65		将顶灯开关旋至"DOOR"		
66	外部检查准备	将挡位旋至空挡		
67		释放驻车制动杆		
68		关闭点火开关,取下车钥匙		
69		打开慢充电口盖		
70	左前车门	门控灯开关		
71		检查工作情况(顶灯和指示器灯工作情况)		
72		检查座椅安全带的螺栓和螺母是否松动		
73		检查座椅的螺栓和螺母是否松动		
74		检查车门的螺栓和螺母是否松动		
75	左后车门	门控灯开关		
76		检查工作情况(顶灯和指示器灯工作情况)		
77		检查座椅安全带的螺栓和螺母是否松动		
78		检查车门的螺栓和螺母是否松动		
79	慢充口盖	检查是否变形和损坏		
80		检查连接状况		
81	后部	检查后部车灯安装状况		
82		检查车灯是否损坏和有污垢		
83		检查行李舱门的螺栓和螺母是否松动		
84	后悬架	检查减振器的阻尼状态		
85		检查车辆倾斜度		
86	右后车门	门控灯开关		
87		检查工作情况(顶灯和指示器灯工作情况)		
88		检查座椅安全带的螺栓和螺母是否松动		
89		检查车门的螺栓和螺母是否松动		
90	右前车门	门控灯开关		
91		检查工作情况(顶灯和指示器灯工作情况)		
92		检查座椅安全带的螺栓和螺母是否松动		
93		检查座椅的螺栓和螺母是否松动		
94		检查车门的螺栓和螺母是否松动		
95	前悬架	检查减振器的阻尼状态		
96		检查车辆倾斜度		

续上表

序号	检查项目	检查与维护内容	记录	备注
97	前部	检查前部车灯安装状况		
98		检查车灯是否损坏或有污垢		
99		检查机舱盖的螺栓和螺母是否松动		
100	高压线束	检查高压线路是否排列整齐、固定牢靠		
101		检查高压线束是否损坏		
102		检查连接线接头是否松动和损裂		
103	高压部件	使用风枪、毛刷对高压部件外表进行清洁		
104		检查高压部件插头安装状况		
105		检查高部件的密封性能		目测
106		检查端子紧固件螺栓有无锈蚀、松动		
107		紧固高压部件固定螺栓		

顶起位置二维护项目作业表　　　　　　　　　　　　　　　　　　附表2

序号	检查项目	检查与维护内容	记录	备注
1	驱动轴护套	检查是否有裂纹、损坏（外侧）		
2		检查是否有裂纹、损坏（内侧）		
3		检查是否有泄漏（外侧）		
4		检查是否有泄漏（内侧）		
5	转向连接机构	检查是否松动和摇摆		
6		检查是否弯曲和损坏		
7		检查防尘套是否有裂纹和损坏		
8	制动管路	检查是否泄漏		
9		检查制动管路上的压痕或其他损坏		
10		检查制动管路软管扭曲、裂纹和凸起		
11		检查制动器管道和软管的安装状况（松旷）		
12	悬架	检查是否损坏（转向节）		
13		检查是否损坏（前减振器）		
14		检查是否损坏（后减振器）		
15		检查是否泄漏（前减振器）		
16		检查是否泄漏（后减振器）		
17		检查是否损坏（前减振器螺旋弹簧）		
18		检查是否损坏（后减振器螺旋弹簧）		
19		检查是否损坏（下臂）		
20		检查是否损坏（稳定杆）		
21		检查是否损坏（拖臂和后桥）		

续上表

序号	检查项目	检查与维护内容	记录	备注
22	紧固底盘螺母和螺栓	横梁×下摆臂		
23		横梁×车身		
24		横梁×减速器		
25		横梁×转向器外壳		
26		横梁×稳定杆		
27		转向节×盘式制动器		
28		转向节×下摆臂		
29		转向节×前减振器		
30		驱动电机×减速器		
31		真空泵支架×减速器		
32		动力电池壳体×车身		
33		后车架×后减振器		
34		后车架×后轮毂		

顶起位置三维护项目作业表　　　　　　　　　　　附表3

序号	检查项目	检查与维护内容	记录	备注
1	车轮轴承	检查有无摆动		
2		检查转动状况和噪声情况		
3		拆卸车轮		
4	轮胎	检查是否有裂纹和损坏		
5		检查是否嵌入金属碎片和异物		
6		测量胎面沟槽深度		
7		检查轮胎是否有异常磨损		
8		测量轮胎气压		
9		检查轮胎漏气		
10		检查钢圈是否有损坏或腐蚀		
11	盘式制动器	目视检查制动器摩擦片厚度（内侧）		
12		测量制动器摩擦片厚度（外侧）		
13		检查制动器摩擦片的不均匀磨损		
14		检查盘式转子盘磨损和损坏		
15		盘式转子盘厚度和跳动检查		
16		检查制动卡钳处有无制动液泄漏		
17	鼓式制动器	测量制动蹄摩擦片厚度（外侧）		
18		检查制动蹄摩擦片的不均匀磨损		
19		检查制动鼓磨损和损坏		
20		制动鼓厚度和跳动检查		
21		检查制动底板分泵处有无制动液泄漏		

顶起位置四维护项目作业表　　　　　　　　　　　　　　　　　　　附表4

序号	检查项目	检查与维护内容	记录	备注
1	检查制动踏板（拖滞检查准备工作）	驻车制动（拉、放）		
2		制动踏板（踩、放）		
3		检查制动器拖滞情况		

顶起位置五维护项目作业表　　　　　　　　　　　　　　　　　　　附表5

序号	检查项目	检查与维护内容	记录	备注
1	安装轮胎	检查车轮临时安装情况		

顶起位置六维护项目作业表　　　　　　　　　　　　　　　　　　　附表6

序号	检查项目	检查与维护内容	记录	备注
1	准备工作	使用驻车制动器和车轮挡块放置情况		
2	空调系统	检查空调制冷功能		
3		检查空调制暖功能		
4	充电系统	检查充电线外观是否有破损、裂痕		
5		连接充电线，检测充电线是否正常导通		
6		检查充电口盖锁功能		
7		检查充电口盖（慢充）		
8		检查充电口盖（快充）		
9		检查车载充电机散热齿有无损坏		
10		对车辆进行充电，查看车载充电机指示灯是否正常		
11		检查仪表充电指示灯		
12	DC/DC 转换器	检查散热齿有无损坏		
13		检查低压连接器是否有松动		
14		检查外壳是否有明显碰撞痕迹		
15		检测 DC/DC 转换器输出电压		
16	低压蓄电池	检查蓄电池盒损坏		
17		检查蓄电池端子腐蚀		
18		检查蓄电池端子导线松动		
19		检查蓄电池放电电流		
20	恢复/清洁			
21		拆卸翼子板布和前格栅布		
22		清洁车身、车辆内部、烟灰缸等		

高级学习领域——
电动汽车检测与维修

项目一　电池管理系统（BMS）的检测
　　学习任务一　电池组的检测
　　学习任务二　高压部件的绝缘性检查
　　学习任务三　高压互锁装置的检测
项目二　驱动电机及其控制系统的检测
　　学习任务一　电机控制器低压电路的检测
　　学习任务二　驱动电机的检测
项目三　充电系统的检测
　　学习任务　慢充系统的检测
项目四　整车控制系统的检测
　　学习任务一　整车控制系统控制线路故障检修
　　学习任务二　车载总线系统的检测
　　学习任务三　整车控制系统传感器的检测
项目五　电动车空调系统的检测
　　学习任务一　空调电动压缩机及控制系统故障诊断
　　学习任务二　空调暖风系统故障诊断

项目一 电池管理系统(BMS)的检测

　　动力电池系统主要包括动力电池模组、BMS、动力电池箱及辅助元器件四部分。除了能对电池组进行安全监控及有效管理,提高蓄电池使用效率,动力电池系统还能对电池组充放电进行有效控制,达到增加续航里程、延长使用寿命、降低运行成本的目的,以及保证动力电池组应用的安全和可靠性。动力电池系统中的 BMS 通过 CAN 总线与 VCU、驱动系统、底盘电子控制系统、仪表显示系统、空调系统、舒适性与安全系统各个控制单元连接。

　　本项目主要包括的学习任务有动力电池管理系统检测;高压部件绝缘性能检测以及高压互锁装置的检测等。

学习任务一　电池组的检测

情景导入

　　一辆北汽 EV160 动力电池故障指示灯常亮,车辆无法行驶,其他用电设备无法正常工作,经初步检查为动力电池系统故障,需进一步入厂检测。

学习目标

(1)了解电池系统的组成与工作原理;
(2)学会查阅维修手册,分析故障原因,制定维修策略;
(3)按操作规程对电池包进行拆卸与安装;
(4)按操作规程对电池进行测量。

学习过程

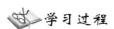

一、计划与决策

1. 计划实施步骤

查找相关资料→准备设备、工具→根据资料进行车辆检查→分析研究数据→共享研究成果→收拾整理工位。

2. 分配工作任务

请根据每个小项目中,每个人所分配的角色任务,在表 3-1-1 中填写相关职责与任务要求。

表 3-1-1

序 号	小项目任务	个人职责(任务)	任务要求
1	查找相关资料		
2	准备设备、工具		
3	根据资料进行车辆检查		
4	分析研究数据		
5	共享研究成果		
6	收拾整理工位		

二、资讯

1. 动力电池系统

如图 3-1-1 所示,动力电池系统的功能是为接收和储存由车载充电机、驱动电机、制动能量回收装置和外置充电装置提供的高压直流电,并且为 MCU、DC/DC、电动空调、PTC 等高压元件提供高压直流电。

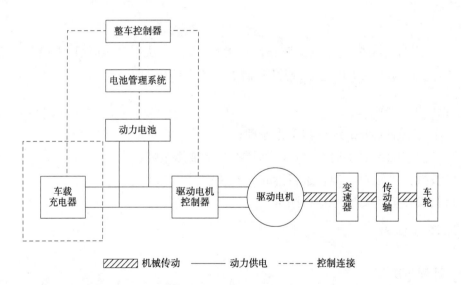

图 3-1-1　纯电动车系统动力输出

2. BMS 的作用

BMS 可提高电池的利用率,防止电池出现过充电和过放电,延长电池的使用寿命,监控电池的状态。BMS 主要有以下功能。

(1)估算电池组荷电状态(SOC)。SOC 用来提示动力电池组剩余电量,是计算和估计电动汽车续航里程的基础。

(2)动态监控电池组的工作。主要用来监控电池组的电压、电流、温度是否超过正常范围,防止电池过充、放电。

(3)单体电池的均衡。电池的一致性差异会导致电池组的工作状态由电池组内最差的单体电池决定。所以,在电池组各个电池间设置均衡电路,实施均衡控制,是为了使各单体电池充放电的工作情况尽量一致,提高整体电池组的工作性能。

(4)动力电池内部温度控制。使电池能够在适宜的温度条件下工作,BMS在电池工作温度过高时进行冷却,在温度过低时,进行加热,并保持单体电池间的温度均衡。

(5)与其他控制器的通信功能。将电池参数与信息通过各种不同的通信接口,例如PWM信号、CAN总线、12C串行接口等,与车载设备或非车载设备通信,实现信息的交换,为充放电控制、整车控制提供数据依据。

3. 动力电池充电状态的说明

动力电池系统充电分为快充、慢充和制动能量回收三种方式。

1)动力电池慢、快充状态说明

充电时采用慢充(即车载充电)方式为宜。

电芯的温度范围在0~55℃之间,才可以充电。当有温度点高于55℃或低于0℃时,BMS将自动切断充电回路,此时将无法充电。

充电前检测箱体内部温度,若有低于0℃的温度点,启动加热模式:闭合加热片,进行加热内循环,待所有电芯温度点高于5℃,停止加热,启动充电程序,过程中如果出现加热片温度差高于20℃,则间歇停止加热,待加热片温度差低于15℃,则重启加热片。慢充时,如果单体压差大于300mV,则停止充电,报充电故障。快充时,如果充电过程中最低温度低于等于5℃,则停止充电模式,也不启动加热模式,快充充电的电流,受动力电池内部温度影响而变化。

2)动力电池能量回收状态说明

可接受最大回馈电压要求:动力电池可以承受由电机产生的最大365V的感应电动势。

3)动力电池上电过程

动力电池上电过程可分为低压上电和高压上电两部分。

(1)低压上电。

如图3-1-2所示,当点火钥匙由OFF调至ACC时,VCU低压上电;当点火钥匙旋至ON挡时,BMS、MCU等整车低压上电。

(2)高压上电。

如图3-1-3所示,点火钥匙旋至ON挡时,BMS、MCU当前状态正常,且不满足整车充电条件,开始执行高压上电:

①BMS、MCU初始化完成,VCU检查BMS反馈电池及高压继电器状态;

②BMS控制正极继电器处于断开状态,VCU执行闭合高压继电器;

③VCU发送BMS上电指令,进行预充电操作;

④电池反馈预充电完成状态,BMS控制正极继电器闭合;

⑤仪表显示Ready灯点亮,DC/DC开始工作,高压上电完成。

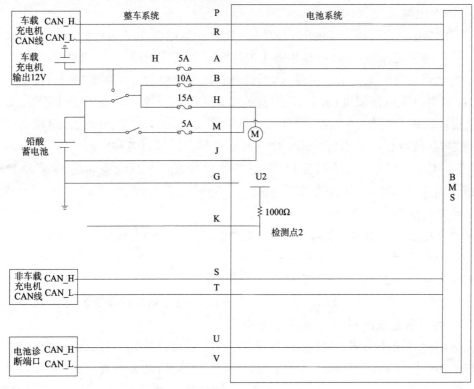

图 3-1-2　动力电池低压上电原理

4. 动力电池模组构成

以北汽 EV160 纯电动车为例,其装载的动力电池模组主要由单体磷酸铁锂串联和并联组成,电池组是由 100 个单体电池组成,总电压达到 320V,电池组的容量为 80Ah,电池组的质量为 298kg,冷却方式为强制内风冷。

磷酸铁锂电池单体电池电压为 3.2V,而三元聚合物电池单体电池电压 3.7V。

动力电池系统的额定电压 = 单体电芯额定电压 × 单体电芯串联个数;动力电池系统的容量 = 单体电芯容量 × 单体电芯并联的数量。

5. 动力电池模组的检测

锂电池作为电动汽车能源系统的核心部件,及时检测到故障以及准确定位故障点直接关系到电动汽车的安全运行。锂电池的过充、过放、短路都会严重影响锂电池使用寿命,因此单体锂电池的检测尤为重要。

检查单体电池,首先单体电池表面应清洁、无机械损伤、触点无锈蚀、外形尺寸符合标准、无凹凸;电池单体电压应为 3.2V,电池的充放电检测可用多功能电子负载仪(EBC-A05)进行检测。

电池可采用下列制式之一进行充电。

(1)在环境温度 20℃±5℃的条件下,以 0.2C5A 充电,当电池端电压达到充电限制电压时,改为恒压充电,直到充电电流小于或等于0.01C5A,最长充电时间不大于 8h,停止充电。此充电制式为检验的仲裁充电制式。

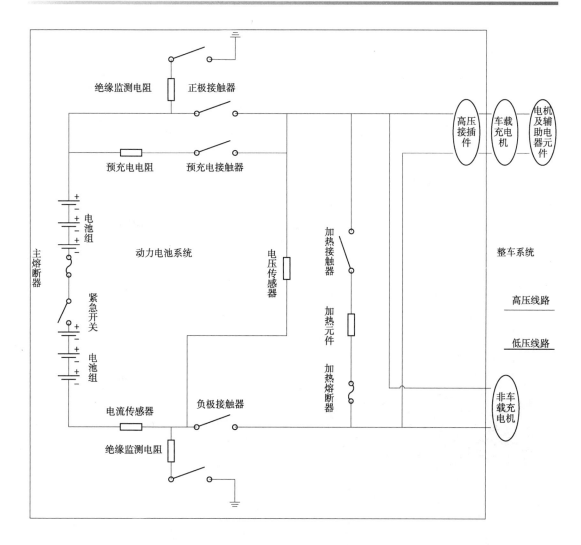

图 3-1-3 动力电池高压工作原理

（2）在环境温度 20℃ ±5℃ 的条件下，以 1C5A 充电，当电池端电压达到充电限制电压时，改为恒压充电，直到充电电流小于或等于 0.01C5A，最长充电时间不大于 8h，停止充电电池按规定充电后搁置 0.5~1h，在 20℃ ±5℃ 的温度下以 0.2C5A 电流放电到终止电压 2.7V，放电时间应不低于 36min。如要进行其他检测可按《电动汽车用动力蓄电池电性能要求及试验方法》（GB/T 31486—2015）进行检测。

6. 多功能电子负载仪（EBC - A05）的使用方法

1）电池容量测试

如图 3-1-4 所示为多功能电子负载仪（EBC - A05），它支持镍氢、镍铬、锂电、铅酸等各类电

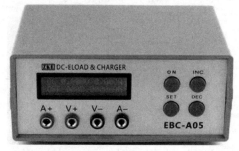

图 3-1-4 多功能电子负载仪（EBC - A05）

池(组)的充电、放电和容量测试。

2)规格参数

(1)供电电源:DC 12V/3.5A 以上。

(2)电压范围:0~4.5V/4.5~30V(自动切换挡位)。

(3)电流范围:0.1~5A。

(4)充电功能:10V 以内的电池(组),0.1~3A 充电,最大充电电流 = 电源电流 - 0.5A。

标准充电:支持镍氢、镍镉、锂电、铁锂、铅酸。

恒压充电:支持自定义恒流恒压充电。

(5)放电功能:0~30V,0.1~5A,最大功率60W,超过后自动限制电流。

恒电流放电:放电电流恒定,用于测试电池容量或电源电流。

恒功率放电:放电功率恒定,用于模拟恒功设备或者测试电源功率。

(6)LCD 显示:电压、电流、时间、容量、功率、能量等测试数据。

3)接线方式

如图 3-1-5 所示,测试接口是 4 个相交插座,其中 A+、A- 分别连接到被测对象的正极和负极,作为充放电电流的连接通道,另外 V+、V- 也分别用独立的两根导线连接到被测对象的正极和负极,作为测量电压的连接通道。这样测量的时候通过四线制连接,可以消除导线带来的测量误差,提高测试精度。

图 3-1-5 接线方式

4)显示与设置

按键"ON"——启动;停止键"SET"——设定;切换键"INC"——上翻;增加键"DEC"——下翻、减小。

5)测试界面

第一行显示测试模式、测量电压和电流。测试模式有:

CC——恒电流放电;

CP——恒功率放电;

Ni——镍氢/镍镉充电;

Li——锂电/铁锂充电;

Pb——铅酸充电;

CV——自定义恒流恒压充电;

PW——固定电压输出(5V/2A);

第二行显示启动状态(停止时为 OFF,启动后为 DSC 或 CHG。当设置为自动充放充测试时显示 AT1,其中 1 为当前测试步骤)、运行时间(min)和测量容量(0000mAh 与 00.00Ah 自动切换)。

设置举例如下。

(1)如图3-1-6所示,恒流放电设置举例(3.7V 锂电 2A 放电到2.8V):

DSC - CC   2.00A
02.80V   000Min

图3-1-6 恒流放电设置举例1

(2)如图3-1-7所示,恒流放电设置举例(12V 电源1.5A 放电60min):

DSC - CC   1.50A
00.00V   060Min

图3-1-7 恒流放电设置举例2

(3)如图3-1-8所示,标准充电设置举例(3.7V 锂电1A 充电到4.2V):

CHG - LiPo   1.00A
01   000Min   NOR

图3-1-8 恒流放电设置举例3

6)注意事项

(1)测试接线正负极不能接反。

(2)测试仪禁止超量程使用。

(3)最大充电电流不超过电源电流 -0.5A。

三、实施

1. 准备工作(填写表3-1-2)

准备工作作业表   表3-1-2

序 号	准备工作项目	准 备 工 作 内 容
1	安全防护装备准备	
2	设备准备	
3	工具准备	
4	资料准备	
5	场地准备	

2. 实施步骤

1)检查车辆故障情况

(1)安装车辆内外三件套,放置安全挡块,在车身2m处放置安全警示标志。

(2)检查绝缘鞋、绝缘手套、护目镜、安全帽、绝缘工具是否符合安全使用标准,穿戴绝缘防护装置。

(3)如图3-1-9所示,观察仪表故障显示情况_____,画出故障指示灯_____,颜色_____,车辆动力电池组剩余电量_____。

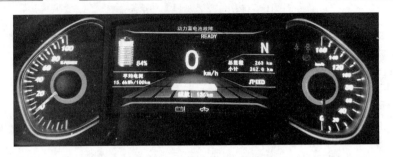

图3-1-9 仪表显示车辆状态

(4)查阅维修手册,故障指示灯代表含义为_____。

2)使用诊断仪读取故障码、数据流

(1)连接诊断仪,进入诊断系统,选择_____系统,读取图3-1-10中故障码,并将故障码记录到表3-1-3内。

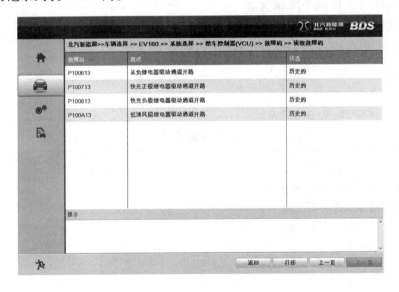

图3-1-10 读取故障码

故障码记录表　　　　　　　　　表3-1-3

序　号	故　障　码	故　障　描　述

(2)选择读取图3-1-11中故障码相关数据流,分析故障范围,并将数据流记录到表3-1-4内。

图 3-1-11　读取相关数据流

相关数据流记录　　　　　　　　　　　　　　　　　　　表 3-1-4

序　号	数据名称	测量条件	当　前　值	结　论
1	正极对地绝缘电阻			
2	正极对地绝缘电阻			
3				
4				

3）检查高压部件绝缘情况

对于拆卸动力电池包：

①将车辆电源关闭，断开蓄电池负极，安装绝缘防护套。

②如图 3-1-12 所示，举升车辆，尽量保持车辆在水平位置，准备电池托架。

③如图 3-1-13 所示，拆下动力电池包低压电路连接器。

④如图 3-1-14 所示，分别拆下动力电池包高压电路连接器三个安全锁扣，拆下动力电池包高压电路连接器，观察检查动力电池包高压线束插件针脚有无腐蚀、氧化、倒针、退针情况，并安装绝缘胶套，防止高压漏电等情况发生。

⑤如图 3-1-15、图 3-1-16、图 3-1-17 所示，顶起托架，按照对角拆装的顺序对拆卸电池包安装螺钉，卸下动力电池包。

图 3-1-12　准备车辆

⑥如图 3-1-18 所示,拆卸动力电池包紧固螺钉,打开动力电池模组上盖。如图 3-1-19 所示,测量该电池模组的电压值_____,判断_____。

图 3-1-13　拆下动力电池包低压电路连接器

图 3-1-14　拆下动力电池包高压电路连接器

图 3-1-15　顶起托架

图 3-1-16　确认托架顶起电池位置

图 3-1-17　拆卸电池包安装螺钉

图 3-1-18　拆卸电池包固定螺钉

提示： 由于北汽 EV160 动力电池模组是由 100 个单体电池,每 10 个串联后再串联而成,因此先检测每组电池电压,每组电压应为 32.65V,如有电压不对时,更换该组电池。

⑦如图 3-1-20、图 3-1-21 所示,拆卸单组电池,打开电池组塑料盖,用万用表检测各电池的电压,并将各个电压值填入表 3-1-5。

⑧如图 3-1-22 所示,用多功能电子负载仪检测电池的充放电性能,如有损坏,更换单体电池。将所测得的数据填入表 3-1-5,并进行判断处理。

图 3-1-19 测量单组电池电压

图 3-1-20 拆卸单个电池模组

图 3-1-21 分别测量单个电池电压

图 3-1-22 多功能电子负载仪

单体电池电压及充放电性能测量表　　　　　　　　　　表 3-1-5

序　号	单体电池电压(V)	单体电池放电数(A)	单体电池放电时长(h)	判　　断

4）故障点确认

5）确定维修方案

6）维修结果检验

请根据车辆维修检查情况，填写结果检验分析表 3-1-6。

结果检验分析表　　　　　　　　　　表 3-1-6

步骤一	检测项目内容	备注说明
打开车辆钥匙 ON 挡，再次确认故障	故障灯状态：□亮/□不亮	
	故障现象记录：	
步骤二	检测项目内容	备注说明
故障代码再次读取	故障代码记录：	

7) 恢复车辆

连接蓄电池负极线束,打开车辆钥匙 ON 挡,观察仪表显示无故障灯点亮,车辆_____指示灯点亮,表示车辆可以正常行驶,测量蓄电池端电压_____,确定车辆恢复正常可用。

8) 收拾工具、仪器、设备,打扫工位场地

四、总结与评估

(1) 请描述动力电池系统上电原理。请各个小组总结后,分别进行现场展示。

(2) 请按照个人的实际情况如实填写表 3-1-7,所获得的成绩为本次课堂学习成绩。

学生学习评价表　　　　　　　　　　　　　　　表 3-1-7

评价项目	评价内容	评价标准			评价方式		
		优 (5分)	良 (3分)	及格 (1分)	自评	小组互评	师评
学习态度	1.学习目标明确; 2.对维修学习兴趣浓厚,在学习过程中参与度高; 3.保质保量按时完成作业; 4.上课积极回答老师的问题	积极,热情,主动	积极,热情,但欠主动	态度一般			
学习方式	1.学生个体的自主学习能力强,会倾听、思考和质疑; 2.学生之间能采取合作学习的方式,并在合作中分工明确地进行有序和有效的探究; 3.学生在学习中能自主反思,发挥求异、求新的创新精神,积极地提出问题和讨论问题	自主学习能力强,会倾听、思考和质疑	自主学习能力较强,会倾听、思考	自主学习能力一般,会倾听			
参与程度	1.认真参加维修学习活动,积极思考,善于发现问题,勇于解决问题; 2.愿意和同学多沟通,努力提高语言表达与交流能力; 3.认真记录实践活动的内容活动,个人操作规范、效率高	积极思考,善于发现问题,勇于解决问题,表达能力强	积极思考,善于发现问题,勇于解决问题	能发现问题,但解决问题能力一般			
合作意识	1.积极参加小组合作学习,勇于接受任务,敢于承担责任; 2.小组分工明确,取长补短,共同提高; 3.乐于助人,积极帮助学习有困难的同学; 4.公平、公正地进行自评和互评,评价过程认真、负责、有诚信	合作意识强,组织能力好,与别人互相提高,有学习效果	能与他人合作,并积极帮助有困难的学习	有合作意识,但总结能力不强			

续上表

评价项目	评价内容	评价标准			评价方式		
		优(5分)	良(3分)	及格(1分)	自评	小组互评	师评
探究活动	1. 积极尝试汽车维修专业的研究过程； 2. 形成严谨的科学态度，不怕困难的科学精神； 3. 勇于质疑，善于反思，有创新意识； 4. 善于观察分析数据流，提出有意义的问题，猜测、探求适当的检测结论和规律，给出解释和证明，完成探究活动报告	对事物的性质、规律及该事物与其他事物的内在联系达到较深刻的理解	理解较浅	理解模糊			
其他	情感、态度、价值观的转变和汽车维修专业认知水平的发展	学习态度、认知水平有很大提高	学习态度、认知水平有较大提高	学习态度、认知水平有些提高			
综合评价	小组评价等级	任课教师评价等级	教师寄语：				

综合评价——A:优秀(24~30分);B:良好(18~23分);C:一般(12~17分);D:有待改进(6~11分)。

学习任务二 高压部件的绝缘性检查

情景导入

一辆2015年生产的北汽EV160，车辆动力电池故障指示灯常亮，并且仪表提示"绝缘故障"，经初步检查为系统存在绝缘性能故障，需进一步入厂检测。

学习目标

(1) 理解高压绝缘性对车辆的影响；
(2) 学会查阅维修手册，分析故障原因，制定维修策略；
(3) 按操作规程对高压部件的绝缘性进行检测。

学习过程

一、计划与决策

1. 计划实施步骤

查找相关资料→准备设备、工具→根据资料进行车辆检查→分析研究数据→共享研究成果→收拾整理工位。

2. 分配工作任务

请根据每个小项目中，每个人所分配的角色任务不同，在表3-1-8填写相关职责与任务要求。

表 3-1-8

序 号	小项目任务	个人职责(任务)	任务要求
1	查找相关资料		
2	准备设备、工具		
3	根据资料进行车辆检查		
4	分析研究数据		
5	共享研究成果		
6	收拾整理工位		

二、资讯

1. 高压系统绝缘性能检测的必要性

电气系统是电动汽车的重要组成部分。根据不同用途,电动汽车的电气系统通常分为高压系统和低压系统。高压系统主要由动力电池、DC/DC 转换器、电动机控制器和电动机等电气设备组成。动力电池的工作电压一般在直流 300V 以上,采用较高的电压规范,减小了电气设备的工作电流、降低了电气设备和整车的质量。但是,较高的工作电压对高电压系统与车辆底盘之间的绝缘性能提出了更高的要求。高压电缆线绝缘介质老化或受潮湿环境影响等因素都会导致高压电路和车辆底盘之间的绝缘性能下降,电源正、负极引线将通过绝缘层和底盘构成漏电流回路,使底盘电位上升,不仅会危及乘客的人身安全,而且将影响低压电气和车辆控制器的正常工作。当高压电路和底盘之间发生多点绝缘性能严重下降时,还会导致漏电回路的热积累效应,可能造成车辆的电气火灾。因此,实时、定量地检测高压电气系统相对车辆底盘的电气绝缘性能,对保证乘客安全、电气设备正常工作和车辆安全运行具有重要意义。

2. 整车高压线束分布

整车共分为 5 段高压线束,高压线束的分布如图 3-1-23 所示。

图 3-1-23　高压线束分布图

1）动力电池高压电缆

（1）连接动力电池至高压控制盒之间的线缆，如图3-1-24所示。

图3-1-24 动力电池高压电缆

（2）接高压控制盒端线缆插件接口针脚定义，如图3-1-25所示。

图3-1-25 接高压控制盒端插件接口针脚定义

2）电机控制器电缆

（1）连接高压控制盒至电机控制器之间的线缆，如图3-1-26所示。

图3-1-26 电机控制器线缆

（2）接高压控制盒端线缆和接动力电池端线缆插件接口针脚定义，分别如图3-1-27、图3-1-28所示。

3）快充线束

（1）连接快充口至高压控制盒之间的线束，如图3-1-29所示。

（2）接高压控制盒端线缆插件接口针脚定义，如图3-1-30所示。

4）慢充线束

（1）连接慢充口至车载充电机之间的线束，如图3-1-31所示。

（2）接车载充电器端线缆插件接口针脚定义，如图3-1-32所示。

接高压控制盒端
A 脚位：电源负极
B 脚位：电源正极
C 脚位：互锁线短接
D 脚位：互锁线短接

图 3-1-27 接高压控制盒端插件接口针脚定义

接动力电池端
1 脚：电源负极
2 脚：电源正极
中间：互锁端子

图 3-1-28 接动力电池端插件接口针脚定义

接整车低压线束

接高压控制盒

车身搭铁点

图 3-1-29 快充线缆

接高压控制盒
1 脚：电源负极
2 脚：电源正极
中间：互锁端子

图 3-1-30 接高压控制盒端插件接口针脚定义

接车载充电机

慢充口

图 3-1-31 慢充线缆

接车载充电器
1脚：L(交流电源)
2脚：N(交流电源)
3脚：PE(车身地搭铁)
4脚：空
5脚：CC(充电连接确认)
6脚：CP(控制确认线)

图 3-1-32　接车载充电器端线缆插件接口针脚定义

5）高压附件线束（高压线束总成）

（1）连接高压控制盒至 DC/DC 转换器、车载充电机、空调压缩机、空调 PTC 加热器之间的线束，如图 3-1-33 所示。

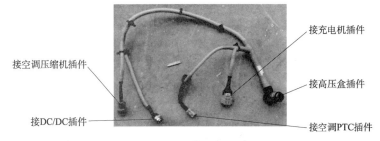

图 3-1-33　高压附件线束

（2）接高压控制盒端线缆插件接口针脚定义，如图 3-1-34 所示。

接高压控制盒插件
A：DC/DC电源正极
B：PTC加热器电源正极
C：压缩机电源正极
D：PTC加热器-A组负极
E：充电机电源正极
F：充电机电源负极
G：DC/DC电源负极
H：压缩机电源负极
J：PTC加热器-B组负极
L：互锁信号线
K：空引脚

图 3-1-34　接高压控制盒端线缆插件接口针脚定义

（3）其他各插件接口针脚定义，如图 3-1-35、图 3-1-36、图 3-1-37、图 3-1-38 所示。

接车载充电器插件
A：电源负极
B：电源正极
中间：互锁端子

图 3-1-35　接车载充电器端线缆插件接口针脚定义

接空调压缩机插件
1：电源正极
2：电源负极
中间：互锁端子

图 3-1-36　接空调压缩机端线缆插件接口针脚定义

接空调PTC加热器组件插件
1：PTC加热器-A组负极
2：PTC加热器-B组负极
3：电源正极
4：互锁信号线

图 3-1-37　接空调 PTC 加热器组件端线缆插件接口针脚定义

接DC/DC转换器插件
A：电源负极
B：电源正极
1：互锁信号输入
2：互锁信号输出

图 3-1-38　接 DC/DC 转换器端线缆插件接口针脚定义

3. 高压系统绝缘性能要求

电力设备绝缘在运行中受到电、热、机械、环境等各种因素的作用，其性能将逐渐劣化，以致出现缺陷，造成故障，引起供电中断。通过对绝缘的试验和各种特性的测量，了解并评估在运行过程中的绝缘状态，从而能早期发现故障的技术称为绝缘的监测和诊断技术。

对电气设备定期进行绝缘预防性试验，能及时发现设备绝缘材料遗留的或运行中产生的局部缺陷，便于掌握电气设备的运行状况及其绝缘的完好性，判断电气设备能否继续投入运行和预防损坏，使设备始终保持较高的绝缘水平，保证电气设备绝缘可靠的重要工作。

1）动力电池绝缘性能要求

动力电池正极绝缘电阻为 $\geq 1.4M\Omega$，负极绝缘电阻为 $\geq 1.0M\Omega$。

2) BMS 绝缘性能要求

高压母线正极绝缘电阻为≥1.5MΩ,负极绝缘电阻为≥1.0MΩ。

3) 车载充电机绝缘性能要求

车载充电机绝缘阻值在环境温度为(23±2)℃、相对湿度为45%~75%时,车载充电机正负极输出与车身(外壳)之间的绝缘电阻≥1000MΩ;在环境温度为(23±2)℃、相对湿度为90%~95%时,车载充电机正负极输出与车身(外壳)之间的绝缘电阻≥20MΩ。

4) DC/DC 转换器绝缘性能要求

DC/DC 绝缘阻值在环境温度为(23±2)℃、相对湿度为80%~90%时,高压输入与车身(外壳)绝缘电阻≥1000MΩ;在工作温度-20~65℃、工作湿度5%~85%RH 环境下时,高压输入与车身(外壳)绝缘电阻≥20MΩ。

5) 空调压缩机绝缘性能要求

向空调压缩机内充入(50±1)cm^3 的冷冻机油和(63±1)g 的 HFC-134a 制冷剂后,空调压缩机正负极对车身(外壳)的绝缘电阻≥5MΩ;清空空调压缩机内部的冷冻机油后,空调压缩机正负极对车身外壳的绝缘电阻≥50MΩ。

6) PTC 加热器绝缘性能要求

PTC 加热器正负极与车身(外壳)绝缘阻值≥500MΩ。

7) 电机控制器、驱动电机绝缘性能要求

电机控制器正负极输入端子与车身(外壳)绝缘电阻值≥100MΩ。

8) 高压控制盒绝缘性能要求

高压盒端(动力电池输入,MCU 输出)与车身(外壳)绝缘阻值为无穷大。

三、实施

1. 准备工作(填写表 3-1-9)

准备工作作业表　　　　　　　　　　　　表 3-1-9

序　号	准备工作项目	准备工作内容
1	安全防护装备准备	
2	设备准备	
3	工具准备	
4	资料准备	
5	场地准备	

2. 实施步骤

1) 检查车辆故障情况

(1) 安装车辆内外三件套,放置安全挡块,在车身 2m 处放置安全警示标志;

（2）检查绝缘鞋、绝缘手套、护目镜、安全帽、绝缘工具是否符合安全使用标准，穿戴绝缘防护装置；

（3）如图 3-1-39 所示，观察仪表故障显示情况＿＿＿＿＿＿＿＿＿＿＿＿，画出故障指示灯＿＿＿＿＿＿，颜色＿＿＿＿＿＿，车辆动力电池组剩余电量＿＿＿＿＿＿。

图 3-1-39　仪表显示车辆状态

（4）查阅维修手册，故障指示灯代表含义为：＿＿＿＿＿＿＿＿＿＿＿＿＿＿。

2）使用诊断仪读取故障码、数据流

（1）连接诊断仪，进入诊断系统，选择＿＿＿＿＿＿＿系统，读取图 3-1-40 中故障码，并将故障码填入表 3-1-10 内。

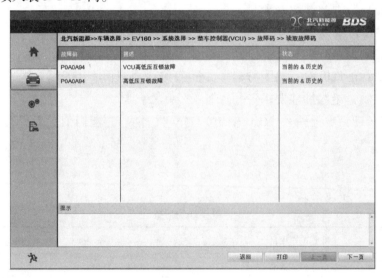

图 3-1-40　读取故障码

故 障 码 记 录 表　　　　　　　　　　表 3-1-10

序　　号	故　障　码	故　障　描　述

（2）选择读取图 3-1-41 中故障码相关数据流，分析故障范围，并将数据流记录到表 3-1-11 中。

图 3-1-41　读取相关数据流

相关数据流记录　　　　　　　　　　　　　　　　表 3-1-11

序　号	数 据 名 称	测量条件	当　前　值	结　　论
1	正极对地绝缘电阻			
2	正极对地绝缘电阻			
3				
4				

3）检查高压部件绝缘情况

（1）BMS 监控电路绝缘阻值的测量。

①将车辆电源关闭，断开蓄电池负极，安装绝缘防护套。

②拆下高压控制盒接动力电池插件，观察检查高压控制盒接动力电池线束插件针脚无腐蚀、氧化、倒针、退针情况。

③检查数字兆欧表"测试"按钮有效性。

　a. 检查数字兆欧表笔表绝缘电压等级应为 500V 以上。将黑表笔连接在_____接孔，将红表笔连接在_____接孔。选择电压按钮_____V，_____（按下/不按下）量程选择开关。打开电源"POWER"开关，戴上绝缘手套，短接红黑表笔，按下"测试"按钮，屏幕显示 0mΩ 为正常。

　b. 选择电压按钮_____V，_____（按下/不按下）量程选择开关。打开电源"POWER"开关。戴上绝缘手套，红黑表笔断开，按下"测试"按钮，屏幕显示 1（无穷大）为正常。

④查阅资料，根据高压控制盒接动力电池线束插件 B 脚（电源正极）对车身绝缘值，首先选择电压等级按钮_____V。

⑤如图 3-1-42 所示，黑表笔连接车身搭铁，红表笔连接动力电池线束插件 B 脚（电源正极），进行测量，数字兆欧表仪表显示绝缘电阻为_____。

图3-1-42　测量动力电池线束电源正极端对车身绝缘性

⑥查阅资料,对照标准数值＿＿＿＿＿,判断此线路绝缘性＿＿＿＿（好/坏）。

⑦黑表笔连接车身搭铁,红表笔连接高压控制盒接动力电池线束插件A脚(电源负极),进行测量,数字兆欧表仪表显示绝缘电阻为＿＿＿＿＿＿。

⑧查阅资料,对照标准数值＿＿＿＿＿,判断此线路绝缘性＿＿＿＿（好/坏）。

（2）高压控制盒正、负极输入端绝缘阻值的测量。

①分别拆下高压控制盒高压附件插件,高压控制盒接电机控制器插件,高压控制盒快充插件,高压控制盒低压插件。

②如图3-1-43所示,黑表笔连接车身搭铁,红表笔连接高压控制盒正极输入端B脚（电源正极）,进行测量,数字兆欧表仪表显示绝缘电阻为＿＿＿＿＿。

图3-1-43　测量高压控制盒正极与车身绝缘性

③查阅资料,对照标准数值＿＿＿＿＿,判断此线路绝缘性＿＿＿＿（好/坏）。

④黑表笔连接车身搭铁,红表笔连接高压控制盒正极输入端A脚(电源负极),进行测量,数字兆欧表仪表显示绝缘电阻为＿＿＿＿＿。

⑤查阅资料,对照标准数值＿＿＿＿＿,判断此线路绝缘性＿＿＿＿（好/坏）。

4）故障点确认

＿＿＿＿＿＿＿＿＿＿＿＿＿＿＿＿＿＿＿＿＿＿＿＿＿＿＿＿＿＿＿＿＿＿＿。

5）确定维修方案

＿＿＿＿＿＿＿＿＿＿＿＿＿＿＿＿＿＿＿＿＿＿＿＿＿＿＿＿＿＿＿＿＿＿＿。

6）维修结果检验

请根据车辆维修检查情况,填写结果检验分析表3-1-12。

结果检验分析表　　　　　　　　　　　　　　　　　表3-1-12

步　骤　一	检 测 项 目 内 容	备 注 说 明
打开车辆钥匙ON挡,再次确认故障	故障灯状态:□亮/□不亮 故障现象记录:	
步　骤　二	检 测 项 目 内 容	备 注 说 明
故障代码再次读取	故障代码记录:	

7）恢复车辆

连接蓄电池负极线束,打开车辆钥匙ON挡,观察仪表显示无故障灯点亮,车辆_____指示灯点亮,表示车辆可以正常行驶,测量蓄电池端电压_____,确定车辆恢复正常可用。

8）收拾工具、仪器、设备,打扫工位场地

四、总结与评估

（1）高压部件绝缘性能差会对驾驶人和乘客造成什么样的影响？请各个小组总结后,分别进行现场展示。

（2）请按照个人的实际情况如实填写表3-1-13,所获得的成绩为本次课堂学习成绩。

学生学习评价表　　　　　　　　　　　　　　　　　表3-1-13

评价 项目	评 价 内 容	评价标准			评价方式		
		优 (5分)	良 (3分)	及格 (1分)	自评	小组 互评	师评
学习 态度	1.学习目标明确; 2.对维修学习兴趣浓厚,在学习过程中参与度高; 3.保质保量按时完成作业; 4.上课积极回答老师的问题	积极,热情,主动	积极,热情,但欠主动	态度一般			
学习 方式	1.学生个体的自主学习能力强,会倾听、思考和质疑; 2.学生之间能采取合作学习的方式,并在合作中分工明确地进行有序和有效的探究; 3.学生在学习中能自主反思,发挥求异、求新的创新精神,积极地提出问题和讨论问题	自主学习能力强,会倾听、思考和质疑	自主学习能力较强,会倾听、思考	自主学习能力一般,会倾听			
参与 程度	1.认真参加维修学习活动,积极思考,善于发现问题,勇于解决问题; 2.愿意和同学多沟通,努力提高语言表达与交流能力; 3.认真记录实践活动的内容活动,个人操作规范、效率高	积极思考,善于发现问题,勇于解决问题,表达能力强	积极思考,善于发现问题,勇于解决问题	能发现问题,但解决问题能力一般			

续上表

评价项目	评价内容	评价标准			评价方式		
		优(5分)	良(3分)	及格(1分)	自评	小组互评	师评
合作意识	1.积极参加小组合作学习,勇于接受任务、敢于承担责任; 2.小组分工明确,取长补短,共同提高; 3.乐于助人,积极帮助学习有困难的同学; 4.公平、公正地进行自评和互评,评价过程认真、负责、有诚信	合作意识强,组织能力好,与别人互相提高,有学习效果	能与他人合作,并积极帮助有困难的学习	有合作意识,但总结能力不强			
探究活动	1.积极尝试汽车维修专业的研究过程; 2.形成严谨的科学态度,不怕困难的科学精神; 3.勇于质疑,善于反思,有创新意识; 4.善于观察分析数据流,提出有意义的问题,猜测、探求适当的检测结论和规律,给出解释和证明,完成探究活动报告	对事物的性质、规律及该事物与其他事物的内在联系达到较深刻的理解	理解较浅	理解模糊			
其他	情感、态度、价值观的转变和汽车维修专业认知水平的发展	学习态度、认知水平有很大提高	学习态度、认知水平有较大提高	学习态度、认知水平有些提高			
综合评价	小组评价等级	任课教师评价等级	教师寄语:				

综合评价——A:优秀(24~30分);B:良好(18~23分);C:一般(12~17分);D:有待改进(6~11分)。

学习任务三 高压互锁装置的检测

情景导入

一辆北汽EV160纯电动车,车辆仪表显示黄色车辆故障指示灯,车辆限速行驶,使用诊断仪检查,诊断仪显示车辆存在高压互锁故障,需要进一步入厂检查。

学习目标

(1)了解高压互锁原理及控制策略;
(2)学会绘制高压互锁装置电路简图;
(3)学会根据电路图,分析电路及故障范围;
(4)学会测量高压互锁装置电路。

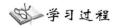 学习过程

一、计划、决策

1. 计划实施步骤

查找相关资料→准备设备、工具→根据资料进行车辆检查→分析研究数据→共享研究成果→收拾整理工位。

2. 分配工作任务

请根据每个小项目中,每个人所分配的角色任务不同,在表 3-1-14 中填写相关职责与任务要求。

表 3-1-14

序 号	小项目任务	个人职责(任务)	任 务 要 求
1	查找相关资料		
2	准备设备、工具		
3	根据资料进行车辆检查		
4	分析研究数据		
5	共享研究成果		
6	收拾整理工位		

二、资讯

相对于传统汽车而言,电动汽车的一个重要特征就是使用了 300~600V 的高压电力系统,包括了充电系统、配电盒、储能系统(动力电池)、动力系统(即驱动电机)等高压部件。由此而存在的高压电伤害隐患完全有别于传统汽车,其高达 300V 以上的电压以及可能达到数十、甚至数百安培的电流随时影响着车载高压用电器的使用及维修人员的安全。动力电路系统的带电部件,应通过绝缘或使用盖、防护栏、金属网板等来防止与其直接接触。这些防护装置应牢固可靠,并耐机械冲击。在不使用工具或没有安全保障的情况下,它们不能被打开、分离或维修。因此电动汽车均设计有高压互锁回路来实现高压回路的安全监控,以满足相关安全法规要求。

1. 高压互锁的作用

高压互锁,是指危险电压互锁回路(Hazardous Voltage Interlock Loop,简称 HVIL)。通过使用低压电气信号,来检查整个高压元件、导线、连接器及保护盖的电气完整性(连续性)。当识别到回路异常断开时,及时断开高压电。

高压互锁回路的设计满足如下的设计要求：

（1）高压互锁回路必须能够有效地监控整个高压回路的通/断情况；

（2）高压回路的所有高压连接器在不使用工具或者没有安全保障的情况下，不能被打开、分离或拆开；

（3）高压回路的所有高压连接器应该有机械互锁装置，打开高压连接器前，HVIL回路会被先行断开；

（4）高压互锁回路应该有安全冗余设计，即某个关键元器件的失效不会严重影响到高压回路监控功能。

2. 高压互锁的组成

1）互锁信号回路

高压互锁信号回路包括两个部分，分别用于监控高压供电回路和检测高压部件连接是否可靠。

（1）如图3-1-44所示，虚线部分用来监测所有高压部件保护盖是否开启，利用信号线将所有高压器件上的监测器全部串联起来，组成一条监测信号回路。

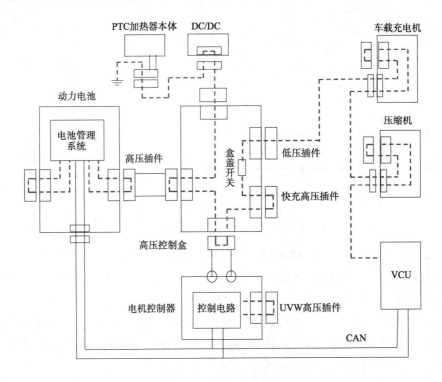

图3-1-44 高压互锁装置

（2）用于监测高压供电回路的完整性的回路，可以分为两种形式：一种是与高压电源线串联，并将所有高压连接器端与连接器监测器连接，组成一个完整的回路，如图3-1-45a）所示；另外一种形式为各个高压部件控制器负责监测来自的HVIL信号，只有当全部的控制器收到HVIL接通信号时，才允许接通高压源，如图3-1-45b）所示。

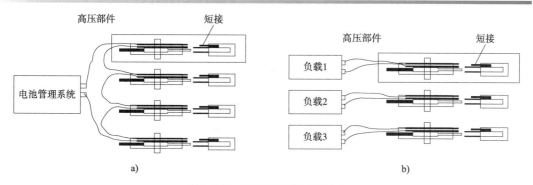

图 3-1-45 高压互锁回路布置形式

a)串联;b)并联

2)互锁监测器

监测器分为两类,一种用于监测高压连接器连接是否完好,另一种用于监测高压部件的保护盖是否开启。

(1)高压连接器监测器如图 3-1-46 所示,是将监测器设置在连接器上的一体式的设计。

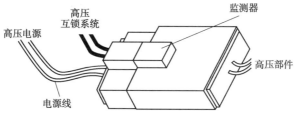

图 3-1-46 高压连接器监测器

通用监测器的设计利用了压接方法在连接器自锁结构上增加电气连接作为自锁回路短接信号,这种设计既保证了连接器防水等级又保证了不增加冗余的空间。

(2)高压部件开盖监测器如图 3-1-47 所示,结构类似于连接器,一端安装于高压部件保护盖上,另外一端安装于高压部件主体内部。当保护盖开启时连接器也断开,HVIL 信号中断。通常需要设置监测器的部件包括:①MCU;②DC/DC 变换器;③高压配电箱;④车载充电器;⑤空调驱动器;⑥电池管理器。

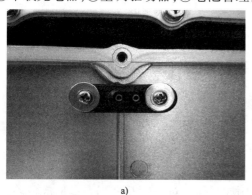
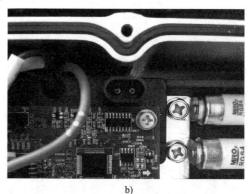

图 3-1-47 高压盒盖开关装置

a)高压部件保护盖;b)高压部件主体内部

3. 高压互锁装置控制策略

高压互锁系统在识别到危险时，VCU 会根据危险时的行车状态及故障危险程度运用合理的安全策略，这些策略包括以下几点。

1）故障报警

无论电动汽车在何种状态，高压互锁系统在识别到危险时，车辆应该对危险情况做出报警提示，需要仪表或指示器以声或光报警的形式提醒驾驶人，让驾驶人注意车辆的异常情况，以便及时处理，避免发生安全事故。

2）切断高压源

当电动汽车在停止状态时，高压互锁系统在识别严重危险情况时，除了进行故障报警，还应通知系统控制器断开自动断路器，使高压源被彻底切断，避免可能发生的高压危险，确保财产和人身安全。

3）降功率运行

电动汽车在高速行车过程中，高压互锁系统在识别到危险情况时，不能马上切断高压源，应首先通过报警提示驾驶人，然后让控制系统降低电机的运行功率，使车辆速度降下来，以使整车高压系统在负荷较小的情况下运行，尽量降低发生高压危险的可能性，同时也允许驾驶人能够将车辆停到安全地方。

4. 高压互锁回路工作原理

如图 3-1-48 所示，高压互锁装置为确保高压母线快速连接器的连接可靠，在高压电回路中串联了一组低压线束，形成高压互锁回路，并最终连接到 VCU，用来动态检测高压连接器连接的可靠程度。若 VCU 在检测互锁线的过程中，检测出互锁线存在高电位，则 VCU 发出警报，根据故障的严重程度，再做出限制功率或者切断高压电的指令。

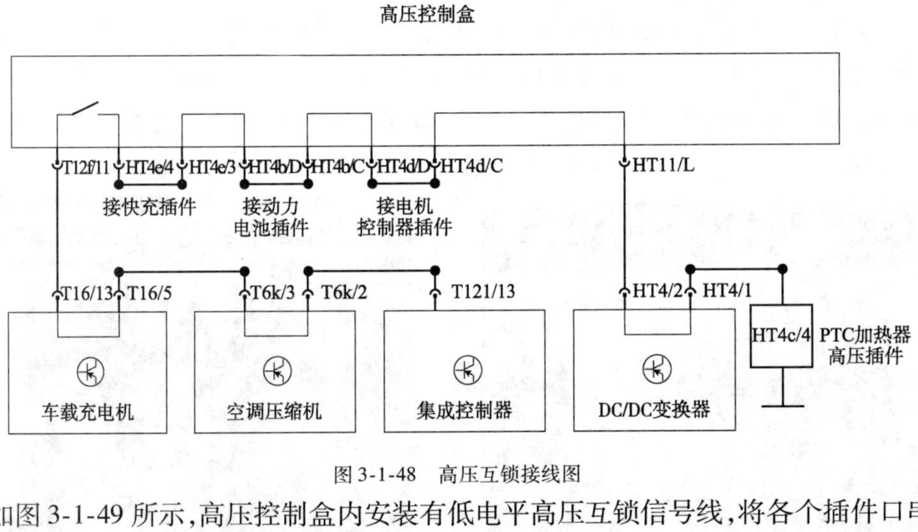

图 3-1-48 高压互锁接线图

如图 3-1-49 所示，高压控制盒内安装有低电平高压互锁信号线，将各个插件口串联在一起。为了防止高压控制盒盖在车辆运行过程中被开启，对车辆及乘车人员造成危险，在高压互锁线上串联了一个盒盖开关，当高压控制盒盖在非正常情况下被开启，盒盖开关断开，VCU 接收到高压互锁装置断路信号，立即发出一级故障，切断动力电源输出。

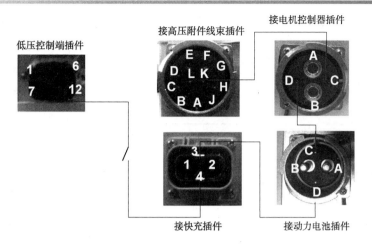

图 3-1-49　高压控制盒内部互锁接线图

三、实施

1. 准备工作(填写表 3-1-15)

准备工作作业表　　　　　　　　　　　　　表 3-1-15

序　号	准备工作项目	准　备　工　作　内　容
1	安全防护装备准备	
2	设备准备	
3	工具准备	
4	资料准备	
5	场地准备	

2. 实施步骤

1)认识高压互锁插件

(1)绘制高压互锁电路简图。

(2)识别高压互锁插件针脚,并在图片中标注针脚及插件名称。

① _____ ② _____ ③ _____

④ 动力电池插件 ⑤ _____ ⑥ _____ ⑦ _____

⑧ PTC 加热器插件 _____ ⑨ _____ ⑩ 空调压缩机插件

(3) 制定高压互锁电路测量方案。

① 拆下高压控制盒接快充插件,测量高压控制盒接快充插件针脚电阻;

② 拆下 DC/DC 转换器的低压插件,测量_____;

③ _____;

④ _____;

⑤ _____。

2) 测量高压互锁装置

(1) 安装车辆内外三件套,放置安全挡块,在车身 2m 处放置安全警示标志。

(2) 检查绝缘鞋、绝缘手套、护目镜、安全帽、绝缘工具是否符合安全使用标准,穿戴绝缘防护装置。

(3) 车辆钥匙 OFF 挡,拆下低压蓄电池_____极,安装绝缘防护套,防止其与蓄电池端子接触。

(4) 高压控制盒接快充插件的测量。

① 拆下高压控制盒接快充插件,检查高压控制盒接快充线束插件针脚有无弯曲、退针、表面有无腐蚀、氧化情况。

② 如图 3-1-50 所示,使用万用表____挡位,测量高压控制盒接快充线束插件____针脚与____针脚电阻_____,判断快充线束是否正常。

③如图 3-1-51 所示，测量高压控制盒接快充插件_____针脚与车身搭铁电阻∞，判断线束断路。

图 3-1-50 测量快充线束互锁线与搭铁电阻　　　图 3-1-51 测量高压控制盒互锁线束输入端

（5）DC/DC 转换器的低压插件的测量。

①拆下 DC/DC 转换器的低压插件，检查插座插头针脚有无弯曲、退针情况。

②如图 3-1-52 所示，测量 DC/DC 转换器插座_____针脚与_____针脚的电阻_____，判断_____。

③如图 3-1-53 所示，测量 DC/DC 转换器线束插头_____针脚与车身搭铁的电阻_____，判断_____；测量 DC/DC 转换器线束插头_____针脚与高压控制盒接快充插件_____针脚的电阻∞，判断_____。

图 3-1-52 测量 DC/DC 转换器内部互锁线　　　图 3-1-53 测量 DC/DC 转换器与搭铁电阻

（6）高压控制盒连接电机控制盒插件检测。

①如图 3-1-54 所示，拆下高压控制盒连接电机控制盒插件，检查高压控制盒连接电机控制盒插件针脚有无弯曲、退针、表面有无腐蚀、氧化情况。测量高压控制盒接电机控制盒线束插件_____针脚与_____针脚电阻_____，判断_____。

②测量高压控制盒接电机控制盒插件_____针脚与车身搭铁电阻∞，判断_____。

（7）如图 3-1-55 所示，连接 DC/DC 转换器的低压插件，拆下高压控制盒高压附件线束插件，检查插座、插头针脚无弯曲，无退针情况。测量高压控制盒的高压附件插件____针脚与车身搭铁的电阻∞，判断_____。

（8）如图3-1-56所示，拆下 VCU 线路插件，检查插座、插头针脚无弯曲，无退针情况。测量高压控制盒高压附件插件＿＿＿＿针脚与 VCU ＿＿＿＿针脚的电阻＿＿＿＿，判断＿＿＿＿。

图3-1-54　测量动力电池插件互锁线

图3-1-55　测量高压附件线束插件针脚与搭铁电阻

图3-1-56　测量高压控制盒与整车控制模块互锁线

3）确认故障点

＿＿＿＿＿＿＿＿＿＿＿＿＿＿＿＿＿＿＿＿＿＿＿＿＿＿＿＿＿＿＿＿＿＿＿＿＿。

4）确定维修方案

＿＿＿＿＿＿＿＿＿＿＿＿＿＿＿＿＿＿＿＿＿＿＿＿＿＿＿＿＿＿＿＿＿＿＿＿＿。

5）维修检验

拆下高压控制盒接快充插件，测量高压控制盒接快充插件＿＿＿＿针脚与车身搭铁电阻为0Ω，判断故障已排除。

6）恢复车辆

连接蓄电池负极线束；开电门，观察仪表显示无故障灯点亮，车辆＿＿＿＿指示灯点亮，表示车辆可以准备行驶，测量蓄电池端电压＿＿＿＿，确定车辆装复正常可用。

7）收拾工具、仪器、设备，打扫工位场地

四、检查评估

（1）除了用电阻测量的方式，是否还有其他方式可以更快捷地查找高压互锁线路故障？请各小组讨论后，分别进行现场展示。

（2）请按照个人的实际情况如实填写表 3-1-16，所获得的成绩为本次课堂学习成绩。

学生学习评价表　　　　　　　　　　　　　　　　　　　　　　　　　表 3-1-16

评价项目	评价内容	评价标准			评价方式		
		优(5分)	良(3分)	及格(1分)	自评	小组互评	师评
学习态度	1.学习目标明确； 2.对维修学习兴趣浓厚，在学习过程中参与度高； 3.保质保量按时完成作业； 4.上课积极回答老师的问题	积极，热情，主动	积极，热情，但欠主动	态度一般			
学习方式	1.学生个体的自主学习能力强，会倾听、思考和质疑； 2.学生之间能采取合作学习的方式，并在合作中分工明确地进行有序和有效的探究； 3.学生在学习中能自主反思，发挥求异、求新的创新精神，积极地提出问题和讨论问题	自主学习能力强，会倾听、思考和质疑	自主学习能力较强，会倾听、思考	自主学习能力一般，会倾听			
参与程度	1.认真参加维修学习活动，积极思考，善于发现问题，勇于解决问题； 2.愿意和同学多沟通，努力提高语言表达与交流能力； 3.认真记录实践活动的内容活动，个人操作规范、效率高	积极思考，善于发现问题，勇于解决问题，表达能力强	积极思考，善于发现问题，勇于解决问题	能发现问题，但解决问题能力一般			
合作意识	1.积极参加小组合作学习，勇于接受任务、敢于承担责任； 2.小组分工明确，取长补短，共同提高； 3.乐于助人，积极帮助学习有困难的同学； 4.公平、公正地进行自评和互评，评价过程认真、负责、有诚信	合作意识强，组织能力好，与别人互相提高，有学习效果	能与他人合作，并积极帮助有困难的学习	有合作意识，但总结能力不强			
探究活动	1.积极尝试汽车维修专业的研究过程； 2.形成严谨的科学态度，不怕困难的科学精神； 3.勇于质疑，善于反思，有创新意识； 4.善于观察分析数据流，提出有意义的问题，猜测、探求适当的检测结论和规律，给出解释和证明，完成探究活动报告	对事物的性质、规律及该事物与其他事物的内在联系达到较深刻的理解	理解较浅	理解模糊			

续上表

评价项目	评价内容	评价标准			评价方式		
		优(5分)	良(3分)	及格(1分)	自评	小组互评	师评
其他	情感、态度、价值观的转变和汽车维修专业认知水平的发展	学习态度、认知水平有很大提高	学习态度、认知水平有较大提高	学习态度、认知水平有些提高			
综合评价	小组评价等级		任课教师评价等级		教师寄语:		

综合评价——A:优秀(24~30分);B:良好(18~23分);C:一般(12~17分);D:有待改进(6~11分)。

项目二　驱动电机及其控制系统的检测

驱动电机系统是纯电动汽车三大核心部件之一,是车辆行驶的主要执行机构,其特性决定了车辆的主要性能指标,直接影响车辆动力性、经济性和用户驾乘感受。

驱动电机系统由驱动电机、MCU构成,通过高低压线束、冷却管路,与整车其他系统进行电气和散热连接。

电机控制器作为整个制动系统的控制中心,它由逆变器和控制器两部分组成。逆变器接收电池输送过来的直流电电能,逆变成三相交流电为汽车电机提供电源。控制器接受电机转速等信号反馈到仪表,当发生制动或者加速行为时,控制器控制变频器频率的升降,从而达到加速或者减速的目的。

本项目主要包括两个学习任务:(1)电机控制器低压电路的检测;(2)驱动电机的检测。

学习任务一　电机控制器低压电路的检测

情景导入

一辆北汽EV160纯电动汽车,在车辆高速行驶过程中红色车辆故障指示灯点亮,然后车辆降速,直至停止无法行驶。经维修人员初步检查,疑是驱动电机控制系统故障,车辆需要进一步检查。

学习目标

(1)了解电机控制系统组成和控制原理;
(2)学会根据电路图,分析电路及故障范围;
(3)学会通过故障码和数据流检测电机控制器系统故障;
(4)学会测量电机控制器系统控制低压电路。

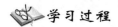

一、计划、决策

1. 计划实施步骤

查找相关资料→准备设备、工具→根据资料进行车辆检查→分析研究数据→共享研究成果→收拾整理工位。

2. 分配工作任务

请根据每个小项目中每个人所分配的角色任务不同,在表 3-2-1 中填写相关职责与任务要求。

表 3-2-1

序　号	小项目任务	个人职责(任务)	任务要求
1	查找相关资料		
2	准备设备、工具		
3	根据资料进行车辆检查		
4	分析研究数据		
5	共享研究成果		
6	收拾整理工位		

二、资讯

1. 驱动电机系统概述

如图 3-2-1 所示,VCU 根据驾驶人意图发出各种指令,电机控制器响应并反馈,实时调整驱动电机输出,以实现整车的怠速、前行、倒车、停车、能量回收以及驻坡等功能。电机控制器另一个重要功能是通信和保护,实时进行状态和故障检测,保护驱动电机系统和整车安全可靠运行。

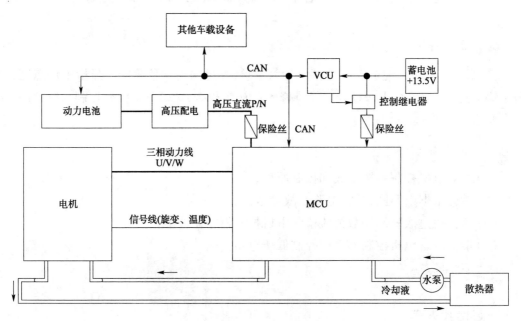

图 3-2-1　驱动电机系统连接示意图

2. MCU

如图 3-2-2 所示,MCU 内部采用三相两电平电压源型逆变器,是驱动电机系统的控制核心,称为智能功率模块,它以 IGBT(绝缘栅双极型晶体管)为核心,辅以驱动集成电路、主控集成电路。MCU 对所有的输入信号进行处理,并将驱动电机控制系统运行状态信息通过 CAN 网络发送给 VCU。驱动电机控制器内含故障诊断电路,当电机出现异常时,达到一定条件后,它将会激活一个错误代码并发送给 VCU,同时也会储存该故障码和相关数据。

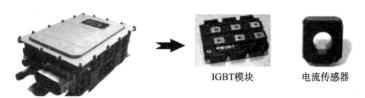

图 3-2-2　MCU 的构成

图 3-2-3 所示为北汽 EV160 纯电动汽车电机控制器铭牌,铭牌上注明了电机控制器的相关信息。

如图 3-2-4 所示,MCU 型号则由控制器类型代号、输入电压规格代号、信号反馈元件代号、输出电流规格代号、冷却方式代号、预留代号六部分组成,C33DB 电机控制器技术指标参数如表 3-2-2 所示。

图 3-2-3　北汽 EV160 纯电动汽车 MCU 铭牌

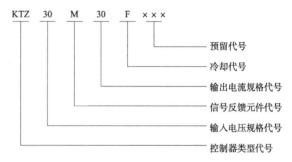

图 3-2-4　MCU 型号

C33DB 电机控制器技术指标参数　　　　表 3-2-2

项　目	参　数	项　目	参　数
直流输入电压	336V	控制电源范围	9～16V
工作电压范围	252～403V	质量	7～11kg
控制电源	12V		

3. 驱动电机系统工作原理

如图 3-2-5 所示,驱动电机系统中,VCU 根据加速踏板、制动踏板、挡位等信号通过 CAN 网络向 MCU 发送指令,实时调节驱动电机的转矩输出,以实现整车的怠速、加速、能量回收等功能。MCU 能对自身温度、电机的运行温度、转子位置进行实时监测,并把相关信息传递给 VCU,进而调节水泵和冷却风扇工作,使电机保持在理想温度下工作。

MCU 与电机连接示意图如图 3-2-6 所示。在电机系统中,电机的输出动作主要是靠 VCU 控制单元给定命令执行,电机控制器输出命令。如图 3-2-7 所示,MCU 主要是将输入的直流电逆变成电压、频率可调的三相交流电,供给配套的三相交流永磁同步电机使用。

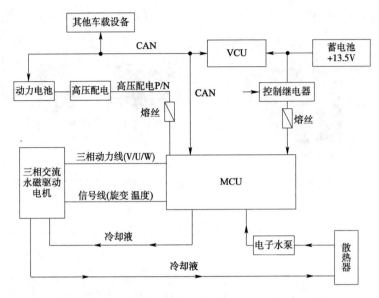

图 3-2-5 驱动电机系统控制原理

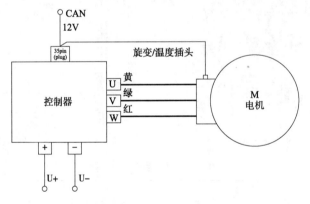

图 3-2-6 电机控制器与电机连接示意图

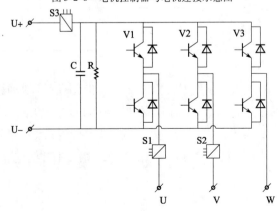

图 3-2-7 电机控制器逆变电路

4. 驱动电机系统的控制策略

1) 电机系统驱动模式

VCU 根据车辆运行的不同情况,包括车速、挡位、电池 SOC 值来决定,TM 电机输出转矩或功率。

当 TM MCU 从 VCU 处得到力矩输出命令时,将动力电池提供的直流电能转化成交流电能,以使 TM 电机输出力矩。此时 TM 电机输出力矩驱动车辆。

2) 电机系统发电模式

当车辆在溜车或制动的时候,MCU 从 VCU 得到发电命令后,MCU 将电机处于发电状态。此时电机会将汽车动能转化成交流电能。然后,交流电能通过 MCU 转化为直流电,存储到电池中。

5. 驱动电机系统行驶功能

1) 挂 D 挡(前进挡)时

当驾驶人挂 D 挡并踩加速踏板时,挡位信息和加速信息通过信号线传递给 VCU,VCU 把驾驶人的操作意图通过 CAN 线传递给驱动 MCU,再由驱动 MCU 结合旋变传感器信息(转子位置),进而向永磁同步电动机的定子通入三相交流电,三相电流在定子绕组的电阻上产生电压。由三相交流电产生的旋转电枢磁动势及建立的电枢磁场,一方面切割定子绕组,在定子绕组中产生感应电动势;另一方面以电磁力拖动转子以同步转速正向旋转。随着加速踏板行程不断加大,MCU 控制的 6 个 IGBT 导通频率上升,电动机的转矩随着电流的增加而增加,因此,起步时基本上拥有最大的转矩。随着电动机转速的增加,电动机的功率增加,同时电压也随之增加。在电动汽车上,电动机的输出功率一般应保持恒定,即电动机的输出功率不随转速增加而变化,这就要求在电动机转速增加时,电压保持恒定,其中永磁同步电机输出特性曲线如图 3-2-8 所示。

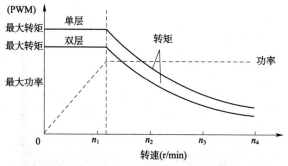

图 3-2-8 永磁同步电机输出特性曲线图

2) 挂 R 挡(倒车挡)时

当驾驶人挂 R 挡时,驾驶人请求信号发给 VCU,再通过 CAN 线发送给 MCU,此时 MCU 结合当前转子位置(旋变传感器)信息,通过改变 IGBT 模块改变 W/V/U 通电顺序,进而控制电机反转。

3) 制动时能量回收

驾驶人松开加速踏板时,电机由于惯性仍在旋转,设车轮转速为 $V_{轮}$、电机转速为

$V_{电机}$，设车轮与电机之间固定传动比为 K。当车辆减速，$V_{轮}K < V_{电机}$ 时，电机仍是动力源，随着电机转速下降，当 $V_{轮}K > V_{电机}$ 时，此时电机由于被车辆拖动而旋转，此时驱动电机变为发电机。

6. 驱动电机系统温度保护功能

1）电机温度保护

当控制器监测到驱动电机温度传感器显示：120℃≤温度<140℃时，降功率运行；温度≥140℃时，降功率至0，即停机。

2）控制器温度保护

当控制器监测到散热基板板温度为：温度≥85℃时，超温保护，即停机；当控制器监测到散热基板板温度为：85℃≥温度≥75℃时，降功运行。

3）冷却系统的控制策略

当控制器监测到驱动电机温度传感器显示：45℃≤温度<50℃时，冷却风扇低速启动；温度≥50℃时，冷却风扇高速启动；温度降至40℃时冷却风扇停止工作。

当控制器监测到散热基板板温度为：温度≥75℃时，冷却风扇低速启动；温度≥80℃时，冷却风扇高速启动；温度降至75℃时冷却风扇停止工作。

7. 驱动电机控制系统电路图

北汽EV160纯电动汽车MCU电路简图如图3-2-9所示。

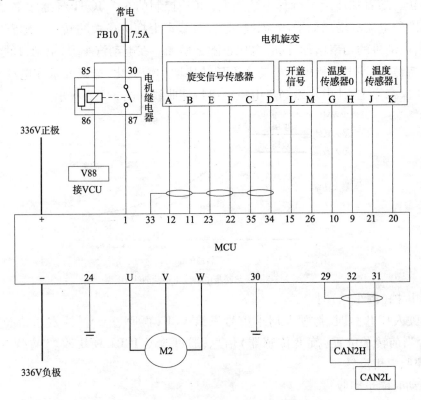

图3-2-9　北汽EV160纯电动汽车MCU电路简图

三、实施

1. 准备工作(填写表3-2-3)

准备工作作业表　　　　　　　　　　　表3-2-3

序　号	准　备　项　目	准　备　内　容
1	安全防护装备准备	
2	设备准备	
3	工具准备	
4	资料准备	
5	场地准备	

2. 实施步骤

1) 识读MCU控制电路

(1) 绘制MCU的电路简图。

(2) 识别MCU低压插件。

在图3-2-10中右侧的图框内标注MCU低压插件针脚的序号。

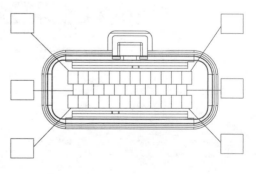

图3-2-10　标注MCU低压插件针脚的序号

(3) 制定MCU低压电路检测方案。

观察仪表故障灯显示情况,读码,读数据流。

①根据故障码和数据流显示结果,分析故障原因和故障范围;

②测量MCU低压正极电源电路;

③ _____ ;
④ _____ ;
⑤ _____ ;
⑥ _____ 。

2) 初步检查

(1) 安装车辆内外三件套，检查绝缘地垫铺置情况，在车身 2m 处放置安全警示标志。

(2) 检查绝缘鞋、绝缘手套、护目镜、安全帽、绝缘工具是否符合安全使用标准，穿戴绝缘防护装置。

(3) 如图 3-2-11 所示，打开电门观察仪表显示情况，"READY" _____ 点亮，故障指示灯点亮；电门脚踏全开时，功率表显示：_____，MCU 散热板温度：_____，_____ 号风扇工作。

图 3-2-11　仪表故障指示灯显示情况

3) 读取电机控制系统故障码和数据流

① 进入电机控制系统，读取图 3-2-12 中故障码，将故障码数据填入表 3-2-4。

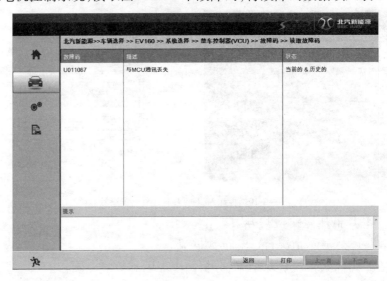

图 3-2-12　故障码读取

故障码记录表 表3-2-4

序 号	故 障 码	故 障 描 述

②读取图 3-2-13 中相关数据流,并作记录,将数据流填入表 3-2-5。

图 3-2-13 读取相关数据流

相关数据流记录 表3-2-5

序 号	数据名称	测量条件	当 前 值	结 论
1	母线电流			
2	驱动电机目标转速			
3	驱动电机当前转速			
4	直流母线电压实际值 V1			
5	直流母线电压实际值 V2			
6	直流母线电压实际值 V3			
7				

4）MCU 低压电路的检测

（1）检查 MCU 的供电情况。

①如图 3-2-14 所示,用试笔检查 MCU 供电熔断丝情况,熔断丝符号_____、容量/A：_____、性能判断：_____。

②检查电机继电器及线路。

测量继电器线圈电阻_____判断_____（正常值 50~200Ω）;给继电器线圈通 12V 电压,测量继电器触点闭合电阻_____判断_____（正常值小于 0.1Ω）。

检查继电器线路,结果：_____。

③如图 3-2-15 所示,拆下 MCU 低压插件,车辆钥匙 ON 挡时,测量线束插件 1#针脚与车身搭铁之间的电压_____,判断_____（正常值 10~14V）。

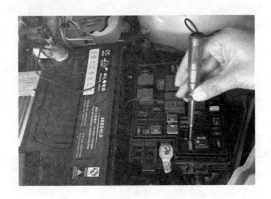

图 3-2-14　检查电机控制器供电熔断丝

图 3-2-15　检测电机控制器插件 1#端子电压

（2）检测 MCU 低压负极线路。

如图 3-2-16 所示，拆下 MCU 低压插件，测量线束插件 24#针脚与车身搭铁的电阻_____，判断_____；测量线束插件_____针脚与车身搭铁的电阻_____，判断_____（正常值小于 1Ω）。

（3）检测 MCU 互锁线路。

如图 3-2-17 所示，测量 MCU 低压线束插件_____针脚与_____针脚间电阻_____，判断_____（正常值小于 1Ω）。

图 3-2-16　检测 MCU 低压负极线路

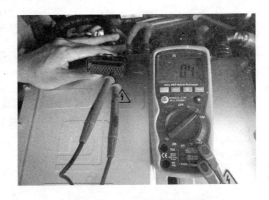

图 3-2-17　测量 MCU 互锁线路

（4）检测 MCU CAN 总线电阻。

如图 3-2-18 所示，测量 MCU 低压线束插件_____针脚与_____针脚间电阻_____，判断_____（正常值 56~65Ω）。

5）确认故障点

_____。

6）确定维修方案

_____。

7）维修结果检验

请根据车辆维修检查情况，填写完成结果检验分析表 3-2-6。

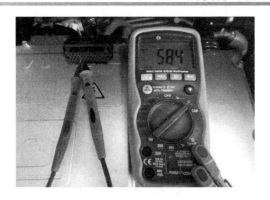

图 3-2-18　检测电机控制器 CAN 总线电阻

结果检验分析表　　　　　　　　　　　　　　　　表 3-2-6

步骤一	检测项目内容	备注说明
打开车辆钥匙 ON 挡，再次确认故障	故障灯状态：□亮/□不亮 故障现象记录：	
步骤二	检测项目内容	备注说明
故障代码再次读取	故障代码记录：	

8）恢复车辆

9）收拾工具、仪器、设备，打扫工位场地

四、检查评估

（1）请各小组根据驱动电机控制系统检测数据，分析车辆驱动电机控制系统的工作情况进行讨论，然后现场展示。

（2）请按照个人的实际情况如实填写表 3-2-7，所获得的成绩为本次课堂学习成绩。

学生学习评价表　　　　　　　　　　　　　　　　表 3-2-7

评价项目	评价内容	评价标准			评价方式		
		优 (5分)	良 (3分)	及格 (1分)	自评	小组互评	师评
学习态度	1. 学习目标明确； 2. 对维修学习兴趣浓厚，在学习过程中参与度高； 3. 保质保量按时完成作业； 4. 上课积极回答老师的问题	积极，热情，主动	积极，热情，但欠主动	态度一般			
学习方式	1. 学生个体的自主学习能力强，会倾听、思考和质疑； 2. 学生之间能采取合作学习的方式，并在合作中分工明确地进行有序和有效的探究； 3. 学生在学习中能自主反思，发挥求异、求新的创新精神，积极地提出问题和讨论问题	自主学习能力强，会倾听、思考和质疑	自主学习能力较强，会倾听、思考	自主学习能力一般，会倾听			

续上表

评价项目	评价内容	评价标准 优(5分)	评价标准 良(3分)	评价标准 及格(1分)	评价方式 自评	评价方式 小组互评	评价方式 师评
参与程度	1. 认真参加维修学习活动,积极思考,善于发现问题,勇于解决问题; 2. 愿意和同学多沟通,努力提高语言表达与交流能力; 3. 认真记录实践活动的内容活动,个人操作规范、效率高	积极思考,善于发现问题,勇于解决问题,表达能力强	积极思考,善于发现问题,勇于解决问题	能发现问题,但解决问题能力一般			
合作意识	1. 积极参加小组合作学习,勇于接受任务、敢于承担责任; 2. 小组分工明确,取长补短,共同提高; 3. 乐于助人,积极帮助学习有困难的同学; 4. 公平、公正地进行自评和互评,评价过程认真、负责、有诚信	合作意识强,组织能力好,与别人互相提高,有学习效果	能与他人合作,并积极帮助有困难的学习	有合作意识,但总结能力不强			
探究活动	1. 积极尝试汽车维修专业的研究过程; 2. 形成严谨的科学态度,不怕困难的科学精神; 3. 勇于质疑,善于反思,有创新意识; 4. 善于观察分析数据流,提出有意义的问题,猜测、探求适当的检测结论和规律,给出解释和证明,完成探究活动报告	对事物的性质、规律及该事物与其他事物的内在联系达到较深刻的理解	理解较浅	理解模糊			
其他	情感、态度、价值观的转变和汽车维修专业认知水平的发展	学习态度、认知水平有很大提高	学习态度、认知水平有较大提高	学习态度、认知水平有些提高			
综合评价	小组评价等级	任课教师评价等级	教师寄语:				

综合评价——A:优秀(24~30分);B:良好(18~23分);C:一般(12~17分);D:有待改进(6~11分)。

学习任务二　驱动电机的检测

情景导入

一辆北汽EV160纯电动汽车,在行驶过程中仪表电机过热故障指示灯点亮,初步判定驱动电机出现故障,车辆需要进一步检测才能确定故障原因。

 学习目标

(1) 了解驱动电机结构及工作原理;
(2) 学会查阅维修资料,分析故障范围;
(3) 学会测量电机及传感器电路。

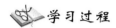 学习过程

一、计划、决策

1. 计划实施步骤

查找相关资料→准备设备、工具→根据资料进行车辆检查→分析研究数据→共享研究成果→收拾整理工位。

2. 分配工作任务

请根据每个小项目中每个人所分配的角色任务不同,在表3-2-8中填写相关职责与任务要求。

表3-2-8

序 号	小项目任务	个人职责(任务)	任 务 要 求
1	查找相关资料		
2	准备设备、工具		
3	根据资料进行车辆检查		
4	分析研究数据		
5	共享研究成果		
6	收拾整理工位		

二、资讯

1. 驱动电机的类型

驱动电机是纯电动汽车中唯一产生行驶动力的装置。目前正在应用或开发的电动汽车选用的电动机主要有直流驱动电机、感应驱动电机、永磁同步驱动电机、开关磁阻驱动电机四类,如表3-2-9所示。

驱动电机的类型和特点　　　　表3-2-9

驱动电机类型		优 点	缺 点	应用前景
直流驱动电机	串励直流驱动电机	结构简单,具有优良的电磁转控制特性	1. 有刷,易产生电火花,引起电磁干扰,维护困难; 2. 价格高,体积和重量大	比较于其他驱动系统,已处于劣势,处于被淘汰地位
	他励直流驱动电机			
交流感应驱动电机		1. 价格低; 2. 易维护; 3. 体积小	控制装置较复杂	已成为目前多数交流驱动电动汽车的首选

续上表

驱动电机类型		优 点	缺 点	应用前景
永磁同步驱动电机	无刷直流驱动电机(BL CM)	1.控制器较简单； 2.效率高,能量密度大	价格较贵	随着稀土永磁材料的出现,这类电机有望与交流感应电机争夺市场
	无刷交流驱动电机(BLA CM)			
开关磁阻驱动电机(SRM)		1.简单可靠,可调范围宽,效率高； 2.控制灵活； 3.成本低	1.转矩波动大； 2.噪声大； 3.需要位置检测； 4.系统具有非线性特性	目前应用还受到限制

2. 永磁同步电机

1) 永磁同步驱动电机的结构特点

如图 3-2-19 所示,北汽 EV160 电动汽车采用的是采用永磁同步驱动电机。其具有效率高、体积小、重量轻及可靠性高等优点,是动力系统的重要执行机构,是电能与机械能转化的部件,且自身的运行状态等信息可以被采集到 MCU。依靠内置传感器来提供驱动电机的工作信息,这些传感器包括旋转变压器与温度传感器。永磁同步驱动电机内部结构如图 3-2-20 所示。

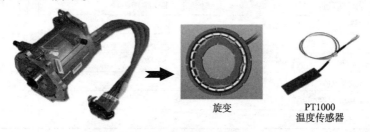

图 3-2-19 永磁同步驱动电机

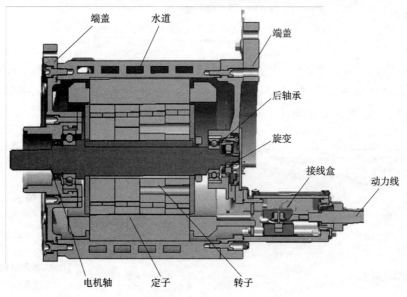

图 3-2-20 永磁同步驱动电机内部结构

2) 旋转变压器

旋转变压器检测驱动电机转子位置，经过电机控制器内旋变解码器解码后，驱动电机控制器可获知驱动电机当前转子位置，从而控制相应的 IGBT 功率管导通，按顺序给定子三个绕组通电，驱动电机旋转，旋转变压器转子的结构如图 3-2-21 所示。

图 3-2-21 旋转变压器转子结构

a) 旋转变压器转子；b) 旋转变压器定子

如图 3-2-22 所示，旋转变压器是一种输出电压随转子转角变化的信号元件。当励磁绕组以一定频率的交流电压励磁时，输出绕组的电压幅值与转子转角成正弦、余弦函数关系，或保持某一比例关系，或在一定转角范围内与转角呈线性关系。

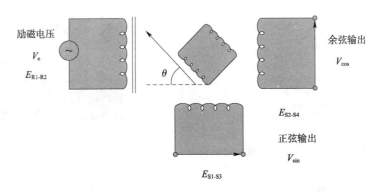

图 3-2-22 旋转变压器工作原理

3) 温度传感器

温度传感器的作用是检测电机绕组温度，并提信息供给 MCU，再由 MCU 通过 CAN 线传给 VCU，进而控制水泵工作、水路循环、冷却电子扇工作，调节驱动电机工作温度。

3. 驱动电机型号与技术参数

如图 3-2-23 所示，为北汽 EV160 纯电动汽车驱动电机铭牌，铭牌上注明了其驱动电机的相关信息。

如图 3-2-24 所示,驱动电机型号由尺寸规格代号、驱动电机类型代号、信号反馈元件代号、冷却方式代号、预留代号五部分组成,C33DB 驱动电机技术指标参数如表 3-2-10 所示。

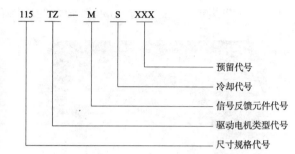

图 3-2-23　北汽 EV160 纯电动汽车驱动电机铭牌　　　　图 3-2-24　驱动电机型号

C33DB 驱动电机技术指标参数　　　　　　　　表 3-2-10

项　目	参　数	项　目	参　数
类型	永磁同步	额定转矩	102Nm
基速	2812rpm	峰值转矩	180Nm
转速范围	0～9000rpm	质量	45kg
额定功率	30kW	防护等级	IP67
峰值功率	53kW	尺寸(定子直径×总长)	(Φ)245×(L)280

4. 驱动电机的接口定义

驱动电机上有一个低压接口和三根高压线(V、U、W)接口(图 3-2-25、图 3-2-26)。

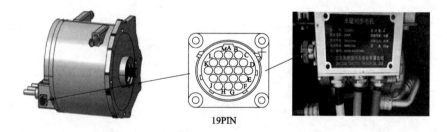

图 3-2-25　电机低压接线端口

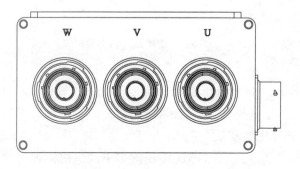

图 3-2-26　电机高压接线端口

其中,低压接口各端子定义如表3-2-11所示,MCU也正是通过低压端口获取的电机温度信息和电机转子当前位置信息。高压压接口各端子定义如表3-2-12所示。

MCU低压接口定义 表3-2-11

连接器型号	编　号	信　号　名　称	说　　明
Amphenol RTOW01419 PN03	A	激励绕组R1	电机旋转变压器接口
	B	激励绕组R2	
	C	余弦绕组S1	
	D	余弦绕组S3	
	E	正弦绕组S2	
	F	正弦绕组S4	
	G	TH0	电机温度接口
	H	TL0	
	L	HVIL1(+L1)	高低压互锁接口
	M	HVIL2(+L2)	

驱动电机高压接口定义 表3-2-12

连接器型号	编　号	信　号　名　称	说　　明
RTHP6161SNH-35PS2	U	电机U相	电机三相输入连接器
RTHP6161SXH-35PS2	V	电机V相	
RTHP6161SWH-35PS2	W	电机W相	

三、实施

1. 准备工作(填写表3-2-13)

准备工作作业表 表3-2-13

序　号	准　备　项　目	准　备　内　容
1	安全防护装备准备	
2	设备准备	
3	工具准备	
4	资料准备	
5	场地准备	

2. 实施步骤

1)安全准备工作

(1)安装车辆内外三件套,检查绝缘地垫铺置情况,在车身2m处放置安全警示标志。

(2)检查绝缘鞋、绝缘手套、护目镜、安全帽、绝缘工具是否符合安全使用标准,穿戴绝缘防护装置。

（3）如图3-2-27所示，打开电门观察仪表显示情况，"READY"_____点亮，故障指示灯点亮；电门脚踏全开时，功率表显示_____，MCU散热板温度_____，_____号风扇工作。

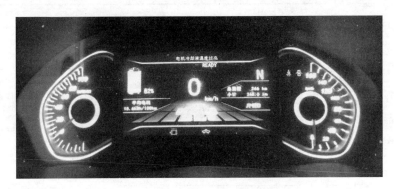

图3-2-27　仪表故障指示灯显示情况

2）读取电机控制系统故障码和数据流

（1）进入电机控制系统，读取图3-2-28中故障码，将故障码记录在表3-2-14中。

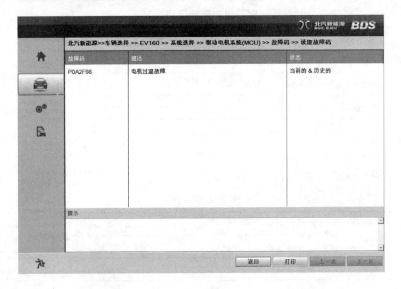

图3-2-28　故障码读取

故障码记录表　　　　　　　　　　　　　　表3-2-14

序　号	故障码	故　障　描　述

（2）读取图3-2-29中相关数据流，并将数据流记录到表3-2-15内。

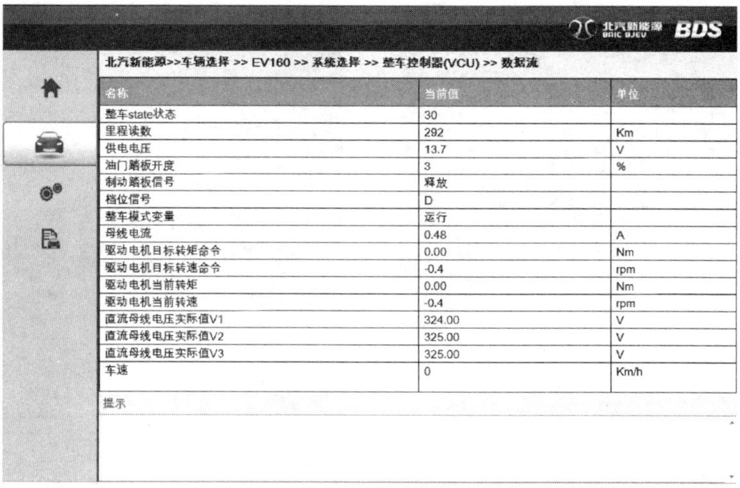

名称	当前值	单位
整车state状态	30	
里程读数	292	Km
供电电压	13.7	V
油门踏板开度	3	%
制动踏板信号	释放	
档位信号	D	
整车模式变量	运行	
母线电流	0.48	A
驱动电机目标转矩命令	0.00	Nm
驱动电机目标转速命令	-0.4	rpm
驱动电机当前转矩	0.00	Nm
驱动电机当前转速	-0.4	rpm
直流母线电压实际值V1	324.00	V
直流母线电压实际值V2	325.00	V
直流母线电压实际值V3	325.00	V
车速	0	Km/h

图 3-2-29　读取相关数据流

相关数据流记录　　表 3-2-15

序　号	数 据 名 称	测 量 条 件	当　前　值	结　　论
1	冷却水温度			
2	环境温度			
3				
4				
5				

3）驱动电机的检测

（1）测量电机外壳温度。

如图 3-2-30 所示，使用红外测温仪测量电机外壳温度，电机外壳温度__________。

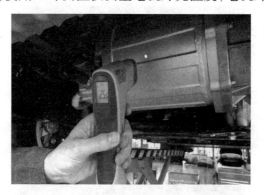

图 3-2-30　红外测温仪测量电机外壳温度

（2）旋转变压器和电机温度传感器的检测。

①关闭电门，举升车辆，拆下驱动电机低压线束插件，测量旋转变压器的绕组阻值和温度传感器的阻值，如图 3-2-31、图 3-2-32 所示，并将数据填入表 3-2-16 中。

图 3-2-31　测量旋转变压器的绕组阻值

图 3-2-32　测量温度传感器的阻值

旋转变压器的绕组阻值和温度传感器的阻值　　　　　　　　　　表 3-2-16

测量项目	测量针脚	电 阻 值	标 准 值	测量结果判断
激励绕组	___与___			
余弦绕组	___与___			
正弦绕组	___与___			
电机温度传感器	___与___			

②安装驱动电机线束，下降车辆，安装车轮挡块。

（3）检测驱动电机三相工作电流。

①举升车辆至车轮离地 10cm；

②如图 3-2-33 所示，选择电流钳_____挡位，选择电流钳_____量程，按下电流钳归零按钮，然后打开钳口，依次将电流钳夹在 U、V、W 线上；

图 3-2-33　用电流钳测量电机三相工作电流

③打开电门,踩下加速踏板至全开状态,观察电流钳表显示数值,将测量值填入表3-2-17,并判断结果是否正常。

电机 U、V、W 线工作电流　　　　　　　　　　　　　　　　表 3-2-17

测量项目	电流值	标准值	测量结果判断
U 线交流电			
V 线交流电			
W 线交流电			

(4)测量驱动电机三相绕组。

①检查车辆电门是否处于关闭状态,拆下低压蓄电池负极,缠绕绝缘胶布,防止其与蓄电池端子接触。

②如图 3-2-34 所示,拆下电机控制器连接至插件,测量三相绕组阻值,将测量值填入表 3-2-18,并判断结果是否正常。

电机 U、V、W 三相绕组电阻值　　　　　　　　　　　　　表 3-2-18

测量项目	阻值	标准值	测量结果判断
U–V			
V–W			
W–U			

③测量电机三相绕组与车身搭铁的绝缘阻值。

如图 3-2-35 所示,数字兆欧表选择电压按钮＿＿＿＿＿V,黑表笔接车身搭铁,红表笔依次连接驱动电机的 U、V、W 三相交流线束,将测量值填入表 3-2-19,查阅维修手册,并判断结果是否正常。

图 3-2-34　测量电机三相绕组阻值

图 3-2-35　测量电机三相绕组绝缘电阻值

电机的 U、V、W 三相绕组绝缘电阻　　　　　　　　　　　表 3-2-19

测量项目	绝缘值	标准值	测量结果判断
U–车身搭铁			
V–车身搭铁			
W–车身搭铁			

4）确认故障点

_____

5）确认维修方案

_____

6）维修结果检验

请根据车辆维修检查情况，填写完成结果检验分析表3-2-20。

结果检验分析表　　　　　　　　　　　　　　　　　　　　　表3-2-20

步 骤 一	检测项目内容	备注说明
打开车辆钥匙ON挡，再次确认故障	故障灯状态：□亮/□不亮 故障现象记录：	
步 骤 二	检测项目内容	备注说明
故障代码再次读取	故障代码记录：	

7）恢复车辆

8）收拾工具、仪器、设备，打扫工位场地

四、检查评估

1. 请各小组根据驱动电机检测数据，分析车辆驱动电机的工作情况并进行讨论，然后现场展示。

2. 请按照个人的实际情况如实填写表3-2-21，所获得的成绩为本次课堂学习成绩。

学生学习评价表　　　　　　　　　　　　　　　　　　　　　表3-2-21

评价项目	评价内容	评价标准			评价方式		
		优（5分）	良（3分）	及格（1分）	自评	小组互评	师评
学习态度	1.学习目标明确； 2.对维修学习兴趣浓厚，在学习过程中参与度高； 3.保质保量按时完成作业； 4.上课积极回答老师的问题	积极，热情，主动	积极，热情，但欠主动	态度一般			
学习方式	1.学生个体的自主学习能力强，会倾听、思考和质疑； 2.学生之间能采取合作学习的方式，并在合作中分工明确地进行有序和有效的探究； 3.学生在学习中能自主反思，发挥求异、求新的创新精神，积极地提出问题和讨论问题	自主学习能力强，会倾听、思考和质疑	自主学习能力较强，会倾听、思考	自主学习能力一般，会倾听			
参与程度	1.认真参加维修学习活动，积极思考，善于发现问题，勇于解决问题； 2.愿意和同学多沟通，努力提高语言表达与交流能力； 3.认真记录实践活动的内容活动，个人操作规范、效率高	积极思考，善于发现问题，勇于解决问题，表达能力强	积极思考，善于发现问题，勇于解决问题	能发现问题，但解决问题能力一般			

续上表

评价项目	评价内容	评价标准			评价方式		
		优(5分)	良(3分)	及格(1分)	自评	小组互评	师评
合作意识	1. 积极参加小组合作学习,勇于接受任务、敢于承担责任; 2. 小组分工明确,取长补短,共同提高; 3. 乐于助人,积极帮助学习有困难的同学; 4. 公平、公正地进行自评和互评,评价过程认真、负责、有诚信	合作意识强,组织能力好,与别人互相提高,有学习效果	能与他人合作,并积极帮助有困难的学习	有合作意识,但总结能力不强			
探究活动	1. 积极尝试汽车维修专业的研究过程; 2. 形成严谨的科学态度,不怕困难的科学精神; 3. 勇于质疑,善于反思,有创新意识; 4. 善于观察分析数据流,提出有意义的问题,猜测、探求适当的检测结论和规律,给出解释和证明,完成探究活动报告	对事物的性质、规律及该事物与其他事物的内在联系达到较深刻的理解	理解较浅	理解模糊			
其他	情感、态度、价值观的转变和汽车维修专业认知水平的发展	学习态度、认知水平有很大提高	学习态度、认知水平有较大提高	学习态度、认知水平有些提高			
综合评价	小组评价等级		任课教师评价等级		教师寄语:		

综合评价——A:优秀(24～30分);B:良好(18～23分);C:一般(12～17分);D:有待改进(6～11分)。

项目三　充电系统的检测

对于一辆电动汽车而言,电池充电设备是其不可缺少的子系统之一。电池充电设备的功能是将电网的电能转化为电动汽车车载蓄电池的电能。电动汽车充电装置总体上可分为车载充电装置和非车载充电装置。

车载充电装置,指安装在电动汽车上的采用地面交流电网和车载电源对电池组进行充电的装置。包括车载充电器和运行能量回收充电装置,它将一根带插头的交流动力电缆线直接插到电动汽车的插座中给电动汽车充电。

非车载充电装置,即地面充电装置,主要包括专用充电机、专用充电站、通用充电机、公共场所用充电站等,可以满足各种电池的各种充电方式。

车载充电器故障信息将通过 CAN 总线报至总线上,通过 CAN 总线找出故障信息。电动汽车车载充电系统常见故障有:(1)12V 低压供电异常;(2)充电机检测的电池电压不满足要求;(3)充电机检测与充电桩握手不正常;(4)充电桩输入电压不正常等。

学习任务　慢充系统的检测

情景导入

一辆北汽 EV160 汽车在正常行驶后,显示电量不足,需对汽车进行充电,但是无法充电。维修人员在进行基本检查后,初步断定车辆充电系统存在故障,车辆需要进一步进行电路检测才能确定故障原因。

学习目标

(1)了解电动汽车充电系统的组成及工作原理;
(2)学会查阅资料,根据电路图,分析电路故障范围;
(3)学会检测慢充系统电路。

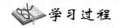

一、计划、决策

1. 计划实施步骤

查找相关资料→准备设备、工具→根据资料进行车辆检查→分析研究数据→共享研究成果→收拾整理工位。

2. 分配工作任务

请根据每个小项目中,每个人所分配的角色任务不同,在表 3-3-1 中填写相关职责与任务要求。

表 3-3-1

序 号	小项目任务	个人职责(任务)	任 务 要 求
1	查找相关资料		
2	准备设备、工具		
3	根据资料进行车辆检查		
4	分析研究数据		
5	共享研究成果		
6	收拾整理工位		

二、资讯

充电系统是电动汽车主要的能源补给系统,分为慢充系统(即常规充电)、快充系统及低压充电(12V 低压电源蓄电池充电)系统。

1. 慢充系统

1) 慢充系统的组成

如图 3-3-1 所示,慢充系统使用额定电压为 250V、额定电流为 16A 或 32A 的交流电,通过整流变换,变换为高压直流电给动力电池进行供电。慢充系统主要部件包括供电设备(电缆保护盒、充电桩、充电线等)、慢充接口、车内高压线束、高压配电盒、车载充电器、动力电池等。

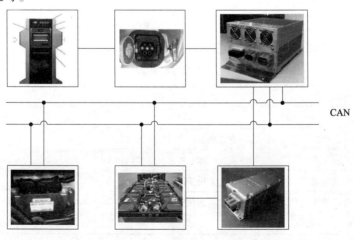

图 3-3-1　慢充系统构成简图

2) 慢充系统控制策略

慢充系统作为纯电动汽车的核心,动力电池的充电过程由 BMS 进行控制与保护。

车载充电器工作状态及指令均由 BMS 发出的指令进行控制,包括工作模式指令、动力电池允许最大电压、充电允许最大电流、加热状态电流值。

电池加热状态与充电状态具有以下差异:

(1)加热状态时,BMS 将闭合负极继电器和加热继电器,通过 PTC 加热器给动力电池包内的电芯进行加热,此时 PTC 加热器相当于一个电阻负载,充电机对负载直接供电,此时充电机不判断其输出端电压即闭合继电器开始工作。

(2)充电状态时,BMS 将闭合正极及负极继电器,车载充电器将先判断其输出端电压值,当检测到电压值满足充电后,充电机将闭合其输出端继电器,并开始工作。

3)慢充系统工作原理

如图 3-3-2 所示,车载充电器接通 220V 交流市电后,VCU、仪表及数据采集终端被唤醒,VCU 唤醒 BMS,BMS 检测电池状态确定是否需要加热,此时车载充电器 12V 低压供电,并等待 VCU 指令,BMS 发送加热指令,并接受车载充电器反馈指令。

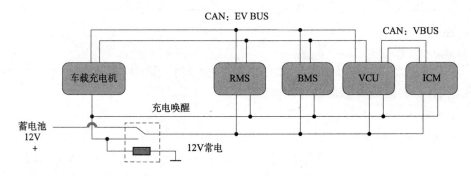

图 3-3-2 慢充系统与低压控制

待电池加热程序结束,BMS 控制正、负继电器吸合,并发送充电指令至 VCU,VCU 通过慢充唤醒信号将车载充电器唤醒,车载充电器执行 BMS 充电指令,完成动力电池充电。BMS 监控电池状态并适时发送完成指令,车载充电器接收指令并停止工作,BMS 断开正、负继电器,与 VCU 恢复待机状态。慢充控制原理如表 3-3-2 所示。

慢充控制原理　　　　　　　　　　　　　　表3-3-2

车载充电器	动力电池及 BMS	VCU、仪表及数据采集终端
220V 上电	待机	待机
12V 低压供电并等待指令	BMS 检测电池状态并发送加热指令	唤醒
接收指令并停止工作	BMS 监控电池温度并发送加热指令	唤醒
接收指令并执行充电流程	BMS 待充电机反馈后发送充电指令	唤醒
接收指令并停止工作	BMS 监控电池状态并发送完成指令	唤醒
完成后 1min 控制充电桩结算	待机	待机

4)充电温度与充电电流的关系

车载充电器充电时,需要时刻监控车载充电器与电池的温度,温度过高、过低都会对电池充电造成影响,如表 3-3-3 所示。

车载充电器充电温度与充电电流表   表3-3-3

温　度	小于0℃	0℃~55℃	大于55℃
可充电电流	0A	10A	0A
备注	当电芯最高电压高于3.6V时,降低充电电流到5A,当电芯电压达到3.7V时,充电电流为0A,请求停止充电		

5) 车载充电器功能、工作状态与故障表现

(1) 车载充电器功能。

电动汽车车载充电器采用高频开关电源技术,主要功能是将交流220V市电转换为高压直流电给动力电池进行充电,保证车辆正常行驶。同时车载充电器具有相应的保护功能(过压、欠压、过流、欠流等多种保护措施),当充电系统出现异常会及时切断供电。

(2) 车载充电器工作状态。

车载充电器在工作时,工作指示灯会点亮,说明车载充电器各部分工作情况。

①交流电源指示灯:当接通220V交流电后,电源指示灯亮起。

②工作指示灯:当充电机接通电池进入充电状态后,充电指示灯亮起。

③警告指示灯:当充电机内部有故障或者错误的操作时,警告指示灯亮起。

(3) 车载充电器故障表现。

如果充电系统出故障,车载充电器也会利用指示灯报警,如表3-3-4所示。

充电系统故障分析   表3-3-4

故障描述	解　决　方　法
不充电,电源交流灯不亮	检查高压充电母线是否与充电机直流输出连接完好。确认电池的接触器是否已经闭合
不充电,警告灯闪	确认输入电压在170~263VAC之间,输入电缆的截面积在2.5mm² 以上
不充电,警告灯闪,且风扇不转	过热告警,请清理风扇的灰尘

6) 车载充电器线路布置

(1) 车载充电器接口。

如图3-3-3所示,北汽EV160车载充电器有三个接口,分别是低压通信接口、交流输入接口与直流输出接口。车载充电器低压通信接口与低压电源电路连接,并通过CAN通信线与BMS、VCU信息传递;交流输入接口通过慢充线与充电枪连接,输入220V交流市电;输出接口通过高压线束与高压盒连接,车载充电器将220V交流市电转换成330V直流电后,通过高压盒,以9A左右的电流,给动力电池进行慢速充电。

车载充电器的电路如图3-3-4所示,慢充口上的CC、CP针脚分别为充电连接确认信号、控制确认。CC针脚有12V常电,当车辆接上充电枪时,CC针脚通过充电枪与CP针脚相接,车辆钥匙旋至ON挡时,仪表充电连接指示灯、动力电

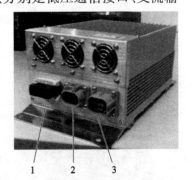

图3-3-3 车载充电器接口
1-低压通信端;2-直流输出端;3-交流输入端

池断开指示灯点亮,此时车辆充电模式优先行驶模式。11#针脚与VCU连接,为充电连接确认信号线。当车辆没有连接充电枪时,此信号线为高电位;当连接上充电枪后,此信号线为低电位。15#针脚与VCU连接,为慢充唤醒信号。此信号线为VCU对车载充电器的12V唤醒信号线。当车辆连接充电枪并接通220V交流市电时,此信号线电压为12V。

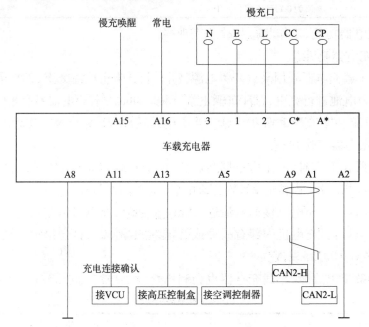

图3-3-4 车载充电器的电路简图

（2）车载充电器各接口的针脚布置。

车载充电器各接口的针脚布置如图3-3-5、图3-3-6、图3-3-7所示。

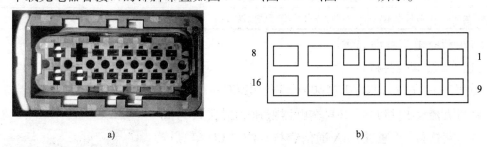

图3-3-5 车载充电器低压通讯接口

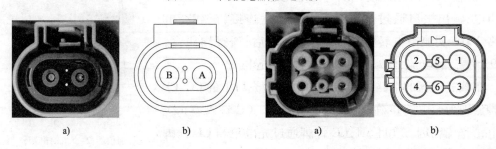

图3-3-6 车载充电器直流输出接口　　　　图3-3-7 车载充电器交流输入接口

（3）车载慢充口定义。

车载慢充口定义如图3-3-8所示。

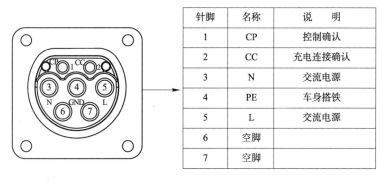

针脚	名称	说明
1	CP	控制确认
2	CC	充电连接确认
3	N	交流电源
4	PE	车身搭铁
5	L	交流电源
6	空脚	
7	空脚	

图3-3-8 慢充口

2. 快充系统

1）快充系统的组成

快速充电一般使用的充电电压为电池额定电压的1.2倍，充电电流为0.2~0.8C（其中C指电池容量，如1000mAh的锂电池，1C就是指100mA大小的电流）。以北汽EV160车型为例，该车型电池的额定电压为320V，充电电压约为380V；车辆电池的容量为80Ah，快充电压约为50A。充电桩以这样的高压直流电，通过功率变换后，直接将高压大电流通过母线传递给动力电池进行充电。

如图3-3-9所示，快充系统主要部件：电源设备（快充桩）、快充接口、车内高压线高压配电盒、动力电池等。

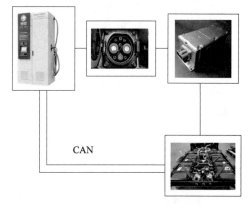

图3-3-9 快充系统实物框图

2）快充系统工作原理

如图3-3-10所示，快充口接上高压直流电后，VCU、仪表及数据采集终端被唤醒，VCU唤醒BMS，BMS检测电池状态确定是否需要加热，此时车载充电器12V低压供电并等待VCU指令，BMS发送加热指令，接受车载充电器反馈指令。

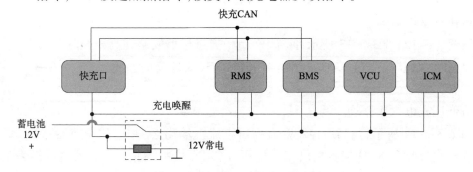

图3-3-10 快充系统低压与控制方式

待电池加热程序结束,BMS 控制正、负继电器吸合,并发送充电指令至 VCU,VCU 将高压控制盒内的吸合,高压电通过快充线,经过快充继电器完成动力电池充电。BMS 监控电池状态并适时发送完成指令,VCU 接收指令并停止快充继电器工作,BMS 断开正、负继电器,与 VCU 恢复待机状态。

3)充电温度与充电电流的关系

快充采用地面充电机充电,充电温度与充电电流要求(非车载充电器模式下充电要求)如表 3-3-5 所示。

充电温度与充电电流的关系 表 3-3-5

温　　度	小于 5℃	5℃~15℃	15℃~45℃	大于 45℃
可充电电流	0A	20A	50A	0A
备注		恒流充电至 343V/3.5V 以后转为恒压充电方式		

快充和慢充的流程均为:采用恒流 - 恒压充电方法,在不同温度范围内以恒定电流充电至动力电池组总电压达到或最高单体电压达到此温度条件下的规定电压值,以恒定电压充电至电流小于 0.8A 后停止充电。

4)快充口接口定义

北汽 EV160 电动汽车快充口接口定义如图 3-3-11 所示。

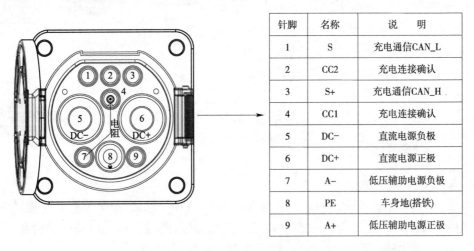

针脚	名称	说　　明
1	S	充电通信 CAN_L
2	CC2	充电连接确认
3	S+	充电通信 CAN_H
4	CC1	充电连接确认
5	DC-	直流电源负极
6	DC+	直流电源正极
7	A-	低压辅助电源负极
8	PE	车身地(搭铁)
9	A+	低压辅助电源正极

图 3-3-11　北汽 EV160 电动汽车快充接口定义

5)快充继电器

如图 3-3-12、图 3-3-13 所示,两个正、负快充继电器安装在高压控制盒内部,当车辆实现快充时,VCU 控制正、负快充继电器吸合,实现快速充电。

3.低压充电

1)低压充电工作原理

如图 3-3-14 所示,当高压控制盒有高压直流电输出至 DC/DC 变换器时,VCU 通过使能信号线给 DC/DC 变换器输出 12V 电压,DC/DC 变换器将高压直流电转换为整车低压 12V 直流电,供给整车低压用电系统及铅酸电池充电。

图 3-3-12 快充继电器

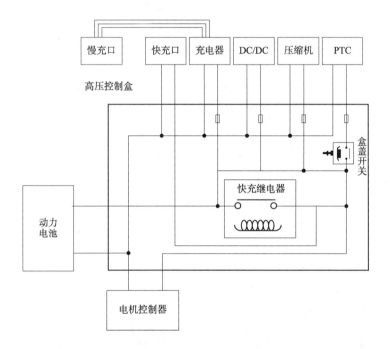

图 3-3-13 高压控制盒内部电路简图

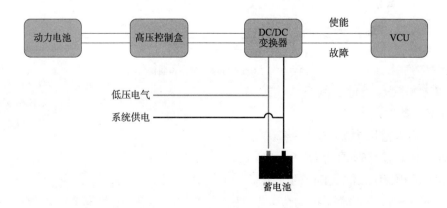

图 3-3-14 低压充电控制方式

2) DC/DC 转换器接口

如图 3-3-15 所示：DC/DC 转换器有四个接口，分别是低压输出负极、低压输出正极、低压控制端、高压输入端。

图 3-3-15　DC/DC 变换器接口

3) DC/DC 转换器接口针脚及定义（图 3-3-16、图 3-3-17）

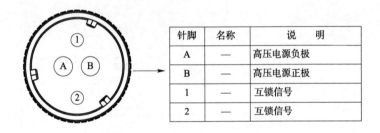

图 3-3-16　DC/DC 变换器高压输入接口

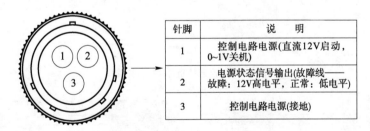

图 3-3-17　DC/DC 变换器低压控制接口

4) DC/DC 工作条件及判断

（1）工作条件。

①高压输入范围为 DC 290～420V。

②低压使能输入范围为 DC 9～14V。

（2）判断 DC/DC 是否工作的方法。

在保证整车线束正常连接的情况下，整车 ON 挡上电，读取蓄电池电压数值，查看变化情况，如果蓄电池电压升高至 13.8～14V 之间，判断 DC 正常工作。

三、实施

1. 准备工作(填写表3-3-6)

准备工作作业表　　　　　　表3-3-6

序　号	准　备　项　目	准　备　内　容
1	安全防护装备准备	
2	设备准备	
3	工具准备	
4	资料准备	
5	场地准备	

2. 实施步骤

1)识读慢充系统电路图

(1)绘制慢充系统电气原理图。

(2)识别车载充电器的低压线束插件。

如图3-3-18所示,请在方框内标注车载充电器低压插件针脚的序号。

图3-3-18　车载充电器低压通信接口

(3) 制定慢充系统低压电路检测方案。

① 连接充电线,观察车辆状态;

② 根据车辆充电状态的显示结果,分析故障原因和故障范围;

③ 测量车载充电器充电输出电流;

④ _____;

⑤ _____;

⑥ _____;

⑦ _____。

2) 检查慢充系统工作情况

(1) 安装车辆内外三件套,检查绝缘地垫铺置情况,在车身 2m 处放置安全警示标志;

(2) 检查绝缘鞋、绝缘手套、护目镜、安全帽、绝缘工具是否符合安全使用标准,穿戴绝缘防护装置;

(3) 检查车辆充电状况。

① 选择正确的充电线,并连接车辆充电口,填写表 3-3-7。

表 3-3-7

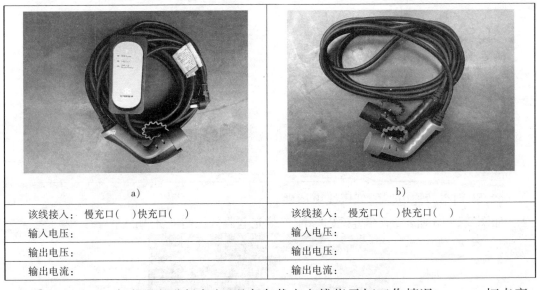

a)	b)
该线接入: 慢充口( ) 快充口( )	该线接入: 慢充口( ) 快充口( )
输入电压:	输入电压:
输出电压:	输出电压:
输出电流:	输出电流:

② 选择 220V 家庭用电进行充电,观察车载充电线指示灯工作情况,_____灯点亮,判断_____。

③ 如图 3-3-19 所示,观察仪表显示情况:充电连接指示灯未点亮,充电电压_____,充电电流_____,判断车辆无法充电,分析故障范围_____。

3) 测量车载充电器输出电流

使用电流钳测量慢充时,车载充电器的充电输出电流_____,判断_____。

图 3-3-19 车辆仪表充电显示情况

4) 车载充电线路的检测

(1) 断开车载充电线，用试笔检查 FB02 保险，拔出 FB02 保险，测量其电阻，检查结果、判断_____，如果保险损坏，需更换保险。

(2) 重新连接车载充电线，充电连接指示灯是否点亮_____，仪表显示充电电压_____，充电电流_____，判断_____。

(3) 测量车载充电线。

断开充电线与 220V 电源的连接，并从车辆上取下充电线。如图 3-3-20 所示，测量充电线 CC 与 CP 针脚间的电阻_____，判断_____。

(4) 测量充电线与车载充电器连接情况。

断开车辆蓄电池负极连接线，安装绝缘胶套防止其短路，将车载充电线与车辆慢充口连接。如图 3-3-21 所示，拆下车载充电器交流输入端插头，测量充电连接，确认 5 号端子与控制确认 6 号端子间的电阻_____，判断_____。

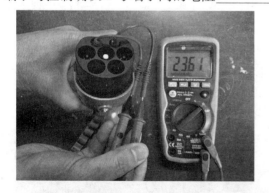

图 3-3-20 测量充电线 CC 与 CP 针脚间的电阻

图 3-3-21 测量充电线与车载充电器连接情况

5) 车载充电器低压电路的检测

(1) 检查车载充电器低压供电线路。

测量线束插件 16# 针脚与车身搭铁之间的电压_____，判断_____。

(2) 检测车载充电器低压负极线路。

车辆钥匙旋至 OFF 挡，拆下车载充电器低压插件，测量线束插件 2# 针脚与车身搭铁的电阻_____,判断_____;测量线束插件_____针脚与车身搭铁的电阻_____,判断_____。

(3)测量车载充电器的CAN线连接情况。

如图3-3-22所示,拆下车载充电器低压控制端,测量_____针脚与_____针脚间的电阻阻_____,判断_____。

(4)慢充连接确认信号的检测。

①如图3-3-23恢复车载充电器低压控制端插件与交流输入端插件,连接蓄电池负极,车辆钥匙旋至ON挡时,测量车载充电器低压控制端,慢充连接确认信号11#针脚与车身搭铁的电压_____,判断_____。

图3-3-22 测量车载充电器的CAN总线电阻

图3-3-23 测量慢充连接确认信号

②如图3-3-24车辆连接车载充电枪,车辆钥匙旋至ON挡时,测量车载充电器低压控制端,慢充连接确认信号11#针脚与车身搭铁的电压_____,判断_____。

③充电线连接220V交流电。关闭电门,测量车载充电器低压控制端11#针脚的电压_____,判断_____。

(5)慢充唤醒信号的检测。

如图3-3-25所示,测量车载充电器低压控制端_____针脚的电压_____,判断_____。

图3-3-24 测量慢充连接确认信号

图3-3-25 测量慢充唤醒信号

6) 确认故障点

_____。

7) 确定维修方案

_____。

8) 维修检验

连接充电线至车辆慢充口,断开车辆蓄电池负极连接线,安装绝缘防护套。拆下车载充电器交流输入端,测量充电连接,确认针脚与控制确认针脚间的电阻_____,判断充电线连接是否正常_____。

9) 恢复车辆

车载充电线连接车辆,连接220V交流电源,观察车辆仪表显示情况:指示灯点亮,显示充电电压328V,充电电流9A,确定车辆恢正常。

10) 收拾工具、仪器、设备,打扫工位场地

四、检查评估

(1) 请各小组总结车辆无法充电故障的排故思路,然后各小组派代表进行现场展示,时间为每组3min。

(2) 请按照个人的实际情况如实填写表3-3-8,所获得的成绩为本次课堂学习成绩。

学生学习评价表 表3-3-8

评价项目	评价内容	评价标准			评价方式		
		优(5分)	良(3分)	及格(1分)	自评	小组互评	师评
学习态度	1. 学习目标明确; 2. 对维修学习兴趣浓厚,在学习过程中参与度高; 3. 保质保量按时完成作业; 4. 上课积极回答老师的问题	积极、热情,主动	积极、热情,但欠主动	态度一般			
学习方式	1. 学生个体的自主学习能力强,会倾听、思考和质疑; 2. 学生之间能采取合作学习的方式,并在合作中分工明确地进行有序和有效的探究; 3. 学生在学习中能自主反思,发挥求异、求新的创新精神,积极地提出问题和讨论问题	自主学习能力强,会倾听、思考和质疑	自主学习能力较强,会倾听、思考	自主学习能力一般,会倾听			
参与程度	1. 认真参加维修学习活动,积极思考,善于发现问题,勇于解决问题; 2. 愿意和同学多沟通,努力提高语言表达与交流能力; 3. 认真记录实践活动的内容活动,个人操作规范、效率高	积极思考,善于发现问题,勇于解决问题,表达能力强	积极思考,善于发现问题,勇于解决问题	能发现问题,但解决问题能力一般			

续上表

评价项目	评价内容	评价标准			评价方式		
		优 (5分)	良 (3分)	及格 (1分)	自评	小组 互评	师评
合作意识	1. 积极参加小组合作学习,勇于接受任务、敢于承担责任; 2. 小组分工明确,取长补短,共同提高; 3. 乐于助人,积极帮助学习有困难的同学; 4. 公平、公正地进行自评和互评,评价过程认真、负责、有诚信	合作意识强,组织能力好,与别人互相提高,有学习效果	能与他人合作,并积极帮助有困难的学习	有合作意识,但总结能力不强			
探究活动	1. 积极尝试汽车维修专业的研究过程; 2. 形成严谨的科学态度,不怕困难的科学精神; 3. 勇于质疑,善于反思,有创新意识; 4. 善于观察分析数据流,提出有意义的问题,猜测、探求适当的检测结论和规律,给出解释和证明,完成探究活动报告	对事物的性质、规律及该事物与其他事物的内在联系达到较深刻的理解	理解较浅	理解模糊			
其他	情感、态度、价值观的转变和汽车维修专业认知水平的发展	学习态度、认知水平有很大提高	学习态度、认知水平有较大提高	学习态度、认知水平有些提高			
综合评价	小组评价等级	任课教师评价等级	教师寄语:				

综合评价——A:优秀(24~30分);B:良好(18~23分);C:一般(12~17分);D:有待改进(6~11分)。

项目四　整车控制系统的检测

整车控制系统主要是根据驾驶人的操作指示(加速、制动等),综合汽车当前的状态解释出驾驶人的意图,并根据各个单元的当前状态做出最优协调控制。

整车控制系统由 VCU、通信系统、零部件控制器以及驾驶人操纵系统构成,其主要功能是根据驾驶人的操作以及当前整车和零部件的工作状况,在保证安全和动力性的前提下,选择尽可能优化的工作模式和能量分配比例,以达到最佳的燃料经济性和排放指标。

整车控制系统中的 VCU 通过 CAN 总线与动力电池系统、驱动系统、底盘电子控制系统、仪表显示系统、空调系统、舒适性与安全系统各个控制单元连接。

VCU 通过传感器和 CAN 总线,检测车辆状态及其各子系统状态信息,驱动显示仪表,将状态信息和故障诊断信息经过显示仪表显示出来。

VCU 根据电机、电池、DC/DC 等零部件故障,整车 CAN 网络故障及 VCU 硬件故障进行综合判断,确定整车的故障等级,并进行相应的控制处理。

本项目主要包括三个学习任务:(1)整车控制系统控制线路故障检修;(2)车载总线系统的检测;(3)整车控制系统传感器的检测。

学习任务一　整车控制系统控制线路故障检修

情景导入

一辆北汽 EV160 电动汽车无法行驶,维修人员在进行基本检查后,发现车辆系统故障指示灯点亮,仪表显示电量为零,诊断仪无法进入,初步断定车辆整车控制系统出现故障,车辆需要进一步检测才能确定故障原因。

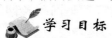

(1)理解整车控制系统的构架及上下电控制原理;
(2)学会根据电路图,分析电路故障范围;
(3)学会通过故障码和数据流检测整车控制系统故障;
(4)学会测量整车控制系统控制电路。

一、计划、决策

1. 计划实施步骤

查找相关资料→准备设备、工具→根据资料进行车辆检查→分析研究数据→共享研究成果→收拾整理工位。

2. 分配工作任务

根据每个小项目中,每个人所分配的角色任务不同,在表 3-4-1 中填写相关职责与任务要求。

表 3-4-1

序 号	小项目任务	个人职责(任务)	任 务 要 求
1	查找相关资料		
2	准备设备、工具		
3	根据资料进行车辆检查		
4	分析研究数据		
5	共享研究成果		
6	收拾整理工位		

二、资讯

1. 电动汽车整车控制系统构成

整车控制系统主要是判断操纵者意愿,根据车辆行驶状态、电池和电机系统的状态合理分配动力,使车辆运行在最佳状态。

VCU 包括微控制器、模拟量输入和输出、开关量调理、继电器驱动、高速 CAN 总线接口、电源等模块。VCU 对电动汽车动力链的各个环节进行管理、协调和监控,以提高整车能量利用效率,确保安全性和可靠性。VCU 采集驾驶人驾驶信号,通过 CAN 总线获得电机和电池系统的相关信息,进行分析和运算,通过 CAN 总线给出电机控制和电池管理指令,实现整车驱动控制、能量优化控制和制动回馈控制。VCU 还具有综合仪表接口功能,可显示整车状态信息;具备完善的故障诊断和处理功能;具有整车网关及网络管理功能。VCU 结构原理如图 3-4-1 所示。

2. VCU 的功能

如图 3-4-2 所示,新能源汽车 VCU 有以下基本功能。

1) 整车状态的获取功能及组成

(1) 整车状态的获取:通过车速传感器、挡位信号传感器等采用不同的采样周期检测整车的运行状态;

(2) 通过 CAN 总线获得原车功能模块、动力电池系统、电机驱动系统等状态信息。

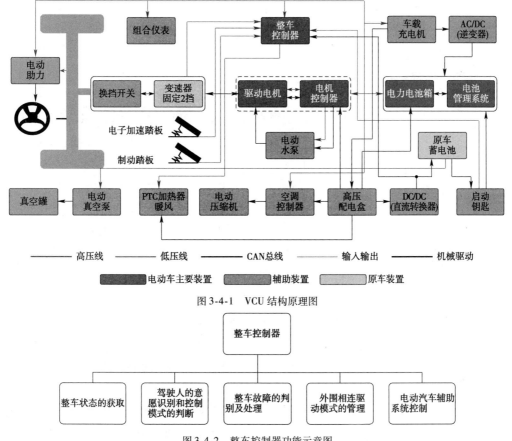

图 3-4-1　VCU 结构原理图

图 3-4-2　整车控制器功能示意图

2）驾驶人的意愿识别和控制模式的判断

（1）通过各种状态信息（加速/制动踏板位置、当前车速和整车是否有故障信息等）来判断出当前需要的整车工作模式（如起步、加速、减速、匀速行驶）；

（2）根据判断得出的整车工作模式、动力电池系统和电机驱动系统状态计算出当前车辆需要的转矩；

（3）根据当前的参数和状态及前一段时间的参数及状态，计算出当前车辆的转矩能力，根据当前车辆需要的转矩，计算出合理的最终需要实现的转矩。

3）整车故障的判别及处理

（1）判断整车的各个传感器、执行机构的状态；

（2）置出相应的错误标志，协调在错误情况下各个模块的计算、执行；

（3）将错误状态记录、输出、消除。

4）外围相连驱动模块的管理

根据各个功能模块的最终计算结果，通过总线控制各个外围功能模块（空调）。

5）电动汽车辅助系统的控制

（1）驾驶安全辅助设备：助力转向。

（2）电器附件：DC/DC、水泵、空调、暖风等。

(3)休闲娱乐辅助设备:DVD 播放器等。

3. VCU 上下电控制

1)上电顺序

纯电动车的点火钥匙只采用 OFF、ACC、ON 三个状态。

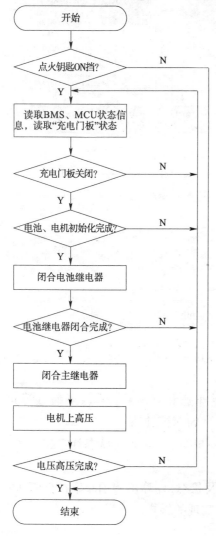

图 3-4-3　整车控制器上电顺序

(1)低压上电:

当点火钥匙由 OFF - ACC 时,VCU 低压上电;

当点火钥匙由 ACC - ON 时,BMS、MCU 低压上电。

(2)高压上电:

点火钥匙 ON 挡,BMS、MCU 当前状态正常且在之前一次上下电过程中整车无严重故障。

①BMS、MCU 初始化完成,VCU 确认状态;

②闭合电池继电器;

③闭合主继电器;

④MCU 高压上电;

⑤如挡位在 N 挡,仪表显示 Ready 灯点亮。如图 3-4-3 所示为 VCU 上电顺序示意图。

2)上电注意事项

点火钥匙旋转至 Start 挡,松开后回到 ON 挡;挡位处于 N 挡上电,踩下制动踏板。

3)上电异常情况

点火钥匙至于 ON 挡时,高压不能正常上电,需注意观察仪表信息:

(1)充电指示灯亮——关好充电门板,重新 ON 上电;

(2)动力电池故障灯亮——重新 ON 上电后,如仍亮,表明电池有故障;

(3)动力电池绝缘电阻低——检查动力电池的高压线连接情况;

(4)挡位显示状态闪烁——挡换到 N 挡;

(5)系统故障灯亮且无以上情况——需先检查蓄电池电量,VCU、MCU、BMS 低压供电情况,用诊断仪读取当前故障码。

4)下电顺序

纯电动车下电只需点火钥匙打到 OFF 挡,即可实现高压、低压电的正常下电:

(1)点火钥匙到 OFF 挡,主继电器断开,MCU 低压下电;

(2)辅助系统停止工作,包括 DC/DC、水泵、空调、暖风;

（3）BMS断开电池继电器；

（4）VCU下电。

VCU在下电前会存储行车过程中发生的故障信息。

4. 整车故障等级及处理

整车故障等级及处理如表3-4-2所示。

整车故障等级及处理　　　　　　　　　表3-4-2

等级	名称	故障后处理	举例
一级	致命故障	紧急断开高压	高压系统绝缘失效；高压系统短路、断路；控制模块工作异常等
二级	严重故障	二级电机故障零转矩；二级电池故障20A放电电流限功率	
三级	一般故障	进入跛行工况/降功率	加速踏板故障
四级	轻微故障	只有仪表显示，四级故障属于维修提示，但是VCU不对整车进行限制。四级能量回收故障，仅停止能量回收，行驶不受影响	真空度过低故障

5. 北汽EV160电动汽车整车控制系统电路

1）车载诊断（OBD-Ⅱ）系统的定义

OBD-Ⅱ诊断接头，如图3-4-4所示。

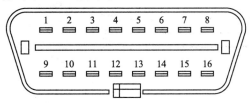

图3-4-4　OBD-Ⅱ诊断接头示意图

OBD-Ⅱ接口线束定义如下。

（1）Pin1：新能源CAN高，线号32。

（2）Pin9：新能源CAN低，线号33。

（3）Pin6：原车CAN高，线号52。

（4）Pin14：原车CAN低，线号53。

（5）Pin16：常电（BAT+）。

（6）Pin5：信号地线。

（7）Pin2：动力电池CAN高。

（8）Pin10：动力电池CAN低。

2）北汽EV160电动汽车整车控制系统（动力系统部分）电路分析

如图3-4-5所示，北汽EV160电动汽车整车控制系统（动力系统部分）电路主要由VCU模块、动力电池控制模块、MCU模块、车辆钥匙、ON挡继电器、电机继电器、换挡控制器、制动能量回收开关、加速踏板传感器、真空罐压力传感器等元件组成。

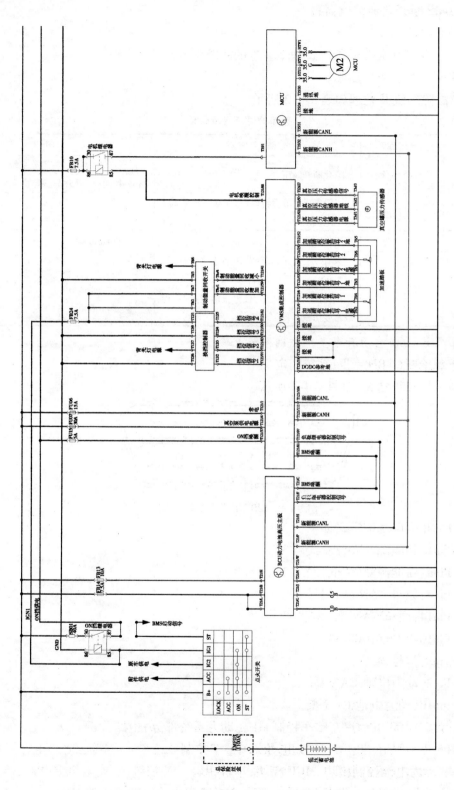

图 3-4-5 北汽 EV160 电动汽车整车控制系统（动力系统部份）电路图

当点火钥匙由 OFF 变为 ON 挡时，VCU 模块 T121/37 端子收到 ON 挡唤醒信号，VCU 低压上电；VCU 唤醒后，VCU 模块 T121/81 端子向动力电池控制模块发送 BMS 唤醒信号，同时，VCU 通过模块 T121/88 端子控制电机继电器绕组通电，电机继电器触点吸合，MCU T35/1 端子获得唤醒信号，此时，动力电池控制模块、MCU 模块低压上电。

动力电池控制模块、MCU 模块低压上电后，进行自检。如果当前状态正常且在之前一次上下电过程中整车无严重故障时，则动力电池控制模块、MCU 模块完成初始化，VCU 确认状态后，电池继电器和主继电器闭合，MCU 模块高压上电。

3）北汽 EV160 电动汽车整车控制单元接口针脚定义

如图 3-4-6、图 3-4-7 所示分别为整车控制单元 A/B 接口针脚位置图，其整车控制单元 A/B 接口针脚定义分别如表 3-4-3、表 3-4-4 所示。

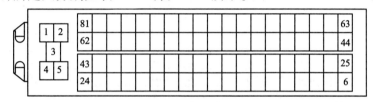

图 3-4-6　整车控制器线束端 121 芯插件 A（1~81）

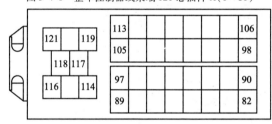

图 3-4-7　整车控制器线束端 121 芯插件 B（82~121）

整车控制器线束端 121 芯插件 A 定义　　　　表 3-4-3

端子号	定　义	端子号	定　义
1	蓄电池正极	21	制动开关信号
2	蓄电池负极	22	制动灯信号
3	真空泵 12V 输出信号	23	DC/DC 故障信号
4	真空泵供电电源	24	未使用
5	蓄电池负极	25	加速踏板位置信号 2
6	加速踏板位置信号 1	26	未使用
7~8	未使用	27	真空助力压力传感器
9	加速踏板位置信电源	28	加速踏板位置信号 2 电源
10~11	未使用	29~32	未使用
12	安全带状态	33	出租车报警熄火信号
13	高低压互锁信号	34	未使用
14	远程模式开关	35	管路压力信号 1
15	EPS 故障信号	36	慢充连接确认
16	管路压力开关 2 信号	37	ON 挡唤醒
17	快充连接确认 CC2 信号	38	未使用
18~20	未使用	39~40	未使用

续上表

端子号	定 义	端子号	定 义
41	制动能量回收增加	54~58	未使用
42	未使用	59	制动能量回收减小
43	安全气囊碰撞信号	60	未使用
44~49	未使用	61	未使用
50	真空压力传感器搭铁线	62	DC/DC 使能
51	DC/DC 参考地	63	屏蔽搭铁线
52	加速踏板位置信号 2 搭铁	64~80	未使用
53	加速踏板位置信号 1 搭铁	81	BCU 唤醒

整车控制器线束端 121 芯插件 B 定义　　　　　表 3-4-4

端子号	定 义	端子号	定 义
82	挡位信号 4	102	未使用
83	挡位信号 2	103	XC2234 刷程序 CAN 低
84	挡位信号灯	104	新能源 CAN 低
85	仪表充电灯点亮信号	105	快充唤醒
86	未使用	106	未使用
87	未使用	107	未使用
88	电机继电器使能输出	108	原车 CAN 高
89	未使用	109	未使用
90	挡位信号 3	110	XC2234 刷程序 CAN 高
91	挡位信号 1	111	新能源 CAN 高
92	真空助力压力传感器电源	112	远程唤醒
93	EPS 助力转向车速信号	113	慢充唤醒
94	未使用	114	未使用
95	未使用	115	冷却水泵继电器控制
96	倒车灯继电器控制	116	充电负极继电器控制
97	总负继电器开关	117	低速冷却风扇控制
98	未使用	118	充电正极继电器控制
99	未使用	119	DC/DC 使能
100	未使用	120	高速冷却风扇控制
101	原车 CAN 低	121	空调系统继电器控制

三、实施

1. 准备工作(填写表 3-4-5)

准备工作作业表　　　　　表 3-4-5

序 号	准 备 项 目	准 备 内 容
1	安全防护装备准备	
2	设备准备	
3	工具准备	
4	资料准备	
5	场地准备	

2. 实施步骤

1）检查确认故障现象

（1）如图3-4-8所示，车辆钥匙为ON挡，观察仪表故障指示灯显示情况：车辆动力电池组剩余电量_____，仪表异常显示情况_____。

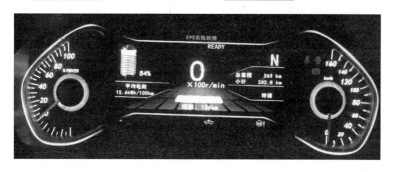

图3-4-8　仪表故障指示灯显示情况

（2）举升车辆，车轮离地至少15cm；

（3）挂挡检查车辆是否能正常行驶_____。

2）使用诊断仪，读取整车控制系统故障码和数据流

（1）进入整车控制系统，读取图3-4-9中故障码，将故障码记录到表3-4-6中。

图3-4-9　故障码读取

故 障 码 记 录 表　　　　　　　　　　表3-4-6

序　号	故　障　码	故　障　描　述

(2)读取图 3-4-10 中相关数据流,并将数据流记录到表 3-4-7 内。

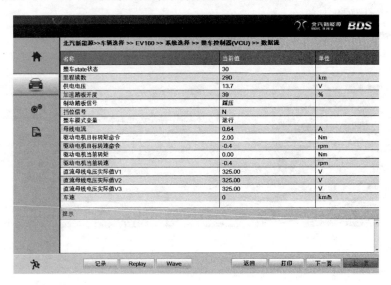

图 3-4-10　读取相关数据流

相关数据流记录　　　　　　　　　　　　　　　表 3-4-7

序　号	数据名称	测量条件	当前值	结　论
1	直流母线电压			
2	挡位信号			
3	加速踏板开度			
4	制动踏板信号			
5	驱动电机当前温度			
6	驱动电机电流			
7				

3)检查整车控制系统模块的供电情况

(1)检查 VCU 供电情况。

用试笔检查 VCU 模块供电熔断丝情况,熔断丝符号、容量/A：_____、性能判断_____。

(2)检查动力电池控制模块供电情况。

用试笔检查动力电池控制模块供电熔断丝情况,熔断丝符号、容量/A：_____、性能判断_____。

(3)检查电机控制模块供电情况。

①检查电机继电器及线路。

拆下电机继电器,根据整车控制系统电路原理(图 3-4-5),用试笔分别检测继电器

30号端子、86号端子是否有电,如果无电,则检查FB10保险是否熔断,如有故障,应加以修复或更换。

检测结果及判断:_____。

用万用表电阻挡检测电机继电器绕组的电阻应为70～100Ω,实测值_____,然后继电器绕组通电检测触点闭合电阻,应小于0.1Ω,实测值_____,否则应更换电机继电器。

检测结果及判断_____。

②检查电机控制器BMS唤醒控制信号。

如图3-4-11所示,用试笔一端接12V电源,另一端接电机继电器85号端子,车辆钥匙为ON挡时,试笔应点亮,实测情况_____,否则整车控制系统有故障。

检测结果及判断_____
_____。

图3-4-11 电机控制器BMS唤醒控制信号检测

4)检查动力电池控制模块BMS唤醒信号

(1)如图3-4-12所示,车辆钥匙为OFF挡时,拆下动力电池控制模块线束插件,用万用表测量T21/C端子信号电压,信号电压应为低电位,实测值_____。

(2)如图3-4-13所示,当车辆钥匙为ON挡时,信号电压应为高电位,实测值_____,否则检查动力电池控制模块BMST21/C端子与整车控制器模块T121/81端子之间的线路有无断路或短路故障。

检测结果及判断_____。

图3-4-12 OFF挡,BMS唤醒信号电压检测　　图3-4-13 ON挡,BMS唤醒信号电压检测

5)制定故障维修方案

_____,排除故障。

6)维修结果检验

请根据车辆维修检查情况,填写完成结果检验分析表3-4-8。

结果检验分析表　　　　　　　　　　　　　　表3-4-8

步骤一	检测项目内容	备注说明
车辆钥匙旋至ON挡再次确认故障	故障灯状态：□亮/□不亮	
	故障现象记录：	
步骤二	检测项目内容	备注说明
故障代码再次读取	故障灯状态：□亮/□不亮	
	仪器连接状态：□正常/□不正常	
	故障代码记录：	

四、检查与评估

(1) 请各小组根据整车控制系统检测的数据，分析车辆整车控制系统的工作情况，并进行讨论，然后现场展示。

(2) 请按照个人的实际情况如实填写表3-4-9，所获得的成绩为本次课堂学习成绩。

学生学习评价表　　　　　　　　　　　　　　表3-4-9

评价项目	评价内容	评价标准			评价方式		
		优(5分)	良(3分)	及格(1分)	自评	小组互评	师评
学习态度	1.学习目标明确； 2.对维修学习兴趣浓厚，在学习过程中参与度高； 3.保质保量按时完成作业； 4.上课积极回答老师的问题	积极,热情,主动	积极,热情,但欠主动	态度一般			
学习方式	1.学生个体的自主学习能力强，会倾听、思考和质疑； 2.学生之间能采取合作学习的方式，并在合作中分工明确地进行有序和有效的探究； 3.学生在学习中能自主反思，发表求异、求新的创新精神，积极地提出问题和讨论问题	自主学习能力强,会倾听、思考和质疑	自主学习能力较强,会倾听、思考	自主学习能力一般,会倾听			
参与程度	1.认真参加维修学习活动，积极思考，善于发现问题，勇于解决问题； 2.愿意和同学多沟通，努力提高语言表达与交流能力； 3.认真记录实践活动的内容活动，个人操作规范、效率高	积极思考,善于发现问题,勇于解决问题,表达能力强	积极思考,善于发现问题,勇于解决问题	能发现问题,但解决问题能力一般			
合作意识	1.积极参加小组合作学习，勇于接受任务、敢于承担责任； 2.小组分工明确，取长补短，共同提高； 3.乐于助人，积极帮助学习有困难的同学； 4.公平、公正地进行自评和互评，评价过程认真、负责、有诚信	合作意识强,组织能力好,与别人互相提高,有学习效果	能与他人合作,并积极帮助有困难的学习	有合作意识,但总结能力不强			

续上表

评价项目	评 价 内 容	评价标准			评价方式		
		优 (5分)	良 (3分)	及格 (1分)	自评	小组互评	师评
探究活动	1. 积极尝试汽车维修专业的研究过程； 2. 形成严谨的科学态度，不怕困难的科学精神； 3. 勇于质疑，善于反思，有创新意识； 4. 善于观察分析数据流，提出有意义的问题，猜测、探求适当的检测结论和规律，给出解释和证明，完成探究活动报告	对事物的性质、规律及该事物与其他事物的内在联系达到较深刻的理解	理解较浅	理解模糊			
其他	情感、态度、价值观的转变和汽车维修专业认知水平的发展	学习态度、认知水平有很大提高	学习态度、认知水平有较大提高	学习态度、认知水平有些提高			
综合评价	小组 评价等级	任课教师 评价等级	教师寄语：				

综合评价——A：优秀(24~30分)；B：良好(18~23分)；C：一般(12~17分)；D：有待改进(6~11分)。

学习任务二　车载总线系统的检测

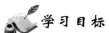

情景导入

一辆北汽EV160电动汽车在正常行驶过程中，突然无法加速，维修人员在进行基本检查后，发现车辆多个系统故障指示灯点亮。初步断定车辆整车控制系统出现故障，车辆需要进一步电路检测才能确定故障原因。

学习目标

（1）了解车载CAN总线系统的构架及控制原理；
（2）学会查阅维修手册，分析故障原因，制定维修策略；
（3）学会根据电路图，分析电路故障范围；
（4）学会对车载CAN总线系统进行故障诊断与检测。

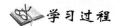

学习过程

一、计划、决策

1. 计划实施步骤

查找相关资料→准备设备、工具→根据资料进行车辆检查→分析研究数据→共享研究成果→收拾整理工位。

2. 分配工作任务

请根据每个小项目中每个人所分配的角色任务不同,在表 3-4-10 中填写相关职责与任务要求。

表 3-4-10

序 号	小项目任务	个人职责(任务)	任 务 要 求
1	查找相关资料		
2	准备设备、工具		
3	根据资料进行车辆检查		
4	分析研究数据		
5	共享研究成果		
6	收拾整理工位		

二、资讯

1. 汽车 CAN 总线系统概述

1) CAN-BUS 的定义

CAN-BUS 即 CAN 总线技术,全称为"控制器局域网总线技术(Controller Area Network-BUS)"用于汽车上各种传感器数据的传递。CAN-BUS 总线技术在民用汽车的应用最早起源于欧洲。

2) CAN 数据传输系统

如图 3-4-14 所示,目前汽车上的 CAN 总线连接方式主要有两种:一种是用于驱动系统的高速 CAN 总线,速率可达到 500kb/s;另一种是用于车身系统(舒适系统)的低速 CAN 总线,速率为 100kb/s。

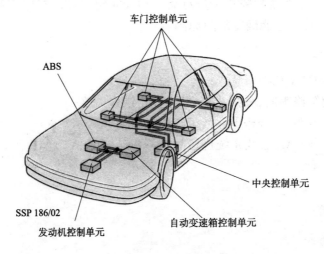

图 3-4-14 CAN 总线连接方式

高速 CAN 总线(动力总线):主要连接发动机控制单元、ABS 控制单元、安全气囊控制单元、组合仪表等这些与汽车行驶直接相关的系统。

低速 CAN 总线(舒适系统总线):主要连接中控锁、电动门窗、后视镜、车内照明灯等对数据传输速率要求不高的车身舒适系统。

除此之外,还有一种子总线系统,其主要连接电器开关与控制单元,或传感器与控制单元。LIN(Local Interconnect Network)是低成本的汽车网络总线,也是汽车网络 CAN 总线的补充。

如图 3-4-15 所示,典型的 LIN 总线应用在汽车的座椅、空调、照明灯、车窗、交流发电机等单元中。

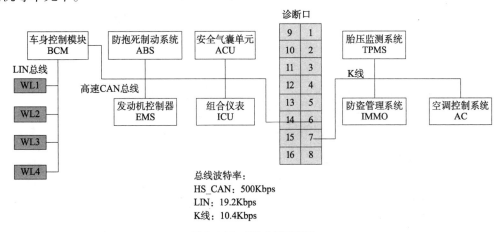

图 3-4-15　LIN 总线示意图

3)CAN 数据总线的构成

CAN 数据总线由 1 个控制器、1 个收发器、2 个数据传输终端和 2 条数据传递线构成(图 3-4-16)。其各部件功能如下。

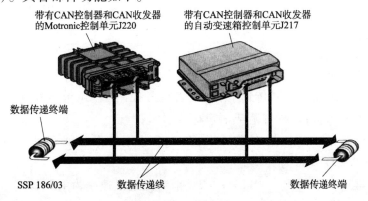

图 3-4-16　CAN 数据总线的构成

(1)CAN 控制器的作用是接收控制单元中微处理器发出的数据,处理数据并传给 CAN 收发器。同时 CAN 控制器也接收收发器收到的数据,处理数据并传给微处理器。

(2)CAN 收发器是一个发送器和接收器的组合件,它将 CAN 控制器提供的数据转化成电信号并通过 CAN 数据总线发送出去;同时,也接收通过 CAN 数据总线传输来的数据,并将数据传输到 CAN 控制器。

(3)数据传递终端实际是一个电阻器,其作用是避免数据因在传输终了时产生反射波而遭到破坏。

(4)CAN 数据总线是用于传输数据的双向(既可以发送,又可以接收数据)数据线,分为 CAN 高位(CAN—high)和 CAN 低位(CAN—low)数据线。对于数据没有指定的接收器,数据通过 CAN 数据总线被传输给各控制单元,各控制单元在接收数据后进行计算。为了防止外界电磁波的干扰和向外辐射电磁波,CAN 数据总线采用两条线缠绕在一起的双绞线。该两条线上的电位是相反的,如果一条线的电压是 5V,另一条线就是 0V,且两条线的电压和总等于恒值。通过该种方法,使 CAN 数据总线得到保护而免受外界电磁场的干扰,同时 CAN 数据总线也不向外辐射电磁波,即无辐射(图 3-4-17)。

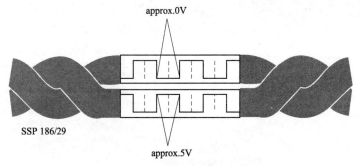

图 3-4-17　CAN 数据总线采用双绞线

4)网关(Gateway)的作用

由于不同区域 CAN – BUS 总线的速率和识别代号不同,因此一个信号要从一个总线进入到另一个总线区域,必须把它的识别信号和速率进行改变,能够让另一个系统接受,这个任务由网关(Gateway)来完成。

网关在车载网络中起到的"翻译"作用,它同时连接多种不同的 CAN 数据总线,并在传递数据时起"翻译"作用。

网关还具有改变信息优先级的功能。

5)CAN—BUS 通讯协议

CAN – BUS 系统需要信号传递规范,或者说各控制单元(包括发动机电控单元)必须使用相同的电子语言,这种规范或语言称为"协议"。

汽车控制网络常用的协议有数种,大众车系装用博世公司产品,采用 CAN 协议,CAN 协议已经被 ISO 颁布为 ISO 标准。

目前有标准 ISO11898 与 ISO11519 – 2。前者是通讯速率为 125kb/s – 1Mb/s 的高速通讯标准;后者是通讯速率最高为 125kb/s 的低速通讯标准。

CAN 数据总线作为一种串行多路总线,支持分布式实时控制通讯网络,其通讯介质可以是双绞线、同轴电缆或光纤。

6)CAN 总线数据交换基本原理

(1)提高数据传递的可靠性。

为了提高数据传递的可靠性,CAN 数据总线系统的两条导线(双绞线)分别用于不同的数据传送,即两条线分别为 CAN – High 线和 CAN – Low 线(图 3-4-18)。

图 3-4-18　CAN – High 线和 CAN – Low 线

(2)在显性状态和隐性状态之间进行转换时 CAN 导线上的电压变化。

在静止状态时,这两条导线上作用有相同预先设定值,该值称为静电平。对于 CAN 驱动数据总线来说,该值约为 2.5V。

在显性状态时,CAN – High 线上的电压值会升高一个预定值(对 CAN 驱动数据总线来说,这个值至少为 1V)。而 CAN – Low 线上的电压值会降低一个相同值(对 CAN 驱动数据总线来说,这个值至少为 1V)。于是在 CAN 驱动数据总线上,CAN – High 线就处于激活状态,其电压不低于 3.5V(2.5V + 1V = 3.5V),而 CAN – Low 线上的电压值最多可降至 1.5V(2.5V – 1V = 1.5V)。

(3)CAN 数据总线上的信号变化(以 CAN 驱动数据总线为例)如图 3-4-19 所示。

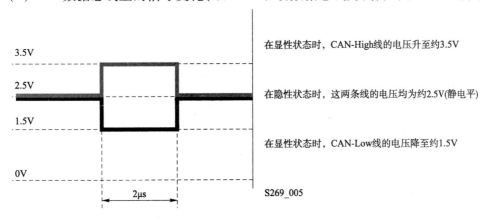

图 3-4-19　CAN 数据总线上的信号变化

2. 北汽 EV160 电动汽车 CAN 总线系统

(1)整车 CAN 总线系统架构图见图 3-4-20。

(2)整车 CAN 总线系统示意图。

①新能源 CAN 总线(EV – BUS 500kb/s)系统示意图见图 3-4-21。

②原车 CAN 总线(500kb/s)系统示意图见图 3-4-22。

(3)快充系统 CAN 总线(FC – BUS 250kb/s)和动力电池内部 CAN 总线示意图见图 3-4-23。

3. CAN 总线系统故障

一般说来,引起汽车 CAN – BUS 总线系统故障的原因有三种:一是汽车电源系统引起的故障;二是汽车 CAN – BUS 总线系统的节点故障;三是汽车 CAN – BUS 总线系统的链路故障。

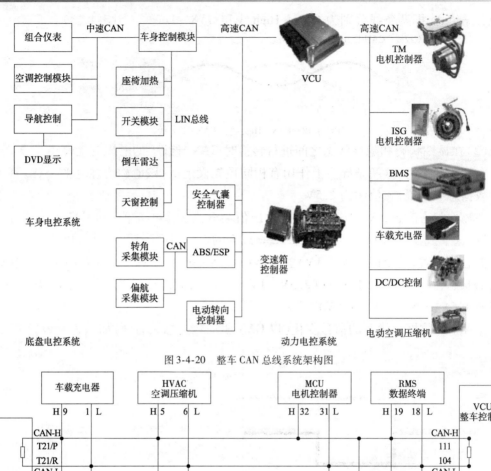

图 3-4-20　整车 CAN 总线系统架构图

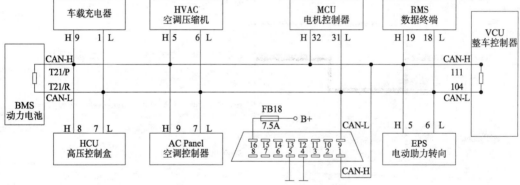

图 3-4-21　新能源 CAN 总线系统示意图

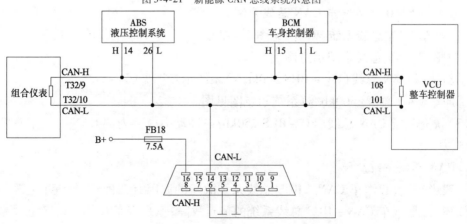

图 3-4-22　原车 CAN 总线系统示意图

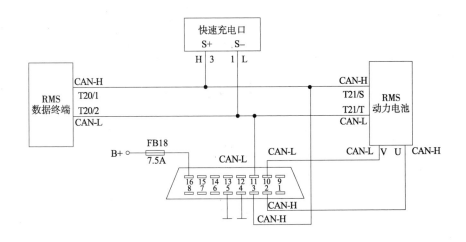

图 3-4-23　快充系统 CAN 总线和动力电池内部 CAN 总线示意图

1）电源系统故障

故障机理：汽车 CAN – BUS 总线系统的核心部分是含有通讯 IC 芯片的电控模块 ECM，电控模块 ECM 的正常工作电压为 10.5 ~ 15.0V。

如果汽车电源系统提供的工作电压低于该值，就会造成一些对工作电压要求高的电控模块 ECM 出现短暂的停止工作，从而使整个汽车 CAN – BUS 总线系统出现短暂的无法通讯。

2）节点故障

故障机理：节点是汽车 CAN – BUS 总线系统中的电控模块，因此节点故障就是电控模块 ECM 的故障，它包括软件故障和硬件故障。

软件故障——即传输协议或软件程序有缺陷或冲突，从而使汽车 CAN – BUS 总线系统通讯出现混乱或无法工作，这种故障一般成批出现，且无法维修。

硬件故障——一般由于通讯芯片或集成电路故障，造成汽车 CAN – BUS 总线系统无法正常工作。

对于采用低版本信息传输协议和点到点信息传输协议的汽车 CAN – BUS 总线系统，如果有节点故障，将使整个汽车 CAN – BUS 总线系统无法工作。

3）链路故障

当汽车 CAN – BUS 总线系统的链路（或通讯线路）出现故障时（如：通讯线路的短路、断路以及线路物理性质引起的通讯信号衰减或失真），将会引起多个电控单元无法工作或电控系统错误动作。

判断是否为链路故障时，一般采用示波器来观察通讯数据信号是否与标准通讯数据信号相符，如图 3-4-24 所示。

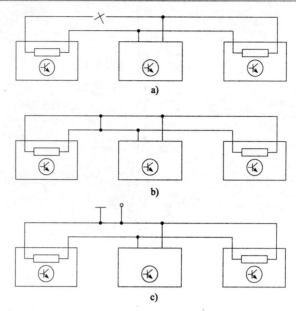

图 3-4-24 CAN 总线链路故障示意图
a)通讯线路断路;b)通讯线路短路;c)通讯线路搭铁

4. CAN 总线系统检修的方法

(1)了解车型 CAN-BUS 总线系统的特点,包括传输介质及 CAN-BUS 总线系统的结构形式等。

(2)检查电源系统是否存在故障,如蓄电池电压、发电机工作情况、供电线路、熔丝等。

(3)利用示波器测量波形,通过与正常波形进行比对分析系统出现的问题。

(4)通过测量,判断线路情况。在检修 CAN-BUS 总线系统线路的过程中,需通过不同的测量方法,判断故障部位。

(5)利用故障检测仪读取测量数据值块中信息传输系统的通讯状态。通过专用故障检测仪可以观察各电控单元间信息交流情况及工作状态是否正常。

(6)可采用替换法或跨线法对 CAN-BUS 总线系统的链路进行检测,以判断是否存在故障。

三、实施

1. 准备工作(填写表 3-4-11)

准备工作作业表　　　　　　表 3-4-11

序 号	准 备 项 目	准 备 内 容
1	安全防护装备准备	
2	设备准备	
3	工具准备	
4	资料准备	
5	场地准备	

2. 实施步骤

1）检查确认故障现象

（1）如图 3-4-25 所示，车辆钥匙旋至 ON 挡，观察仪表故障指示灯显示情况：车辆动力电池组剩余电量_____，仪表异常显示情况_____。

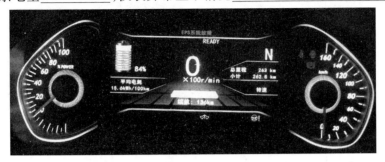

图 3-4-25　仪表故障指示灯显示情况

（2）举升车辆，车轮离地至少 15cm；

（3）挂挡检查车辆是否能正常行驶_____。

2）使用诊断仪扫描全车控制单元，读取故障码

（1）检查新能源 CAN 总线通讯情况。

连接诊断仪对全车控制单元进行快速测试，检查新能源 CAN 总线与各个控制单元通讯情况，如图 3-4-26 所示。

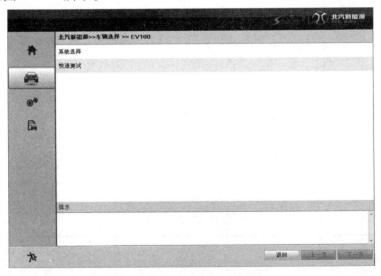

图 3-4-26　用诊断仪扫描全车控制系统

能通讯的控制单元_____
_____。

无法通讯的控制单元_____，如图 3-4-27 所示。

（2）如图 3-4-28 所示，进入诊断系统，读取相关 CAN 系统故障码，将检测结果填入表 3-4-12 中。

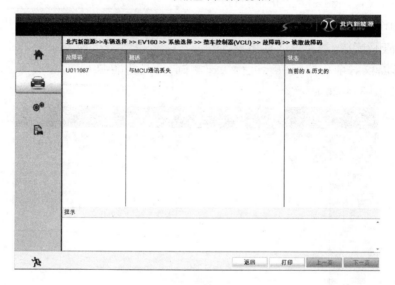

图 3-4-27 扫描全车控制系统结果

图 3-4-28 读取相关 CAN 系统故障码

故 障 码 记 录 表

表 3-4-12

序 号	控 制 单 元	故 障 码	故 障 描 述

3)检查无法通讯的控制单元供电情况

　　检查无法通讯的控制单元供电情况:熔断丝编号为_____;容量/A 大小为_____;熔断丝性能判断_____。

4) 检测新能源 CAN 总线电压

如图 3-4-29 所示,将万用表的两支表笔分别接到诊断座 1#端子与 4#端子,9#端子与 4#端子上,打开车辆钥匙,记录 CAN – H、CAN – L 与地的电压值。CAN – H 电压 _____,CAN – L 电压_____,检测结论_____。

提示:新能源 CAN 总线 CAN – H、CAN – L 与车身搭铁电压正常值:CAN – H 电压一般大于 2.5V,约 2.5 ~ 2.8V 范围,CAN – L 电压小于 2.5V,约 2.1 ~ 2.5V 范围。如果 CAN – H(或 CAN – L)电压小于 1V,一般为 CAN – H(或 CAN – L)对车身搭铁短路故障,如果 CAN – H(或 CAN – L)电压大于 5V,一般为 CAN – H(或 CAN – L)电源短路故障,CAN – H 或 CAN – L 电压相等则可能是 CAN 总线无通讯或 CAN 总线两线之间短路故障。

a)

b)

图 3-4-29 检测新能源 CAN 总线电压
a) CAN – H 与车身搭铁电压;b) CAN – L 与车身搭铁电压

5) CAN 总线系统链路故障检测

(1)如图 3-4-30 所示,测量诊断座的端子 1(CAN – H)和 9(CAN – L)之间的电阻,并填入表 3-4-13 中。

①车辆钥匙置于 OFF 挡,检查并确认钥匙提醒警告系统和车灯提醒警告系统处于未工作状态。

②开始测量电阻前,使车辆保持原静止状态至少 1min,不要操作车辆钥匙和任何其他开关以及车门。

图 3-4-30 检测诊断座的端子 1(CAN – H)和 9(CAN – L)之间的电阻

提示:因为此时若操作车辆钥匙、任何其他开关或车门会触发相关 ECU 和传感器进行 CAN 通讯,该通讯将导致电阻值发生变化将导致测量值不准确。如果需要打开车门检测连接器,则打开该车门并让其保持打开状态。

电阻检测记录表　　　　　　　　　　　　　　　　　　　　表 3-4-13

检测端子	条　件	标准值	测量值	结果分析
T16-1(CAN-H)——T16-9(CAN-L)	车辆钥匙置于 OFF 挡	54~69Ω		

提示:若测得电阻小于 54Ω 或大于 69Ω 时,CAN 主线可能短路或断路故障。

(2)如图 3-4-31 所示,分别测量诊断座的端子 1(CAN-H)和 9(CAN-L)与 +B 或 GND 之间的电阻,检查有无短路故障,并将结果填入表 3-4-14 中。

图 3-4-31　检测诊断座端子 1(CAN-H)和 9(CAN-L)与 +B 或 GND 之间的电阻

电阻检测记录表　　　　　　　　　　　　　　　　　　　　表 3-4-14

检测端子	条　件	标准值	测量值	结果分析
T16-1(CAN-H)或 T16-9(CAN-L)—T16-16(BAT)	断开蓄电池负极	6kΩ 或更大		
T16-1(CAN-H)或 T16-9(CAN-L)—T16-4(GND)	车辆钥匙 OFF 挡	200Ω 或更大		

(3)拆下 VCU 和动力电池模块连接插头,分别测量整车控制器插头端子 111(CAN-H)与动力电池模块插头端子 P(CAN-H)和 VCU 插头端子 104(CAN-L)与动力电池模块插头端子 R(CAN-L)之间的电阻,检查 CAN 总线有无断路故障,并将结果填入表 3-4-15 中。

电阻检测记录表　　　　　　　　　　　　　　　　　　　　表 3-4-15

检测端子	条　件	标准值	测量值	结果分析
T121-111(CAN-H)—T21-P(CAN-H)	车辆钥匙 OFF 挡	小于 1Ω		
T121-104(CAN-L)—T21-R(CAN-L)	车辆钥匙 OFF 挡	小于 1Ω		

6)CAN 总线系统信号波形检测

(1)关闭所有附属电气设备,车辆钥匙置于 ON 挡;

(2)用示波器连接诊断座的端子 1(CAN-H)和 9(CAN-L)检测信号线,如图 3-4-32 所示;

(3)进入主界面,选择菜单中的"普通示波器"选项,进入"双通道"进行双项测量;

(4) 调整波形测量参数,然后锁定波形,保存数据,如图 3-4-33 所示;

图 3-4-32 连接诊断座的端子 1(CAN－H)
和 9(CAN－L)检测信号线

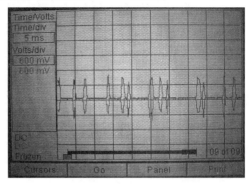

图 3-4-33 CAN－H 和 AN－L 波形图

7)在图 3-4-34 绘制 CAN 总线信号波形图,将检测波形与标准波形进行对比

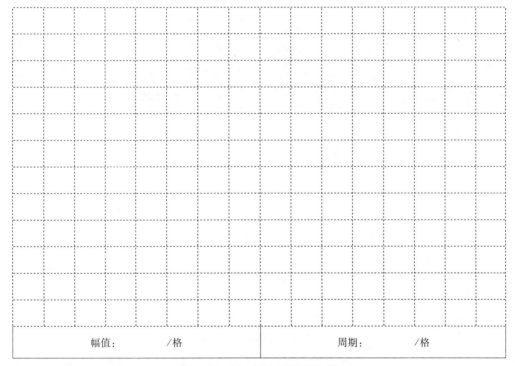

图 3-4-34 绘制 CAN 总线信号波形图

8) CAN 总线系统故障判断

_____。

提示:CAN 总线系统故障如图 3-4-35 所示。

9) 制订故障维修方案

_____,排除故障。

10) 维修结果检验

请根据车辆维修检查情况,将结果填入表 3-4-16 中。

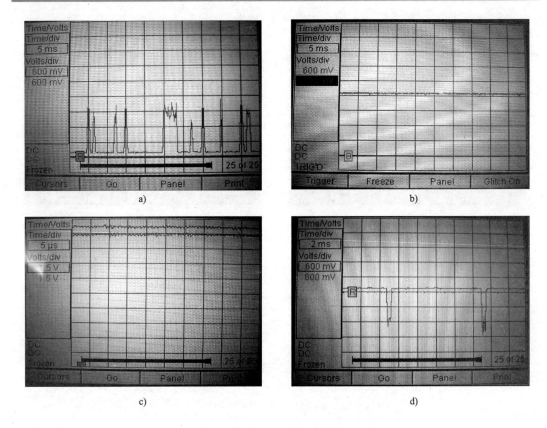

图 3-4-35 CAN 总线系统故障波形图

a)CAN-H 与 CAN-L 之间短路;b)CAN-L 与搭铁短路;c)CAN-H 与搭铁短路;d)CAN-L 与电源短路

结果检验分析表 表 3-4-16

步骤一	检测项目内容	备注说明
车辆钥匙置于 ON 挡再次确认故障	故障灯状态:□亮/□不亮 故障现象记录:	
步骤二	检测项目内容	备注说明
故障代码再次读取	故障灯状态:□亮/□不亮 仪器连接状态:□正常/□不正常 故障代码记录:	
车辆行驶试验	挂挡检查车辆是否恢复正常行驶:	

四、检查与评估

(1)请各小组根据 CAN 总线系统检测的数据,分析车辆 CAN 总线系统的工作情况,并进行讨论,然后现场展示。

(2)请按照个人的实际情况如实填写表 3-4-17,所获得的成绩为本次课堂学习成绩。

学生学习评价表　　　　　　　　　　　　　　　　　　　　　　　　　　表3-4-17

评价项目	评价内容	评价标准			评价方式		
		优(5分)	良(3分)	及格(1分)	自评	小组互评	师评
学习态度	1.学习目标明确; 2.对维修学习兴趣浓厚,在学习过程中参与度高; 3.保质保量按时完成作业; 4.上课积极回答老师的问题	积极,热情,主动	积极,热情,但欠主动	态度一般			
学习方式	1.学生个体的自主学习能力强,会倾听、思考和质疑; 2.学生之间能采取合作学习的方式,并在合作中分工明确地进行有序和有效的探究; 3.学生在学习中能自主反思,发挥求异、求新的创新精神,积极地提出问题和讨论问题	自主学习能力强,会倾听、思考和质疑	自主学习能力较强,会倾听、思考	自主学习能力一般,会倾听			
参与程度	1.认真参加维修学习活动,积极思考,善于发现问题,勇于解决问题; 2.愿意和同学多沟通,努力提高语言表达与交流能力; 3.认真记录实践活动的内容活动,个人操作规范、效率高	积极思考,善于发现问题,勇于解决问题,表达能力强	积极思考,善于发现问题,勇于解决问题	能发现问题,但解决问题能力一般			
合作意识	1.积极参加小组合作学习,勇于接受任务、敢于承担责任; 2.小组分工明确,取长补短,共同提高; 3.乐于助人,积极帮助学习有困难的同学; 4.公平、公正地进行自评和互评,评价过程认真、负责、有诚信	合作意识强,组织能力好,与别人互相提高,有学习效果	能与他人合作,并积极帮助有困难的学习	有合作意识,但总结能力不强			
探究活动	1.积极尝试汽车维修专业的研究过程; 2.形成严谨的科学态度,不怕困难的科学精神; 3.勇于质疑,善于反思,有创新意识; 4.善于观察分析数据流,提出有意义的问题,猜测、探求适当的检测结论和规律,给出解释和证明,完成探究活动报告	对事物的性质、规律及该事物与其他事物的内在联系达到较深刻的理解	理解较浅	理解模糊			
其他	情感、态度、价值观的转变和汽车维修专业认知水平的发展	学习态度、认知水平有很大提高	学习态度、认知水平有较大提高	学习态度、认知水平有些提高			
综合评价	小组评价等级		任课教师评价等级		教师寄语:		

综合评价——A:优秀(24~30分);B:良好(18~23分);C:一般(12~17分);D:有待改进(6~11分)。

学习任务三 整车控制系统传感器的检测

情景导入

一辆2014款北汽新能源EV160电动汽车电量显示正常,挂挡后,挡位灯闪烁车辆无法行驶。初步断定车辆整车控制系统出现故障,车辆需要进一步检测才能确定故障原因。

学习目标

(1)学会根据电路图,分析电路故障范围;
(2)学会通过检测故障码和数据流判断整车控制器系统故障;
(3)学会测量挡位开关、制动开关、加速踏板位置传感器元件和线路。

学习过程

一、计划、决策

1. 计划实施步骤

查找相关资料→准备设备、工具→根据资料进行车辆检查→分析研究数据→共享研究成果→收拾整理工位。

2. 分配工作任务

请根据每个小项目中,每个人所分配的角色任务不同,在表3-4-18中填写相关职责与任务要求。

表3-4-18

序 号	小项目任务	个人职责(任务)	任 务 要 求
1	查找相关资料		
2	准备设备、工具		
3	根据资料进行车辆检查		
4	分析研究数据		
5	共享研究成果		
6	收拾整理工位		

二、资讯

1. 旋转式电子换挡器

1)电子换挡器的作用

电子换挡器的作用:驾驶人通过旋转换挡器旋钮可以把停车、前进(E经济模式)、倒退等驾驶意图以及对能量回收级别的控制意图转化为电信号传递给 VCU。

2）电子换挡器的安装位置

如图 3-4-36 所示,旋转式电子换挡器安装在主、副驾驶座之间的手套箱前方。

3）电子换挡器的挡位布置

如图 3-4-37 所示,电子换挡器的挡位分为 R（倒车挡）、N（空挡）、D（前进挡）、E（用于能量回收）四个挡位。E 挡时,E 挡按键（E＋、E－）用于调整车辆制动和滑行时能量回收级别。

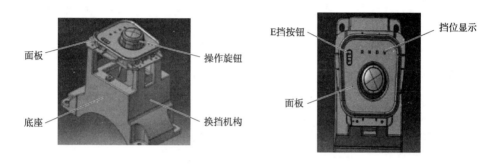

图 3-4-36　换挡器的结构图　　　　图 3-4-37　换挡器的挡位布置

4）旋转挡位操作角度

如图 3-4-38 所示,电子换挡器的 R－N－D－E 挡操作角度为 35°,由旋钮轨道来实现。换挡手柄在正常状态下工作时,可以在 R、N、D、E 四个挡位间进行切换,同时仪表面板上显示相对应的挡位字母。

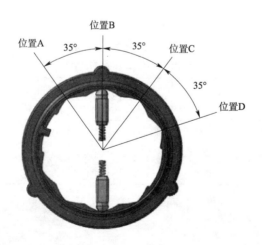

图 3-4-38　旋转挡位操作角度

5）电子换挡器电路图

电子换挡器电路图如图 3-4-39 所示。

6）电子换挡器接口定义

电子换挡器接口定义见图 3-4-40,电子换挡器针脚电压见表 3-4-19。

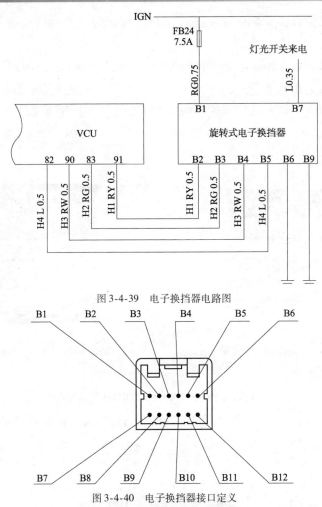

图 3-4-39 电子换挡器电路图

图 3-4-40 电子换挡器接口定义

电子换挡器针脚电压测量表(单位:V)　　　　　　　　　　　表 3-4-19

档位	B1	B2	B3	B4	B5	B6	B7	B9
N 挡	电源电压	高电位	低电位	低电位	高电位	接地	点亮示宽灯、大灯后为电源电压	接地
D 挡		低电位	高电位	低电位	高电位			
E 挡		低电位	高电位	高电位	低电位			
R 挡		高电位	低电位	低电位	低电位			

注:高电位电压接近5V,低电位电压接近0V。

2. 制动开关

1)制动开关的作用

如图 3-4-41 所示,制动开关安装在制动踏板上方,是一个四线双联开关,用于检测驾驶人是否踩下制动踏板,并将该信号送至 VCU 整车控制器,在行驶过程中,整车控制器接收到制动信号后,会命令电机控制器切断输出至驱动电机的电流。基于起步时的安全保护功能设计,如果 VCU 未检测到制动开关信号,即使驾驶人将选挡开关切换至行驶挡位,车辆也不会行驶。

2）制动开关的结构和工作原理

制动开关的结构如图 3-4-42 所示,制动开关电路如图 3-4-43 所示,制动开关插头端子位置图如图 3-4-44 所示,1 号端子为制动灯信号线,2 号端子为制动开关信号线。制动踏板释放时,1、3 端子断开,2、4 端子导通;制动踏板踏下时,1、3 端子导通,2、4 端子断开。

图 3-4-41 制动开关安装位置

图 3-4-42 制动开关

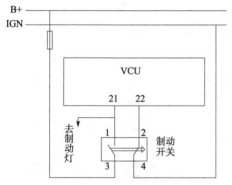

图 3-4-43 制动开关电路图

图 3-4-44 制动开关 4 芯插头（T4c）示意图
1-制动灯信号;2-制动开关信号;3-B＋常电;4-IG 点火

3. 加速踏板位置传感器

1）加速踏板位置传感器的作用

加速踏板位置传感器安装在加速踏板上方,用于检测驾驶人踩下加速踏板的角度和角加速度,并将其转换成电信号,最终送至 VCU。VCU 根据加速踏板的信号,输出与驾驶人意图相对应的转矩需求指令,命令 MCU 输出与转矩相对应的驱动电机电流。

2）加速踏板位置传感器的结构和工作原理

如图 3-4-45 所示,加速踏板位置传感器由装在加速踏板转轴上白色的具有磁性的信号盘和可以分离出来的加速踏板位置传感器本体组成。为了保证系统可靠性,加速踏板位置传感器由两个霍尔式位置传感器共同检测驾驶人踩下加速踏板的角度和角加速度并转换成电信号。这两个传感器输出的电信号具有一定的比例,可由 VCU 进行相互校验。如果任何一个或者两个传感器出现故障,VCU 即检测到加速踏板信号错误,车辆进入跛行状态,最快只能以 15km/h 行驶。仪表将显示"车辆进入跛行状态",点亮乌龟图形的跛行指示灯。例如,北汽新能源 EV160 电动汽车的加速踏板位置传感器电路图见图 3-4-46。

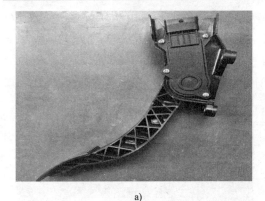

a) b)

图 3-4-45 加速踏板位置传感器结构

a)加速踏板与位置传感器组合一体;b)加速踏板与位置传感器分开

3)加速踏板位置传感器插头端子布置

加速踏板位置传感器插头端子布置如图3-4-47所示,1-P2输入(5V参考电压);2-P1输入(5V参考电压);3-P1接地;4-P1输出(0.75~4.5V信号输出);5-P2接地 6-P2输出(0.37~2.25V信号输出)。

图 3-4-46 加速踏板位置传感器电路图

图 3-4-47 加速踏板位置传感器6芯插头示意图

三、实施

1. 准备工作(填写表3-4-20)

准备工作作业表　　　　　　　　　表3-4-20

序 号	准 备 项 目	准 备 内 容
1	安全防护装备准备	
2	设备准备	
3	工具准备	
4	资料准备	
5	场地准备	

2. 实施步骤

1）检查确认故障现象

（1）如图 3-4-48 所示，车辆钥匙置于 ON 挡，观察仪表故障指示灯显示情况：车辆动力电池组剩余电量_____，仪表异常显示情况_____。

图 3-4-48　仪表故障指示灯显示情况

（2）举升车辆，车轮离地至少 15cm；

（3）挂挡检查车辆是否能正常行驶_____。

2）使用北汽新能源专用诊断仪检测整车控制系统

（1）进入整车控制系统，读取图 3-4-49 中故障码，并将故障码记录到表 3-4-21 内。

故障码	描述	状态
P0A0A94	VCU高低压互锁故障	当前的&历史的
P0A0A94	高低压互锁故障	当前的&历史的
P078001	档位故障	当前的&历史的
P060D1C	加速踏板信号错误	当前的&历史的

图 3-4-49　故障码读取

故 障 码 记 录 表　　　　　　　　表3-4-21

序　号	故　障　码	故　障　描　述

（2）读取图 3-4-50 中相关数据流，并将数据流记录到表 3-4-22 内。

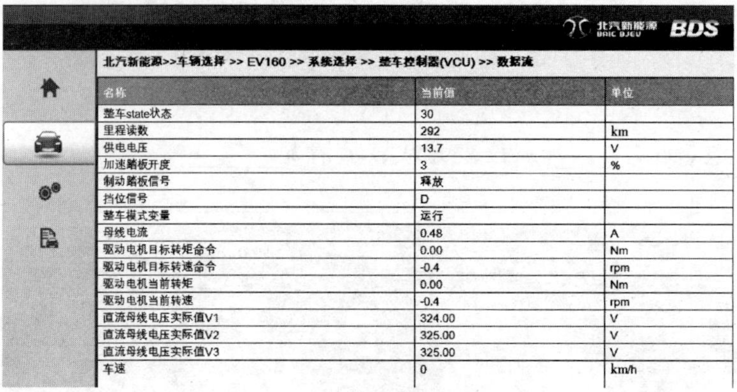

图 3-4-50 读取相关数据流

相关数据流记录　　　　　　　　　　　　　　　表 3-4-22

序　号	数 据 名 称	测量条件	当　前　值	结　　论
1	直流母线电压			
2	挡位信号			
3	加速踏板开度			
4	制动踏板信号			
5	驱动电机当前温度			
6	驱动电机电流			
7				

3）检测电子换挡器

（1）检查电子换挡器保险丝。

用试笔检查电子换挡器供电熔断丝情况，熔断丝符号、容量/A _____、性能判断_____。

（2）拆卸电子换挡器。

①如图 3-4-51 所示，依次拆下选挡器镀铬装饰件、两条蓝色的装饰条,驻车制动器手柄上方盖板、拧下挂挡座外的塑料盖板固定螺钉,拆下塑料盖板；

②如图 3-4-52 所示,拧下挂挡座的固定螺钉,拆下选挡座。

（3）检测电子换挡器插头端子电压。

①检查插头 B1 端子的供电是否正常,电压_____V；

②检查插头 B6 和 B9 端子搭铁是否正常,B6 端子与地电阻_____Ω,B9 端子与地电阻_____Ω；

③检查插头 B7 端子的来电是否正常,打开灯光开关时,电压_____V；

④检查电子换挡器插头 B1～B5 各端子在各挡位时的信号电压,并将电压值记录到表 3-4-23 内；

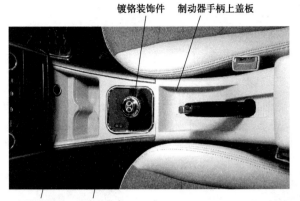

图 3-4-51　拆卸各类盖板　　　　　　　　　　图 3-4-52　选挡座

各挡位时的信号电压(V)记录　　　　　　　　　　表 3-4-23

挡　位	B2	B3	B4	B5
N 挡				
D 挡				
E 挡				
R 挡				

⑤对照表 3-4-20,检测结果及判断_____
(判断是否符合逻辑);

⑥制定故障维修方案_____,排除故障。

4)检测制动开关

①关闭车辆钥匙,拔下制动开关插头。

②如图 3-4-53 所示,车辆钥匙旋至 ON 挡,测量制动开关的 3、4 号端子对地电压,应为电源电压。3 号端子电压_____V,4 号端子电压_____V。

③如图 3-4-54 所示,旋转并拆下制动开关,测量开关电阻,压下开关时,1～3 号端子之间电阻_____Ω,2～4 号端子之间电阻_____Ω。

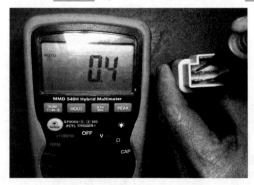

图 3-4-53　测量制动开关对地电压　　　　　图 3-4-54　测量开关电阻

释放开关时,1~3号端子之间电阻_____Ω,2~4号端子之间电阻_____Ω;对照标准,判断是否正常_____。

④如图3-4-55、图3-4-56所示,插上制动开关插头,车辆钥匙旋至ON挡,检查制动开关信号电压,释放制动踏板时,检测制动开关1、2号端子信号电压,1号端子对地电压_____V,2号端子对地电压_____V;如图3-4-57、图3-4-58所示,踏下制动踏板时,1号端子对地电压_____V,2号端子对地电压_____V,对照标准,判断是否正常_____。

图3-4-55 释放踏板时1号端子对地电压

图3-4-56 释放踏板时2号端子对地电压

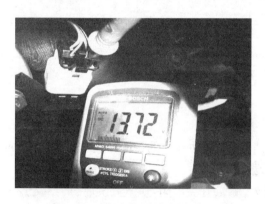

图3-4-57 踏下时1号端子对地电压

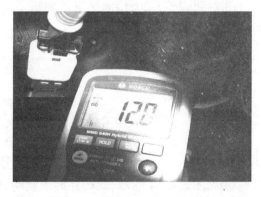

图3-4-58 踏下时2号端子对地电压

检测结果及判断_____。

⑤制定故障维修方案_____,排除故障。

5)检测加速踏板位置传感器

①关闭车辆钥匙,拔下加速踏板位置传感器插头,如图3-4-59所示。

②如图3-4-60所示,车辆钥匙旋至ON挡,测量加速踏板位置传感器的1、2号端子对地电压,1号端子电压_____V,2号端子电压_____V,正常电压:4.5~5.5V。

③测量加速踏板位置传感器的3、5号端子对地电阻,3号端子对地电阻_____Ω,5号端子对地电阻_____Ω,正常值应小于1Ω。

图 3-4-59 拔下传感器插头

图 3-4-60 传感器电源端电压测量

④插上插头,测量加速踏板位置传感器的 4、6 号端子对地电压,加速踏板未踏下时,4 号端子对地电压_____V,6 号端子对地电压_____V(图 3-4-61、图 3-4-62);加速踏板完全踏下时,4 号端子对地电压_____V,6 号端子对地电压_____V(图 3-4-63、图 3-4-64),同时观察电压与开度是否呈线性变化。

图 3-4-61 未踏下时,4 号端子对搭铁电压

图 3-4-62 未踏下时,6 号端子对搭铁电压

图 3-4-63 完全踏下时,4 号端子对搭铁电压

图 3-4-64 完全踏下时,6 号端子对搭铁电压

⑤检查加速踏板位置传感器与 VCU 之间的线束有无断路。

a. 断开电瓶负极,断开 VCU 插头和加速踏板位置传感器插头;

b. 检查加速踏板位置传感器至 VCU 线路电阻,将检测结果记录到表 3-4-24 内。

线路电阻检测记录表　　　　　　　　　　　　　表 3-4-24

测 量 端 子	条 件	规 定 状 态	测 量 值
T6/4——T121/6	始终	小于 1Ω	
T6/6——T121/25	始终	小于 1Ω	

检测结果及判断＿＿＿＿＿＿＿＿＿＿＿＿＿＿＿＿＿＿＿＿＿＿＿＿＿＿＿＿＿。

⑥制定故障维修方案＿＿＿＿＿＿＿＿＿＿＿＿＿＿＿＿＿＿＿＿＿，排除故障。

6）恢复车辆

7）维修结果检验

根据车辆维修检查情况,填写完成结果检验分析表(表3-4-25)。

结果检验分析表　　　　　　　　　　　　　　　表 3-4-25

步骤一	检测项目内容	备注说明
车辆钥匙 ON 挡 再次确认故障	故障灯状态:□亮/□不亮 故障现象记录:	
步骤二	检测项目内容	备注说明
故障代码再次读取	仪器连接状态:□正常/□不正常 故障代码记录:	
车辆行驶试验	挂挡检查车辆是否恢复正常行驶:	

四、检查与评估

(1)请各小组根据整车控制系统传感器检测的数据,分析整车控制系统传感器的工作情况,并进行讨论,然后现场展示。

(2)请按照个人的实际情况如实填写表3-4-26,所获得的成绩为本次课堂学习成绩。

学生学习评价表　　　　　　　　　　　　　　　表 3-4-26

评价 项目	评 价 内 容	评价标准			评价方式		
		优 (5分)	良 (3分)	及格 (1分)	自评	小组 互评	师评
学习 态度	1.学习目标明确; 2.对维修学习兴趣浓厚,在学习过程中参与度高; 3.保质保量按时完成作业; 4.上课积极回答老师的问题	积极,热情,主动	积极,热情,但欠主动	态度一般			
学习 方式	1.学生个体的自主学习能力强,会倾听、思考和质疑; 2.学生之间能采取合作学习的方式,并在合作中分工明确地进行有序和有效的探究; 3.学生在学习中能自主反思,发挥求异、求新的创新精神,积极地提出问题和讨论问题	自主学习能力强,会倾听、思考和质疑	自主学习能力较强,会倾听、思考	自主学习能力一般,会倾听			

续上表

评价项目	评价内容	评价标准			评价方式		
		优(5分)	良(3分)	及格(1分)	自评	小组互评	师评
参与程度	1. 认真参加维修学习活动,积极思考,善于发现问题,勇于解决问题; 2. 愿意和同学多沟通,努力提高语言表达与交流能力; 3. 认真记录实践活动的内容活动,个人操作规范、效率高	积极思考,善于发现问题,勇于解决问题,表达能力强	积极思考,善于发现问题,勇于解决问题	能发现问题,但解决问题能力一般			
合作意愿	1. 积极参加小组合作学习,勇于接受任务、敢于承担责任; 2. 小组分工明确,取长补短,共同提高; 3. 乐于助人,积极帮助学习有困难的同学; 4. 公平、公正地进行自评和互评,评价过程认真、负责、有诚信	合作意识强,组织能力好,与别人互相提高,有学习效果	能与他人合作,并积极帮助有困难的学习	有合作意识,但总结能力不强			
探究活动	1. 积极尝试汽车维修专业的研究过程; 2. 形成严谨的科学态度,不怕困难的科学精神; 3. 勇于质疑,善于反思,有创新意识; 4. 善于观察分析数据流,提出有意义的问题,猜测、探求适当的检测结论和规律,给出解释和证明,完成探究活动报告	对事物的性质、规律及该事物与其他事物的内在联系达到较深刻的理解	理解较浅	理解模糊			
其他	情感、态度、价值观的转变和汽车维修专业认知水平的发展	学习态度、认知水平有很大提高	学习态度、认知水平有较大提高	学习态度、认知水平有些提高			
综合评价	小组评价等级	任课教师评价等级	教师寄语:				

综合评价——A:优秀(24~30分);B:良好(18~23分);C:一般(12~17分);D:有待改进(6~11分)。

项目五　电动车空调系统的检测

电动汽车空调系统对室内空气进行调节,使空气的温度、湿度、流速和洁净度达到人体所需要的舒适范围。北汽 EV160 空调系统基于 C30D 汽油车型改造,保留原车冷凝器总成、暖风蒸发箱主体部分,匹配适用于电动车辆的电动压缩机,取消原车所匹配的皮带传动压缩机,同时对前机舱内高低压管路进行适应性改造,满足本车型重新设计的前机舱布局。

电动汽车暖风系统蒸发箱总成内取消了传统汽车的暖风散热器,以高压 PTC 加热器进行替代,将传统汽车利用发动机冷却水热量进行制暖的原理变更为采用电加热器直接加热 HVAC 内部空气的方式,根据设定暖风温度和汽车室内环境,PTC 加热器通过两级加热实现自动调节。

本项目包括两个学习任务:(1)空调电动压缩机及控制系统故障诊断;(2)空调暖风系统故障诊断。

学习任务一　空调电动压缩机及控制系统故障诊断

情景导入

一辆北汽 EV160 电动汽车在正常行驶过程中,空调无冷风,维修人员在进行基本检查后,发现空调制冷系统高低压未建立压力差。初步断定为空调压缩机或控制系统故障,车辆需要进一步进行电路检测才能确定故障原因。

学习目标

(1)了解电动汽车空调制冷系统的结构组成和工作原理;
(2)能够自行查阅维修手册,查找空调系统的相关资料;
(3)能根据空调系统的结构原理和电路图,分析故障范围;
(4)能够按照操作规程利用相应工具进行空调电动压缩机及控制线路检测。

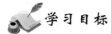
学习过程

一、计划、决策

1.计划实施步骤

查找相关资料→准备设备、工具→根据资料进行车辆检查→分析研究数据→共享研究成果→收拾整理工位。

2. 分配工作任务

根据每个小项目中,每个人所分配的角色任务不同,在表3-5-1中填写相关职责与任务要求。

工作任务表　　　　　表3-5-1

序 号	小项目任务	个人职责(任务)	任 务 要 求
1	查找相关资料		
2	准备设备、工具		
3	根据资料进行车辆检查		
4	分析研究数据		
5	共享研究成果		
6	收拾整理工位		

二、资讯

北汽EV160电动汽车空调控制面板如图3-5-1所示。各按(旋)钮的功能如下:①制冷按钮"A/C"——空调压缩机控制开关;②风量旋钮——调节鼓风机的风速;③前(后)除霜按钮——控制前(后)除霜加热器;④温度旋钮——冷暖切换及温度调节;⑤出风模式按钮——出风模式切换;⑥内外循环按钮——车内与车外空气循环的切换;⑦"OFF"关机按钮——空调关停。

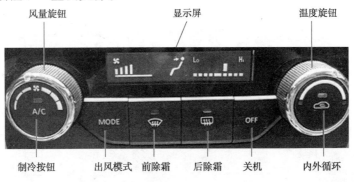

图 3-5-1　北汽EV160空调控制面板

1. 空调制冷系统的结构组成

电动汽车的空调系统与传统动力汽车基本相同,由压缩机、冷凝器、蒸发器、冷却风扇、膨胀阀、储液干燥器和高低压管路附件等组成(图3-5-2)。传统汽车压缩机由皮带通过电磁离合器带动,而电动汽车采用电动压缩机,电动压缩机由动力电池提供高压电源。

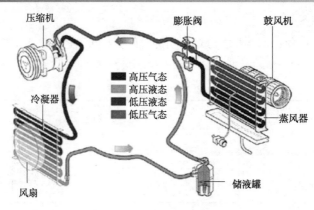

图 3-5-2　空调系统结构组成

2. 空调制冷系统工作原理

如图 3-5-3 所示，空调制冷系统包括五个工作过程。

(1) 压缩过程：将流经蒸发器的低温、低压的气态制冷剂压缩为高温、高压的气态制冷剂，输送到冷凝器。

(2) 冷凝过程：将高温、高压的气态制冷剂冷却，使其变为中温、高压的液态制冷剂，送入干燥瓶。

(3) 干燥过程：将中温、高压的液态制冷剂过滤，除去制冷剂中的杂质和水分，送入节流阀，并储存小部分的制冷剂。

(4) 膨胀过程：将过滤后的中温、高压液态制冷剂利用节流原理，使其转变为低压雾状的液/气态混合物，送入蒸发器。

(5) 蒸发过程：低压雾状的液/气态混合物流至蒸发器，吸收周围的热量而汽化，达到制冷的目的。

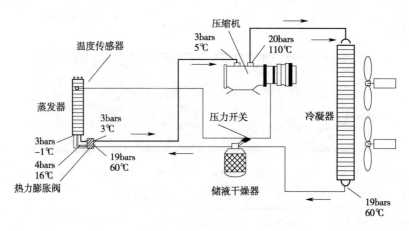

图 3-5-3　空调制冷系统工作原理

C30DB 空调压力的低压为 0.25～0.35MPa，高压为 1.3～1.5MPa。

3. 北汽 EV160 汽车 C30DB 空调控制系统

北汽 EV160 汽车 C30DB 空调控制系统如图 3-5-4 所示，VCU 采集到空调 A/C 开关信号、温度旋钮信号、空调压力开关信号、蒸发器温度信号、风速信号以及环境温度信号,经过运算处理形成控制信号,通过 CAN 总线传输给空调控制器,由空调控制器控制空调压缩机高压电路的通断。

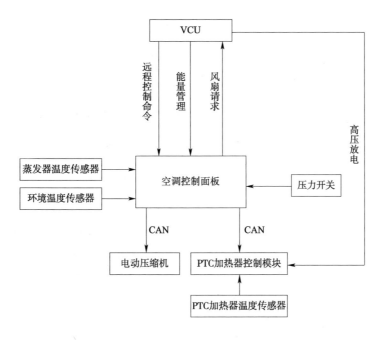

图 3-5-4 空调控制系统原理图

4. 北汽 EV160 汽车空调电动压缩机控制电路

北汽 EV160 汽车电动压缩机电气原理图如图 3-5-5 所示,空调继电器控制空调压缩机 12V 低压电源线,VCU 通过数据总线"CANH 与 CANL"进行通信控制空调压缩机,使动力电池到空调压缩机的高压电源线"DC + 与 DC - "通断。高压互锁信号线在高压上电前确保整个高压系统的完整性,使高压处于一个封闭的环境下工作,提高安全性。

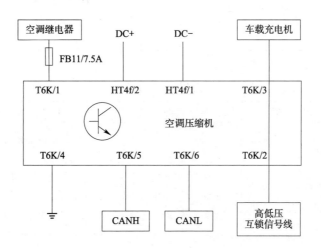

图 3-5-5 EV200 电动压缩机电气原理图

5. 电动汽车空调系统常见故障分析

(1)制冷系统常见故障(表3-5-2)。

制冷系统常见故障分析表　　　　　　　表3-5-2

序号	高压	低压	问题可能原因	可能故障点
1	高	高	系统整体压力高	①制冷剂加注量过多； ②系统内含空气(抽真空不良)； ③冷冻油过量； ④冷凝器散热不良
2	高	正常	高压侧故障	①冷凝器散热不良； ②冷凝器内部联通(内漏)； ③冷冻油过量
3	高	低	高低压分隔点堵塞	①膨胀阀堵塞； ②蒸发器内部堵塞； ③冰堵； ④膨胀阀开度过小； ⑤感温包泄漏
4	正常	高	低压侧故障	①膨胀阀开度过大； ②制冷剂加注量偏多
5	正常	低	高低压分隔点问题	①膨胀阀开度偏小； ②制冷剂加注量偏少； ③感温包泄漏
6	低	高	压缩机压缩能力不足	①压缩机转速不足； ②压缩机内部联通(内漏)
7	低	正常	高压侧故障	①制冷剂加注量偏少； ②压缩机工作效率低
8	低	低	系统整体压力低	①制冷剂加注量过少； ②冷凝器堵塞； ③储液罐堵塞

(2)电动压缩机常见故障(表3-5-3)。

电动压缩机常见故障分析表　　　　　　　表3-5-3

故障	现象	原因及判断	检测及排除措施
驱动控制器不工作,压缩机不工作	压缩机无启动声音,电源电流无变化	①12VDC(或24VDC)控制电源未通入驱动控制器； ②控制电源电压不足或超压； ③接插件端子接触不良或松脱	①检查驱动控制器控制电源插头端子是否松脱； ②检查控制电源到驱动控制器之间的导线是否有断路； ③测量控制电源电压是否达到要求(对12VDC控制电源驱动控制器,控制电源至少大于9VDC,不得高于15VDC)

— 258 —

续上表

故　障	现　象	原因及判断	检测及排除措施
驱动控制器工作正常，压缩机不正常工作	压缩机发出异常声音	①电机缺相；②冷凝器风机未正常工作，系统压差过大，电机负载过大	①检查驱动控制器与电机连接的三相插头及相关导线，保证其接触良好及导通；②保证冷凝器风机正常工作，待系统压力平衡后再次启动
驱动控制器工作正常，压缩机不工作	压缩机无启动声音，电源电流无变化，各端口电压正常	驱动控制器未接收到空调系统的 A/C 开关信号	①检查 A/C 开关是否有故障；②检查与 A/C 开关相连的导线是否断路；③A/C 开关连接方式是否正确开启压缩机，接高电平或悬空关闭压缩机
驱动控制器工作正常，压缩机不工作	压缩机无启动声音，电源电流无变化，高压端口电压不足或无供电	欠压保护启动	关闭整车主电源：①检查驱动控制器主电源输入接口处的接插件端子是否有松脱；②主电源到驱动控制器之间的导线是否断路；③控制主电源输入的继电器是否正常工作
驱动控制器自检正常，压缩机不工作	压缩机启动时有轻微抖动，电源电流有变化随后降为 0	①冷凝器风机未正常工作，系统压差过大，电机负载过大导致的过流保护启动；②电机缺相导致的过流保护启动	①保证冷凝器风机正常工作，待系统压力平衡后再次启动；②检查驱动控制器与电机连接的三相插头及相关导线，保证其接触良好及导通

三、实施

1. 准备工作（填写表3-5-4）

准备工作作业表　　　　　　　　　　　表 3-5-4

序　号	准备工作项目	准备工作内容
1	安全防护装备准备	
2	设备准备	
3	工具准备	
4	资料准备	
5	场地准备	

2. 实施步骤

1) 识读空调系统控制电路

绘制北汽 EV160 电动汽车空调压缩机的电路简图,并简述工作原理。

2) 检查故障现象,确定故障范围

(1) 车辆钥匙旋至"ON"挡,打开空调"A/C"开关,风量开至_____,观察鼓风机工作情况_____,温度旋钮调至_____,检查中央出风口有无冷风_____。

(2) 连接压力表组,将压力表组低压管、高压管分别与空调压缩机吸、排气维修阀连接。车辆旋至钥匙"OFF"挡时,检查压力表组指示压力情况,低压端压力_____,高压端压力_____;车辆钥匙旋至"ON"挡,打开空调"A/C"开关,风量开至最大,温度旋钮调到至最低,检查压力表组指示压力情况,低压端压力_____,高压端压力_____;判断故障可能原因_____。

提示:C30DB 空调压力:低压一般在 0.25~0.35MPa;高压一般在 1.3~1.5MPa。

3) 电动压缩机及控制线路的检测

(1) 安装车辆内外三件套,检查绝缘地垫铺置情况,在车身 2m 处放置安全警示标志;

(2) 检查绝缘鞋、绝缘手套、护目镜、安全帽、绝缘工具是否符合安全使用标准,穿戴绝缘防护装置;

(3) 举升汽车,拆下空调压缩机低压连接器,线束针脚应无腐蚀、氧化、倒针、退针情况。识别压缩机低压连接器,如图 3-5-6 所示,查阅资料把针脚定义记录到表 3-5-5。

 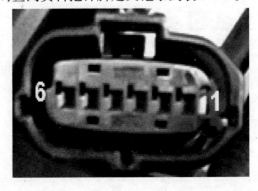

图 3-5-6 空调压缩机低压连接器

空调压缩机低压连接器针脚定义记录表   表 3-5-5

针脚序号	针脚定义	针脚序号	针脚定义
1		4	
2		5	
3		6	

（4）识别空调压缩机高压线束。

车辆钥匙旋至"OFF"挡，断开蓄电池负极，装上防护套防止其短路；拆下空调压缩机高压线束，如图 3-5-7 所示，标注针脚名称，端子 A：＿＿＿＿＿＿＿＿＿＿＿＿＿＿＿＿，端子 B：＿＿＿＿＿＿＿＿＿＿＿＿＿＿＿＿＿。

（5）断开空调压缩机低压连接器，车辆钥匙旋至"OFF"挡，分别测量搭铁线、CAN 总线和高压互锁信号线。

①搭铁线的测量。

如图 3-5-8 所示，用万用表测量连接器 4 号脚与车身之间的电阻，将测量数据记录到表 3-5-6 内。

图 3-5-7　空调压缩机高压线接脚　　　　　　　图 3-5-8　搭铁测量

空调压缩机低压连接器搭铁线检测记录表   表 3-5-6

检测项目	检测端子	检测条件	参考数据	数据记录	结果分析
搭铁	4(-)与车身	车辆钥匙旋至"OFF"挡	<1Ω		

②空调压缩机 CAN 总线电阻的测量。

图 3-5-9 所示，用万用表测量连接器 5 号脚与 6 号脚之间的电阻，把测量数据记录到表 3-5-7。

③空调压缩机 CAN 总线的短路测量。

图 3-5-10 所示，用万用表分别测量连接器 5 号脚与车身、6 号脚与车身之间的电阻，把测量数据记录到表 3-5-7 内。

261

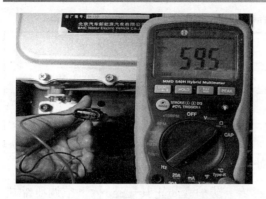 

图 3-5-9　CAN 总线电阻测量　　　　　图 3-5-10　CAN 总线短路测量

空调压缩机 CAN 总线检测记录表　　　　　　　表 3-5-7

检测项目	检测端子	检测条件	参考数据	数据记录	结果分析
CAN 总线电阻	5(CAN–H)与6(CAN–L)	车辆钥匙旋至"OFF"挡	60Ω		
CAN 总线短路	5(CAN–H)与车身	车辆钥匙旋至"OFF"挡	>10MΩ		
	6(CAN–L)与车身	车辆钥匙旋至"OFF"挡	>10MΩ		

④空调压缩机高压互锁信号线的测量。

图 3-5-11 所示，用万用表测量空调压缩机低压接口 2 号脚与 3 号脚之间的电阻，将测量数据记录到表 3-5-8 内。

⑤12V 低压电源线测量。

如图 3-5-12，车辆钥匙旋至"ON"，用万用表测量 1 号脚的直流电压，把测量数据记录到表 3-5-9 内。

图 3-5-11　高压互锁测量　　　　　　　图 3-5-12　电源电压测量

空调压缩机高压互锁信号线检测记录表　　　　　表 3-5-8

检测项目	检测端子	检测条件	参考数据	数据记录	结果分析
高压互锁	2 与 3(压缩机端)	车辆钥匙旋至"OFF"挡	<1Ω		

空调压缩机 12V 低压电源线测量检测记录表　　　　表 3-5-9

检测项目	检测端子	检测条件	参考数据	数据记录	结果分析
12V 电源电压	1（+）与车身搭铁	车辆钥匙旋至"ON"挡	9~14V		

⑥空调压缩机高压线 A、B 线电流的测量。

如图 3-5-13 所示，装复空调压缩机低压连接器，车辆钥匙旋至"ON"挡，打开空调"A/C"开关，把风量开至最大，用数字钳形表分别测量 A 线和 B 线的电流，把测量数据记录到表 3-5-10。

图 3-5-13　高压电流测量

空调压缩机高压线电流检测记录表　　　　表 3-5-10

检测项目	检测端子	检测条件	参考数据	数据记录	结果分析
高压电流	A 线或 B 线	打开空调"A/C"开关，风量旋至最大	1.0~1.5A		

3．空调系统的检测

根据空调系统的检测，判断故障是＿＿＿。

4．调故障排除方法

＿＿＿。

5．维修检验

（1）装复空调压缩机高压连接器与低压连接器，装复蓄电池负极，确保各元件连接正常；

（2）车辆钥匙旋至"ON"挡，打开空调"A/C"开关，风量开至最大，空调系统应工作正常；

(3)用压力表组测量空调系统高低管路压力,管路压力应正常。

6. 收拾工具、仪器、设备,打扫工位场地

四、总结与评估

(1)请各小组总结汽车空调系统电动压缩机不工作故障的排故思路,然后各小组派代表进行现场展示,时间为每组 3min。

(2)请按照个人的实际情况如实填写表 3-5-11,所获得的成绩为本次课堂学习成绩。

学生学习评价表　　　　　　　　　　表 3-5-11

评价项目	评价内容	评价标准			评价方式		
		优(5分)	良(3分)	及格(1分)	自评	小组互评	师评
学习态度	1.学习目标明确; 2.对维修学习兴趣浓厚,在学习过程中参与度高; 3.保质保量按时完成作业; 4.上课积极回答老师的问题	积极,热情,主动	积极,热情,但欠主动	态度一般			
学习方式	1.学生个体的自主学习能力强,会倾听、思考和质疑; 2.学生之间能采取合作学习的方式,并在合作中分工明确地进行有序和有效的探究; 3.学生在学习中能自主反思,发挥求异、求新的创新精神,积极地提出问题和讨论问题	自主学习能力强,会倾听、思考和质疑	自主学习能力较强,会倾听、思考	能力一般,会倾听			
参与程度	1.认真参加维修学习活动,积极思考,善于发现问题,勇于解决问题; 2.愿意和同学多沟通,努力提高语言表达与交流能力; 3.认真记录实践活动的内容活动,个人操作规范、效率高	积极思考,善于发现问题,勇于解决问题,表达能力强	积极思考,善于发现问题,勇于解决问题	能发现问题,但解决问题能力一般			
合作意识	1.积极参加小组合作学习,勇于接受任务,敢于承担责任; 2.小组分工明确,取长补短,共同提高; 3.乐于助人,积极帮助学习有困难的同学; 4.公平、公正地进行自评和互评,评价过程认真、负责、有诚信	合作意识强,组织能力好,与别人互相提高,有学习效果	能与他人合作,并积极帮助有困难的学习	有合作意识,但总结能力不强			

续上表

评价项目	评价内容	评价标准			评价方式		
		优 (5分)	良 (3分)	及格 (1分)	自评	小组互评	师评
探究活动	1. 积极尝试汽车维修专业的研究过程; 2. 形成严谨的科学态度,不怕困难的科学精神; 3. 勇于质疑,善于反思,有创新意识; 4. 善于观察分析数据流,提出有意义的问题,猜测、探求适当的检测结论和规律,给出解释和证明,完成探究活动报告	对事物的性质、规律及该事物与其他事物的内在联系达到较深刻的理解	理解较浅	理解模糊			
其他	情感、态度、价值观的转变和汽车维修专业认知水平的发展	学习态度、认知水平有很大提高	学习态度、认知水平有较大提高	学习态度、认知水平有些提高			
综合评价	小组评价等级	任课教师评价等级		教师寄语:			

综合评价——A:优秀(24~30分);B:良好(18~23分);C:一般(12~17分);D:有待改进(6~11分)。

学习任务二 空调暖风系统故障诊断

情景导入

一辆北汽 EV160 电动汽车在正常行驶过程中,空调无暖风,维修人员在进行基本检查后,发现空调加热系统不工作。初步断定为空调 PTC 加热器或控制系统故障,车辆需要进一步进行电路检测才能确定故障原因。

学习目标

(1)了解电动汽车空调暖风系统的结构组成和工作原理;
(2)能够自行查阅维修手册,查找空调暖风系统的相关资料;
(3)能根据空调暖风系统的结构原理和电路图分析故障范围;
(4)能够按照操作规程利用相应工具进行空调 PTC 加热器及控制线路检测。

学习过程

一、计划、决策

1. 计划实施步骤

查找相关资料→准备设备、工具→根据资料进行车辆检查→分析研究数据→共享研究成果→收拾整理工位。

2. 分配工作任务

根据每个小项目中,每个人所分配的角色任务不同,在表3-5-12中填写相关职责与任务要求。

分配工作任务表　　　　　　　　　　表3-5-12

序号	小项目任务	个人职责(任务)	任务要求
1	查找相关资料		
2	准备设备、工具		
3	根据资料进行车辆检查		
4	分析研究数据		
5	共享研究成果		
6	收拾整理工位		

二、资讯

1. EV160电动汽车C30DB空调暖风系统结构组成

图3-5-14为北汽EV160电动汽车空调暖风系统的结构组成,与传统汽车不同的是该车暖风系统不是得用发动机冷却水采暖,而是在蒸发箱总成内装有一个PTC加热器,以PTC加热器直接加热HVAC内部空气的方式实现取暖。

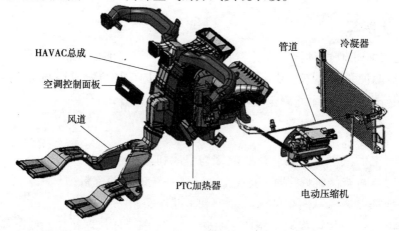

图3-5-14　空调暖风系统

图 3-5-15 为 PTC 加热器及其内部电路,PTC 加热器有两级加热功能,内部的温度传感器用来监控 PTC 加热器温度,把信息反馈给 VCU。

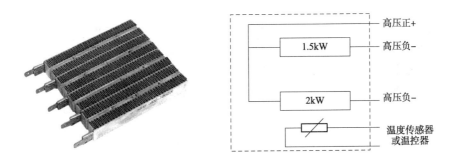

图 3-5-15 PTC 加热器及其内部电路

2. 北汽 EV160 电动汽车空调暖风系统工作原理

北汽 EV160 电动汽车空调暖风系统 PTC 加热器原理见图 3-5-16。

PTC 加热器工作过程如下。

(1) PTC 加热器外形尺寸与暖风芯体接近,布置于传统汽车暖风芯体位置。PTC 通电加热后,PTC 表面的散热片使其周围的空气升温。

(2) 控制方面通过 PTC 控制模块采集加热请求,同时根据 VCU 控制信号、PTC 加热器总成内部传感器温度反馈等信号综合控制 PTC 加热器通断。

(3) PTC 加热器控制模块采集信息内容包括风速、冷暖程度设置、出风模式、加热器启动请求、环境温度。

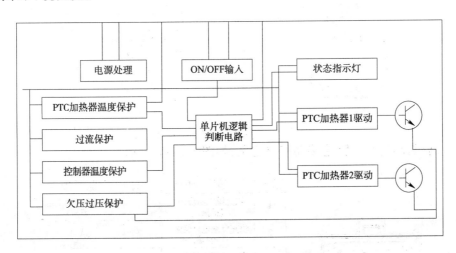

图 3-5-16 PTC 控制模块原理示意图

3. EV160 电动汽车 PTC 加热器系统电路

1) EV160 电动汽车 PTC 加热器系统控制原理

PTC 加热器系统电路原理图见图 3-5-17。空调继电器控制 PTC 加热器控制器 12V 低压电源;VCU 通过数据总线"CANH 与 CANL"进行通信控制 PTC 加热器控制器;PTC

加热器有两级加热功能,均采用动力电池的高压电加热;PTC加热器温度传感器用来给VCU反馈PTC加热器的温度,从而控制PTC加热器高压电源线的通断。

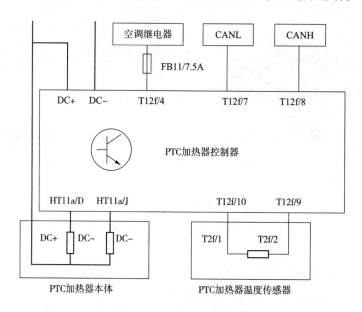

图 3-5-17　EV160 暖风系统电气原理图

2）EV160 电动汽车 PTC 加热器接口定义

（1）接空调 PTC 加热器插件接口定义,如图 3-5-18 所示。

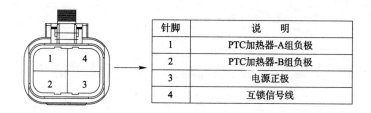

针脚	说　明
1	PTC加热器-A组负极
2	PTC加热器-B组负极
3	电源正极
4	互锁信号线

图 3-5-18　PTC 加热器插件接口

（2）高压控制盒 12 脚连接器接口定义,如图 3-5-19 所示。

针脚	说　明	针脚	说　明
1	快充继电器绕组(正极)	6	PTC加热器控制器_GND
2	快充负继电器绕组(控制端)	7	CANL
3	快充正继电器绕组(控制端)	8	CANH
4	空调继电器绕组(正极)	9	PTC加热器温度传感器负极
5	空调继电器绕组(控制端)	10	PTC加热器温度传感器正极

图 3-5-19　高压控制盒低压插件

4. 暖风系统故障分析（表3-5-13）

故障原因分析及排除表　　　　　　　　　　表3-5-13

故障	现象	原因及判断	检测及排除措施
PTC加热器不工作	启动功能设置后风仍为凉风	①冷暖模式设置不正确；②PTC加热器本体断路；③PTC加热器控制回路断路；④内部短路烧毁高压保险	①检查冷暖设置是否选择较暖方向；②断开高压插件后测量高压正负间电阻是否正常；③断开低压插件后测量两极间是否为导通；④更换PTC加热器及高压保险
PTC加热器过热	出风温度异常升高或从空调出风口嗅到塑料焦煳气味	PTC加热器控制模块损坏粘连，不能正常断开	关闭制热功能，断电检查PTC加热器及PTC加热器控制模块

三、实施

1. 准备工作（填写表3-5-14）

准备工作作业表　　　　　　　　　　表3-5-14

序 号	准备工作项目	准备工作内容
1	安全防护装备准备	
2	设备准备	
3	工具准备	
4	资料准备	
5	场地准备	

2. 实施步骤

1）识读暖风系统控制电路

绘制EV160电动汽车暖风系统的电路简图，简述工作原理。

2)检查故障现象,初步确定故障范围

车辆钥匙旋至"ON"挡,把温度旋钮旋至_____,风量旋钮开至最大,观察发现鼓风机是否工作正常_____,检查中央出风口有无暖风_____,初步断定为_____不工作,确定对_____进行诊断,查找故障原因,并修复排除故障。

3)EV160电动汽车高压PTC加热器及控制线路的检测

(1)安装车辆内外三件套,检查绝缘地垫铺置情况,在车身2m处放置安全警示标志。

(2)检查绝缘鞋、绝缘手套、护目镜、安全帽、绝缘工具是否符合安全使用标准,穿戴绝缘防护装置。

(3)打开机舱盖,从高压控制盒拆下高、低压连接器,分别如图3-5-20、图3-5-21所示,接口针脚应无腐蚀、氧化、倒针、退针情况,把各针脚的定义记录到表3-5-15内。

图3-5-20 高压盒12脚低压接口

图3-5-21 高压盒11脚连接器

高压控制盒接口定义　　　　　　　　　表3-5-15

12脚接口				11脚连接器			
序号	定义	序号	定义	序号	定义	序号	定义
1		7		A		G	
2		8		B		H	
3		9		C		J	
4		10		D		K	
5		11		E		L	
6		12		F			

(4)低压12V电源线测量。

如图3-5-22所示,车辆钥匙旋至"ON"挡,用万用表测量连接器4号脚直流电压,把测量数据记录到表3-5-16内。

图 3-5-22　低压电源线测量

低压 12V 电源线检测记录表　　　　　　　　　　　　　　　　表 3-5-16

检测项目	检测端子	检测条件	参考数据	数据记录	结果分析
PTC 加热器控制器电源	4 与车身搭铁	车辆钥匙旋至"ON"挡	9~14V		

（5）PTC 加热器温度传感器的测量。

①PTC 加热器温度传感器电阻的测量。

如图 3-5-23 所示，车辆钥匙旋至"OFF"挡，常温下，用万用表测量 12 端脚连接器 9 针号脚与 10 号针脚之间的电阻，把测量数据记录到表 3-5-17 内。

②PTC 加热器温度传感器线路短路的测量。

如图 3-5-24 所示，用万用表分别测量 12 脚连接器 9 号脚与车身、10 号脚与车身之间的电阻，把测量数据记录到表 3-5-17 内。

图 3-5-23　PTC 加热器温度传感器电阻测量

图 3-5-24　PTC 温度传感器线路短路测量

PTC 温度传感器检测记录表　　　　　　　　　　　　　　　　表 3-5-17

检测项目	检测端子	检测条件	参考数据	数据记录	结果分析
PTC 加热器温度传感器电阻	9 与 10	车辆钥匙"OFF"挡	80kΩ		
PTC 加热器温度传感器线路短路	9 与车身	车辆钥匙"OFF"挡，断开蓄电池负极	>10MΩ		
	10 与车身	车辆钥匙"OFF"挡，断开蓄电池负极	>10MΩ		

(6) PTC 加热器控制器 CANH 与 CANL 总线的测量。

①PTC 加热器控制器 CANH 与 CANL 总线电阻的测量。

如图 3-5-25 所示，用万用表测量 12 脚连接器 7 号脚与 8 号脚之间的电阻，把测量数据记录到表 3-5-18 内。

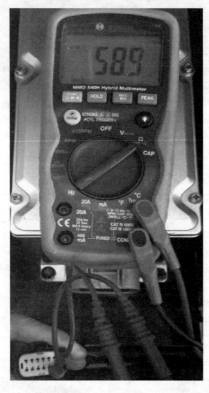

图 3-5-25　CAN 总线的测量

②CANH 与 CANL 总线短路测量。

用万用表分别测量 12 脚连接器 7 号脚与车身、8 号脚与车身之间的电阻（与空调压缩机 CANH 与 CANL 总线短路测量方法相同），把测量数据记录到表 3-5-18 内。

CAN 总线检测记录表　　　　　　　　　　　　　　　　　表 3-5-18

检测项目	检测端子	检测条件	参考数据	数据记录	结果分析
CAN 总线电阻	7(CAN-L) 与 8(CAN-H)	车辆钥匙旋至"OFF"挡	60Ω		
CAN 总线短路	7 与车身	车辆钥匙旋至"OFF"挡	>10MΩ		
	8 与车身	车辆钥匙旋至"OFF"挡	>10MΩ		

(7) PTC 加热器的测量。

车辆钥匙旋至"OFF"挡，断开蓄电池负极，装上防护套防止其短路；用万用表测量 11 脚连接器 B 号脚与 D 号脚之间的电阻，用同样的方法测量 B 号脚与 J 号脚之间的电阻，分别如图 3-5-26、图 3-5-27 所示，把测量数据记录到表 3-5-19 内。

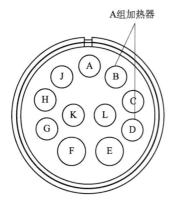 

图 3-5-26　PTC 加热器（A 组）测量

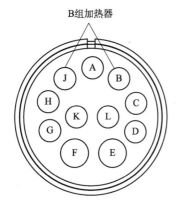 

图 3-5-27　PTC 加热器（B 组）测量

PTC 加热电阻检测记录表　　　　　　　　　　　　　　　表 3-5-19

检测项目	连接端子	检测条件	参考数据	数据记录	结果分析
PTC 加热器（A）组电阻	B 与 D	车辆钥匙旋至"OFF"挡，断开蓄电池负极	280Ω		
PTC 加热器（B）组电阻	B 与 J	车辆钥匙旋至"OFF"挡，断开蓄电池负极	210Ω		

3. 暖风 PTC 加热器系统故障

_____

_____

4. 暖风 PTC 加热器系统故障维修方法

_____

_____

5. 维修检验

（1）装复暖风系统高压连接器与低压连接器，安装蓄电池负极，确保各元件连接正常。

(2)车辆钥匙旋至"ON"挡,把温度旋钮旋至"HI",风量旋钮旋至最大,暖风系统应工作正常。

四、总结与评估

(1)请各小组总结汽车空调系统无暖风故障的排故思路,然后派代表进行现场展示,时间为每组3min。

(2)请按照个人的实际情况如实填写表3-5-20,所获得的成绩为本次课堂学习成绩。

学生学习评价表　　　　　　　　　　　　　　　　　　　表3-5-20

评价项目	评价内容	评价标准			评价方式		
		优(5分)	良(3分)	及格(1分)	自评	小组互评	师评
学习态度	1.学习目标明确; 2.对维修学习兴趣浓厚,在学习过程中参与度高; 3.保质保量按时完成作业; 4.上课积极回答老师的问题	积极,热情,主动	积极,热情,但欠主动	态度一般			
学习方式	1.学生个体的自主学习能力强,会倾听、思考和质疑; 2.学生之间能采取合作学习的方式,并在合作中分工明确地进行有序和有效的探究; 3.学生在学习中能自主反思,发挥求异、求新的创新精神,积极地提出问题和讨论问题	自主学习能力强,会倾听、思考和质疑	自主学习能力较强,会倾听、思考	自主学习能力一般,会倾听			
参与程度	1.认真参加维修学习活动,积极思考,善于发现问题,勇于解决问题; 2.愿意和同学多沟通,努力提高语言表达与交流能力; 3.认真记录实践活动的内容活动,个人操作规范、效率高	积极思考,善于发现问题,勇于解决问题,表达能力强	积极思考,善于发现问题,勇于解决问题	能发现问题,但解决问题能力一般			
合作意识	1.积极参加小组合作学习,勇于接受任务,敢于承担责任; 2.小组分工明确,取长补短,共同提高; 3.乐于助人,积极帮助学习有困难的同学; 4.公平、公正地进行自评和互评,评价过程认真、负责、有诚信	合作意识强,组织能力好,与别人互相提高,有学习效果	能与他人合作,并积极帮助困难的学习	有合作意识,但总结能力不强			

续上表

评价项目	评价内容	评价标准			评价方式		
		优(5分)	良(3分)	及格(1分)	自评	小组互评	师评
探究活动	1. 积极尝试汽车维修专业的研究过程; 2. 形成严谨的科学态度,不怕困难的科学精神; 3. 勇于质疑,善于反思,有创新意识; 4. 善于观察分析数据流,提出有意义的问题,猜测、探求适当的检测结论和规律,给出解释和证明,完成探究活动报告	对事物的性质、规律及该事物与其他事物的内在联系达到较深刻的理解	理解较浅	理解模糊			
其他	情感、态度、价值观的转变和汽车维修专业认知水平的发展	学习态度、认知水平有很大提高	学习态度、认知水平有较大提高	学习态度、认知水平有些提高			
综合评价	小组评价等级	任课教师评价等级	教师寄语:				

综合评价——A:优秀(24~30分);B:良好(18~23分);C:一般(12~17分);D:有待改进(6~11分)。

参 考 文 献

[1] 邵毅明.汽车新能源与节能技术[M].北京:人民交通出版社股份有限公司,2015.
[2] 银石立方科技有限公司.新能源汽车概论[M].北京:人民交通出版社股份有限公司,2016.
[3] 张凯.电动汽车应用技术[M].北京:清华大学出版社,2016.
[4] 赵振宁.新能源汽车技术[M].北京:人民交通出版社,2013.
[5] 赵立军.电动汽车构造与原理[M].北京:北京大学出版社,2012.
[6] 麻友良.电动汽车概论[M].北京:机械工业出版社,2012.
[7] 北汽EV200电动汽车维修手册[Z].2016.
[8] 北汽EV200电动汽车电路图[Z].2016.
[9] 王震坡.电动车辆动力电池系统及应用技术[M].北京:机械工业出版社,2012.